Luciano Larrossa

# FACEBOOK
## PARA NEGÓCIOS

COMO VENDER
ATRAVÉS DA
MAIOR REDE
SOCIAL DO
MUNDO

**DVS EDITORA**

www.dvseditora.com.br
São Paulo, 2018

# FACEBOOK PARA NEGÓCIOS
## COMO VENDER ATRAVÉS DA MAIOR REDE SOCIAL DO MUNDO

**DVS Editora, 2018**
Todos os direitos para a língua portuguesa reservados pela editora.

Nenhuma parte deste livro poderá ser reproduzida, armazenada em sistema de recuperação, ou transmitida por qualquer meio, seja na forma eletrônica, mecânica, fotocopiada, gravada ou qualquer outra, sem a autorização por escrito da editora.

O envio das 4 vídeo-aulas gratuitas e acesso a futuras atualizações do livro são de responsabilidade exclusiva do autor mediante o cumprimento dos termos por ele estipulados.

*Diagramação:* Schäffer Editorial

*Capa:* Editora Tribo da Ilha

```
        Dados Internacionais de Catalogação na Publicação (CIP)
              (Câmara Brasileira do Livro, SP, Brasil)

      Larrossa, Luciano
         Facebook para negócios : como vender através
      da maior rede social do mundo / Luciano Larrossa. --
      São Paulo : DVS Editora, 2018.

         ISBN 978-85-8289-167-4

         1. Facebook (Empresa) 2. Facebook (Rede social
      online) 3. Inovações tecnológicas - Administração
      4. Marketing digital 5. Marketing na Internet
      6. Serviços ao cliente - Administração 7. Sucesso
      nos negócios I. Título.

  18-12520                                        CDD-658.87
                   Índices para catálogo sistemático:

           1. Facebook : Marketing na Internet : Administração
                  de empresas    658.87
```

Luciano Larrossa

# FACEBOOK
## PARA NEGÓCIOS
### COMO VENDER ATRAVÉS DA MAIOR REDE SOCIAL DO MUNDO

www.dvseditora.com.br
São Paulo, 2018

# Sumário

Prefácio . . . . . . . . . . . . . . . . . . . . . . . . . . . 7

Início . . . . . . . . . . . . . . . . . . . . . . . . . . . . . 9

**Parte 1 – A base da sua estratégia no Facebook . . . . . . . . . . . . 13**

   1. Os primeiros passos na página do Facebook. . . . . . . . . 15

   2. Divulgando a sua página do Facebook gratuitamente . . . . 43

   3. O que é o *ranking*? . . . . . . . . . . . . . . . . . . . . . 57

   4. Como analisar as estatísticas da sua
página de fãs no Facebook. . . . . . . . . . . . . . . . . . 95

   5. Como exportar as estatísticas em arquivo Excel. . . . . . . 117

   6. Onze ideias de publicações para fazer na sua página. . . . . 121

   7. Transmissões ao vivo: como usar para gerar vendas . . . . . 133

   8. Loja dentro do Facebook . . . . . . . . . . . . . . . . . . 137

   9. *Chatbots*: o que são e para que servem . . . . . . . . . . . 141

   10. Stories: o formato de conteúdo do momento . . . . . . . 145

   11. Como fazer promoções no Facebook . . . . . . . . . . . 149

**Parte 2 – Como começar a ganhar dinheiro com o Facebook. . . . . .153**

12. Os primeiros passos nos anúncios . . . . . . . . . . . . . .155

13. Outras funcionalidades do gerenciador de anúncios. . . . .199

14. Pixel do Facebook . . . . . . . . . . . . . . . . . . . . . .205

15. Análise dos relatórios . . . . . . . . . . . . . . . . . . .207

16. Power editor . . . . . . . . . . . . . . . . . . . . . . . .213

17. Público personalizado e público semelhante. . . . . . . . .217

18. Regras para aumentar o sucesso dos seus anúncios . . . .233

19. Como fazer vendas com os fãs que você
    já tem na sua página . . . . . . . . . . . . . . . . . . . .243

20. Business manager: o que é? . . . . . . . . . . . . . . . .247

**Parte 3 – Aplicativos e softwares para o Facebook . . . . . . . . . . 249**

21. Aplicativos para utilizar na sua fan page. . . . . . . . . .251

22. Os 12 erros mais comuns na criação de fan pages . . . . .283

23. Como fazer sucesso com a sua página em 20 passos. . . . .291

24. Conselhos para trabalhar no Facebook
    e economizar tempo . . . . . . . . . . . . . . . . . . . .293

25. Atualizar pelo *smartphone*: uma boa forma
    de economizar tempo . . . . . . . . . . . . . . . . . . . .297

26. Site ou página de Facebook: qual a melhor
    opção para usar no seu negócio? . . . . . . . . . . . . . .299

Só falta mais um passo . . . . . . . . . . . . . . . . . . . .303

# Prefácio

O Mundo Digital evolui de forma inesperadamente rápida. Quando antigamente as gráficas e a impressão trabalhavam a todo gás para comunicar ao mundo as novidades e os novos lançamentos de produtos, ninguém esperaria que rapidamente todas elas fossem sofrer alterações irreversíveis em sua forma de trabalhar e de ver os negócios. Com o crescimento e o avançar da internet, milhões de pessoas começaram a utilizar a tecnologia para propagar as suas ideias, o seu conhecimento, divulgar os seus produtos e fazer tudo aquilo que antigamente estava geograficamente limitado. Hoje não há barreiras.

Com o crescimento da internet surge, em 2004, o Facebook. Rede social que, ao longo dos últimos 13 anos, tem criado – de forma totalmente disruptiva – novas formas de interagir com clientes, comunicar lançamentos de produtos, trabalhar a cultura de uma marca. Hoje, invariavelmente, o Facebook é a ferramenta eleita por qualquer pessoa que pretenda conectar-se com os seus amigos, familiares, marcas de que gosta ou simplesmente descobrir novas fontes de informação e partilha de conhecimento, seja através de páginas, grupos, compartilhamentos, eventos, etc.

Com um lançamento restrito na universidade de Harvard e com acesso limitado apenas a alunos, o Facebook cresceu para uma ferramenta utilizada por 1.5 bilhões de pessoas em todo o mundo. No dia 27 de agosto de 2015, o fundador da rede social, Mark Zuckerberg, anunciava ao mundo um novo objetivo alcançado: 1 bilhão de pessoas acessou o Facebook num único dia (24 horas), o que em termos estatísticos representa 1 em cada 7 pessoas no mundo. Além disso, o Facebook alimenta neste momento 40 milhões de pequenos negócios em todo o mundo, que utilizam a plataforma para gerar vendas, se comunicar com os seus fãs e clientes e trabalhar de perto a cultura da sua empresa e marca junto de quem mais gosta dela.

É impossível fugirmos hoje da realidade. E o Facebook é uma extraordinária plataforma não só para criar relações de amizade e estabelecer contatos profissionais, como essencialmente para divulgar novos negócios, novos produtos e encontrar clientes em todo o mundo que estejam interessados naquilo que você tem para vender. E o melhor de tudo é que o Facebook apenas começou, o que significa que ainda existe muito para explorar na rede e que muita coisa ainda está por vir.

No que toca ao Facebook, Luciano Larrossa é um dos profissionais mais competentes e atualizados do mercado. Tive a oportunidade de acompanhar o seu percurso de perto, aprender com ele através das suas turmas do curso Facebook para Negócios e de conversar de perto em almoços e jantares de negócios. Isso deu-me uma bagagem e um conhecimento tremendos que me ajudaram a alavancar mais rapidamente os meus negócios e startups. E naturalmente que este livro é uma oportunidade incrível para todos aqueles que procuram entender como funciona por dentro o Facebook e como é possível tirar partido de todas as suas ferramentas para gerar vendas, novos negócios e novas oportunidades de forma nunca antes vista.

O Facebook mudou a forma como nos comunicamos e você precisa mudar a forma como o seu negócio se comunica.

Comece por este livro. Você não vai se arrepender.

**Paulo Faustino**
CEO @ GetDigital
www.getdigitalportugal.pt

# Início

A forma das empresas se comunicarem com os seus clientes tem mudado muito ao longo dos últimos anos. Enquanto antigamente as empresas utilizavam um *site* estático para estabelecerem comunicação com os seus clientes, hoje em dia as marcas podem interagir com eles de forma bem mais dinâmica e eficiente. Este é um momento completamente novo para o ramo da comunicação, o que tem obrigado muitas empresas e profissionais a se adaptarem a esta mudança.

O Facebook tem sido um dos principais pilares desta revolução. Jamais na história da internet uma rede social criou uma interação tão grande entre as pessoas como faz atualmente o Facebook. São mais de um bilhão de usuários que interagem entre si durante várias horas do dia, partilhando informações, imagens e produtos. Um fenômeno nunca antes visto, que tem sido aproveitado por várias marcas, as quais veem no Facebook uma excelente forma de conquistar mais clientes e de aumentar as suas vendas.

As empresas têm, atualmente, uma oportunidade única de interagir com os seus clientes atuais e potenciais. Tornou-se mais fácil chegar a um público mais vasto e com um menor custo, tornando obsoletos os anúncios nas mídias tradicionais.

Apesar de todas as vantagens oferecidas pelo Facebook, ter uma página não é o suficiente para conseguir ser bem-sucedido nessa rede social. Criar a página é, na verdade, apenas o primeiro passo. Aliás, se alguém tentar convencer você que para ter sucesso no Facebook basta criar uma página e começar publicar conteúdo, fuja voando. O número de fãs que uma publicação sem qualquer investimento atinge é extremamente reduzido e não pode ser considerada uma estratégia rentável em longo prazo, pelo menos para a maioria dos casos. Para ter sucesso no Facebook, hoje em dia, é necessário ter um orçamento mensal para investir em anúncios. Mas tenha calma: durante todo o livro, vou explicar sobre como investir e ter retorno.

Não quero que você jogue dinheiro no lixo. Ao longo das próximas páginas, vou explicar como é possível investir e recuperar dinheiro com os anúncios de Facebook. Este é o jogo que vamos jogar daqui para frente. E não se preocupe que não vamos precisar de valores exorbitantes. No Facebook, com apenas 40 ou 80 reais, você pode chegar a milhares de pessoas e ter retornos de 10 a 20 vezes desse valor.

Nos últimos anos tenho trabalhado na gestão de anúncios no Facebook com os mais variados tipos de clientes. Ajudei empresas a venderem capas para celulares, seguros, imóveis, perfumes, cursos de inglês, livros/*ebooks*, serviços de cabeleireiro, aluguel de carros, serviços de *design* e até aplicativos para celulares. O Facebook é, atualmente, uma mídia que permite vender praticamente para todo o tipo de negócios e com um retorno enorme sobre o investimento.

Acredito que atualmente você possa estar se perguntando: *Será que o Facebook serve para o meu negócio?*

Para 99% dos casos, a resposta é um redondo *sim*.

Mas, claro, é necessário que você saiba como fazê-lo. Caso contrário, estará a desperdiçando dinheiro sem ter retorno. Mas não se preocupe que, com este livro, você terá os conhecimentos necessários para começar a perceber o potencial do Facebook.

A metodologia que vou explicar aqui tem sido aplicada por milhares de pessoas que assistiram aos meus cursos e palestras e gerado vários casos de sucesso, tanto em Portugal como no Brasil. É empolgante saber que uma metodologia de trabalho conseguiu tirar da falência uma empresa de cursos de idiomas ou até mesmo que ajudou um salão de cabeleireiro a passar de nenhum funcionário para nove no período de um ano.

Este livro e toda a metodologia do Facebook para Negócios dividem-se em três partes. Na primeira, você vai aprender os conceitos básicos de uma estratégia dentro do Facebook. Vai aprender a criar a sua página e a criar conteúdos que gerem interação com a sua comunidade. A criação de uma página e a divulgação de conteúdo relacionado com o seu negócio é a base que sustenta toda a sua estratégia. Sem ela, seria impossível anunciar e investir no Facebook.

Na segunda parte, vou falar sobre aquilo que tem mudado o rumo de muitos negócios: os anúncios do Facebook. Vou explicar como você pode anunciar, quais as principais métricas que devem ser analisadas e ainda como você pode otimizar os seus anúncios de forma a pagar menos para angariar cada novo cliente.

Na última parte, vou falar de alguns aplicativos que vão otimizar o seu trabalho no Facebook, fazendo com que você ganhe tempo e melhore a qualidade das suas publicações e anúncios. Vou listar alguns dos apps que uso e que podem ser fundamentais para ter uma experiência positiva com a maior rede social do mundo.

Além disso, ao comprar este livro, você também ganha acesso a futuras atualizações *online* do mesmo. O Facebook muda de forma muito rápida e por isso é minha obrigação manter você por dentro das novas funcionalidades. Para fazer isso, basta ir até aqui: bit.ly/aulasluciano. Ao inscrever-se nessa página, vou enviar para o seu *email* um arquivo digital sempre que for feita uma atualização deste livro. O meu conselho é que o faça agora mesmo.

Depois de ter falado um pouco sobre o potencial do Facebook, está na hora de criarmos a nossa página e fazermos os nossos primeiros anúncios.

Vamos começar?

# A base da sua estratégia no Facebook

Parte 1

# 1. Os primeiros passos na página do Facebook

Quando comecei a receber os meus primeiros alunos para o curso Facebook para Negócios, confesso que tinha um pouco de receio das suas principais dúvidas.

O curso tinha sido construído com base no meu conhecimento, no trabalho do dia a dia com a gestão de anúncios de clientes. E eram clientes de renome que investiam entre 200 a 1000 euros em anúncios... por dia!

Mas será que os alunos do curso, geralmente donos de pequenos e médios negócios, tinham as mesmas necessidades que os meus atuais clientes? Será que as aulas seriam suficientes para esclarecer todas as suas dúvidas relativas a estratégias no Facebook?

Felizmente criei um curso pensando em qualquer tipo de usuário, desde o mais básico até o mais avançado, e os resultados não poderiam ter sido melhores: ao fim de alguns meses, tinha os meus primeiros casos de sucesso. A estratégia tinha funcionado!

Mas uma coisa surpreendeu-me logo nos primeiros dias: grande parte dos alunos não tinham dúvidas complexas. Eram dúvidas comuns: "como criar a página de Facebook" ou até mesmo qual era a "diferença entre uma *Fan Page* e um perfil pessoal do Facebook".

De fato, para se ter sucesso no Facebook é necessário começar pela base: pela criação da sua própria página. Sem ela, jamais será possível anunciar e ter acesso às infinitas possibilidades de segmentação que os *ads* permitem.

Para iniciar a sua jornada de sucesso no Facebook, a primeira coisa que você precisa fazer é criar uma *Fan Page*. Este é o único caminho para conseguir anunciar e medir os seus resultados.

É muito importante que, logo no início deste livro, você perceba a diferença entre Perfil e *Fan Page*. O Perfil é algo que você utiliza para fins pessoais. E no Perfil que publica as suas fotos, partilha *links* de notícias e fala com os seus amigos no messenger. Ao criar a sua conta no Facebook e fazer *login* você está criando um Perfil.

Já a *Fan Page* (ou Página) é o local onde as marcas publicam conteúdo, fazem anúncios e interagem com os fãs. As Páginas são geridas por Perfis pessoais. Ou seja: um Perfil pessoal pode gerir várias Páginas de empresas.

O Perfil pessoal Luciano Larrossa, por exemplo, pode gerir as páginas das empresas X, Y e Z. Entende?

Este é um requisito técnico obrigatório pelo próprio Facebook. Qualquer negócio só pode divulgar os seus produtos ou serviços através de uma Página. Caso use um Perfil para representar uma empresa, você pode ter esse Perfil banido sem aviso prévio do Facebook, perdendo todos os amigos e *posts* que tem aí.

Mas se neste momento tem um Perfil que representa a sua empresa, não se preocupe. Mais à frente, neste livro, vou mostrar como você pode fazer a migração, transformando todos os amigos – e potenciais clientes – que tem nesse perfil, em fãs.

Dependendo da marca e do negócio, uma página de Facebook pode ter vários objetivos, tais como:

- Aumentar o número de potenciais clientes.
- Aumentar a exposição da marca, mesmo que isso não se traduza em vendas de forma direta.
- Impulsionar as vendas, investindo e analisando os resultados de forma direta dentro do Facebook.
- Utilizar o Facebook como canal de comunicação.

Saber o que quer com a sua página e com os seus anúncios é o primeiro passo para ter sucesso no Facebook. Sem metas definidas tudo fica mais difícil e a probabilidade de não conseguir bons resultados aumenta.

Alguns dos principais problemas dos negócios no Facebook estão justamente na base, na definição bem clara do que o dono da página pretende e de quem é o público-alvo. Existem empresas que pretendem usar o Facebook apenas para divulgação da marca. Existem outras que pretendem fazer venda direta (como são os casos de lojas *online*), algumas que querem encaminhar os usuários para outros canais – como *Messenger* ou *WhatsApp* –, enquanto outras querem apenas um canal de comunicação com os seus clientes.

Já tive clientes cujo objetivo era apenas aumentar o *branding*. A Oreo, por exemplo, não vende bolachas pelo Facebook. Porém, vê nessa rede social uma forma de aumentar a exposição da marca com um custo extremamente reduzido. Já a Amazon tenta vender diretamente os seus produtos através de anúncios de *link* e principalmente através do *retargeting* ou *remarketing*, estratégias que exploraremos mais à frente.

O importante será que o leitor defina o seu objetivo e trabalhar a partir daí. O que não pode acontecer é existir um objetivo e depois trabalhar de uma forma completamente contrária àquilo que foi definido. Se você quer vender através da *Fan Page*, terá de ser um pouco mais agressivo e investir constantemente em publicidade do Facebook. Se, por outro lado, o seu objetivo é dar a conhecer a marca e relacionar-se com o cliente, focar na conquista de *leads* e na interação das publicações é a melhor opção.

Vejamos duas situações completamente diferentes:

**Exemplo 1:** Suponhamos que você tem uma página sobre vendas. A sua empresa já tem alguns clientes, mas pretende ganhar nome e passar a ser reconhecida na sua área de negócios. Não pretende vender nada diretamente (pelo menos por agora), mas quer mostrar ao mercado que a sua empresa existe. Por isso, o seu objetivo inicial é bem claro: aumentar o número de *likes* da sua página e gerar envolvimento com a sua comunidade. Aumentar as vendas é apenas uma meta a longo prazo. O foco principal é o aumento do número de pessoas que acompanham a página e interagem com ela. Neste caso, estamos a falar de uma interação mais agressiva através do Facebook, numa estratégia que irá alternar entre campanhas para angariar fãs, conteúdo grátis e algum investimento em anúncios para aumentar a interação. Contudo, esse crescimento deve ser sustentado, criando uma comunidade em redor da marca. O crescimento da *Fan Page* deve ser acompanhado de uma boa ligação com os fãs.

**Exemplo 2:** A sua marca já é conhecida e os *likes* na página surgem naturalmente. Afinal de contas, as pessoas é que procuram pela sua empresa. Neste caso, você precisa apenasfocar na qualidade das suas publicações e tentar aproveitar o seu nome conceituado para criar vendas através do Facebook. As suas publicações e os seus anúncios têm como foco a venda final.

Viu como dois posicionamentos diferentes no mercado podem levar a estratégias e ações completamente distintas? Daí ser tão importante saber o quanto antes quais são os objetivos da sua página. Você até pode tentar, mais tarde, alterar o posicionamento da sua marca, mas isso é um trabalho demorado e que nem sempre dá certo. O reposicionamento da uma *Fan Page* perante os fãs é uma das tarefas mais difíceis que tenho realizado com os meus clientes.

Mas não se preocupe: se já começou a fazer o trabalho na página do Facebook de forma incorreta e sem qualquer estratégia, as próximas páginas deste livro podem ser uma excelente ajuda para modificar essa situação.

# O COMPORTAMENTO DO CONSUMIDOR MUDOU

Para entender como trabalhar o Facebook, é necessário entender que o comportamento do usuário mudou ao longo dos últimos anos. Se pudéssemos voltar atrás no tempo, lá para 2011, que foi quando comecei a trabalhar mais a fundo com o Facebook, veríamos uma rede social com muito conteúdo de fotos, imagens e textos. Toda a interação acontecia, maioritariamente, com este tipo de conteúdo. Além disso, todo o conteúdo consumido e publicado no Facebook era feito através do computador. Não tínhamos *smartphones* tão potentes como temos hoje em dia e os aplicativos não eram tão usados como são atualmente. O 3G tinha pouca qualidade e não estava disponível em grande escala. No Brasil, por exemplo, em 2011 a rede social que dominava o mercado ainda era o Orkut. 1 em cada 6 brasileiros usava o Orkut. Nesse mesmo ano, 1 em cada 9 brasileiros usava o Facebook.

Mas desde então, tudo mudou muito rápido. O Facebook passou de uma plataforma de conteúdo estático para o conteúdo dinâmico: vídeos e transmissões ao vivo foram ganhando cada vez mais espaço. O Facebook passou a dominar as redes sociais em grande parte dos países do mundo. Os *smartphones*, antes usados apenas para consumir *email*s e visitar *sites*, tornaram-se verdadeiras máquinas de produzir conteúdo, com uma qualidade de imagem inimaginável há alguns anos. O *smartphone* passou a fazer parte da nossa vida a todo o momento. Usamos ele como despertador, ferramenta de *email*, câmera de filmar e fotografar, ferramentas de mensagens, etc. Um dispositivo que inicialmente foi concebido para fazer ligações e enviar sms, hoje é muito mais do que isso. Acordamos e dormimos praticamente com os *smartphones* do nosso lado. Hoje, quando as crianças entram num restaurante, a primeira coisa que elas perguntam é se o restaurante tem *wi-fi*. O Menu ficou para segundo plano.

Todos nós, empreendedores, vemos no Facebook uma excelente ferramenta para aumentar vendas e nos conectarmos com clientes. Mas não podemos esquecer do princípio básico do Facebook: ele foi construído para conectar pessoas. E quando a marca esquece esse princípio básico, ela acaba por se frustar com o Facebook. Na verdade, as marcas pensam que por terem uma conta no Facebook, elas têm ali um local onde podem tentar vender o tempo todo. E quando pensam assim, acabam frustradas. As pessoas estão no Facebook para consumir três tipos de conteúdo: educativo, informativo e entretenimento. Ninguém entra no Facebook para comprar. Ninguém acorda pela manhã e pensa:

*"Nossa, estava ansioso para entrar no Facebook e receber um anúncio de venda!"*

Ninguém pensa assim, certo? Nem eu, nem você, nem ninguém que está próximo ao nosso ciclo de amigos.

Todos entramos no Facebook para nos conectarmos uns com os outros, lermos notícias e consumirmos vídeos que nos ensinem algo ou façam rir. Quando a sua marca entende este princípio básico, ela ganha o jogo.

E o Facebook foi percebendo cada vez mais isso. Ele entendeu que a interação é a chave para as pessoas se manterem *online* e, consequentemente, verem mais anúncios. Foi pensando na interação que o Facebook adquiriu, em 2012, o Instagram. Ele via que aquela rede social crescia cada vez mais, principalmente entre os mais jovens. Além disso, utilizou uma estratégia simples de mercado: adquiriu um dos seus principais concorrentes do momento e a única rede social que podia ameaçar o seu reinado.

O mesmo aconteceu com o WhatsApp. Ao ver esse aplicativo de *chat* crescer no mundo inteiro, o Facebook acabou por adquiri-lo em 2014. Em Portugal, pelo fato dos SMS serem gratuitos, não temos noção do poder do WhatsApp. Mas em países onde as mensagens e as ligações ainda são pagas e custam valores elevados, o WhatsApp é um aplicativo bastante utilizado. No Brasil, por exemplo, as pessoas já não pedem o número de telefone ou *email*. Pedem o número do WhatsApp.

Outro app que ameaçou a hegemonia do Facebook foi o Snapchat. Esta rede social que, tal como o Instagram, crescia de forma exponencial entre os jovens despertou o interesse de Mark Zuckerberg e ele acabou por usar a mesma estratégia: tentou comprá-la. Mas o dono do Snap recusou a oferta.

Com a impossibilidade de ter o fantasma – símbolo oficial do app – no seu conjunto de aplicativos, o dono do Facebook integrou no Instagram o formato de conteúdo do Snapchat, os *Stories*, sobre os quais falaremos mais à frente no livro.

E a estratégia gerou o efeito esperado. Os usuários, que antes utilizavam o Snapchat para partilhar os seus *Stories*, passaram a usar o Instagram, gerando uma queda de 30% no número de usuários do Snap em apenas 6 meses. Tudo tinha funcionado como planejado.

Se olharmos para os números, eles são bem claros. A empresa Facebook é dona dos 4 apps mais utilizadas no mundo: Facebook, WhatsApp, Instagram e Messenger. E num mundo cada vez mais mobile, isto demonstra um claro domínio da empresa de Mark Zuckerberg.

A estratégia de adquirir os concorrentes ou introduzir algumas das suas funcionalidades não é nova. Em 2010, após tentar, sem sucesso, comprar o Foursquare, o Facebook introduziu a opção de *check-in* no seu aplicativo mobile. O mesmo aconteceu com o Periscope. Este aplicativo, que permitia fazer transmissões ao vivo, ganhava cada vez mais usuários. Para combater isso, o Facebook lançou seu próprio sistema de transmissões ao vivo e o Periscope viu o seu número de usuários cair drasticamente.

E o Facebook não fica por aqui. Ele já está atuando fortemente na área da realidade virtual. Hoje a empresa de Mark Zuckerberg é muito mais do que uma rede social. Ela é a maior empresa de mídia do mundo, atuando no bem mais valioso da humanidade atualmente: a atenção.

# COMO CRIAR A *FAN PAGE*

Agora que você já conhece os benefícios e entende como o consumidor atua na internet, chegou o momento de dar os primeiros passos na criação da sua *Fan Page*. Em primeiro lugar, precisa ir a este *link*: https://www.Facebook.com/pages/create. Seguindo-o, você terá acesso a uma imagem igual à que está abaixo:

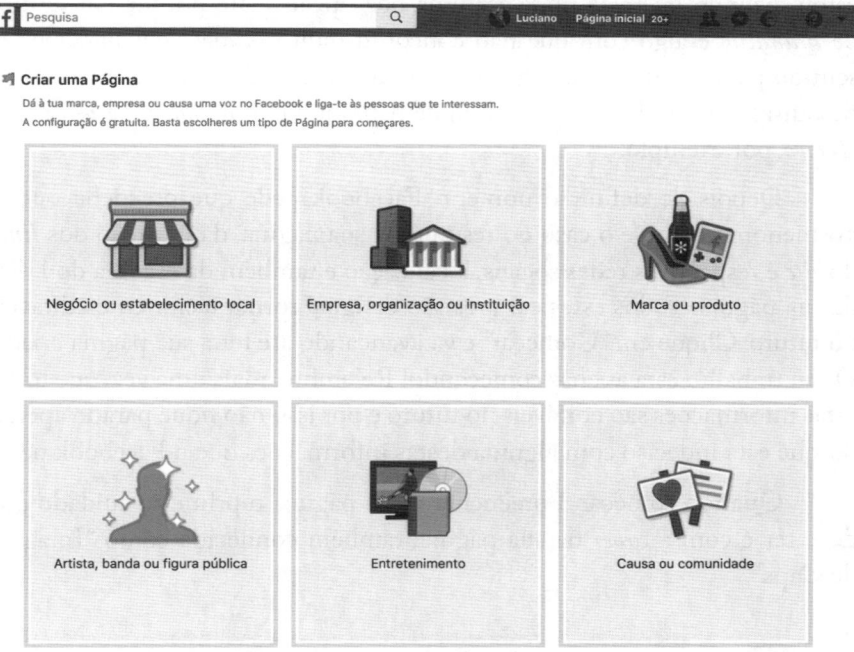

Como pode ver, existem seis opções. A escolha vai depender do tipo de negócio em que você vai atuar. Após selecionar uma das opções, as subcategorias vão aparecer e a partir daí basta escolher a sua. Se não escolher a opção certa, não se preocupe, pois mais tarde poderá fazer a alteração.

Depois de clicar numa delas, preencha todos os campos que são pedidos. Preste atenção ao nome que vai escolher, pois ele será primordial para o sucesso da sua página. Você poderá mudá-lo no futuro, mas isso exige uma aprovação manual do próprio Facebook, o que faz com que possa demorar alguns dias e nem sempre ser aceito.

A primeira opção deve ser sempre o nome do seu negócio, de forma a que exista uma associação direta do fã com a sua marca. Se o seu objetivo é apenas criar uma página e não está associado a qualquer empresa, opte por um nome curto e que seja fácil de memorizar.

Outro dado importante que você precisa ter em conta é que esse será o nome que vai aparecer na busca do Facebook. E a busca tem sido um fator cada vez mais importante, pois as pessoas usam a busca do Facebook com crescente frequência. Por esse motivo, existem empresas que inserem o nome da sua cidade. Por exemplo: *Salão de Beleza de Fátima - Aveiro*. Não estou dizendo que esta pode ser uma boa opção – até porque em termos de *branding* é algo com que não concordo muito –, mas se achar que faz sentido para o seu negócio, fica o aviso que isso pode ajudar a indexar nas pesquisas do Facebook quando alguém pesquisar por *Salões de beleza em Aveiro*, por exemplo.

Depois de definir o nome, o Facebook pede que preencha outros pormenores, como é o caso do resumo da sua página, da inserção dos *links* do *site* e respectivas redes sociais, localização e também da escolha do URL da sua página. Todos estes campos são de igual forma facilmente editáveis no futuro. Clique em "Começar" e vá avançando até ter a sua página criada. O seu trabalho está apenas começando! Relembro, mais uma vez, que todas estas informações são editáveis no futuro e por isso não fique parado apenas porque está indeciso com alguma destas informações que o Facebook pede.

Quando começar a preencher a sua página, o primeiro cuidado que deve ter é com a *cover* da sua página, também conhecida como "Imagem de Capa".

Segundo vários testes realizados pelo próprio Facebook, a *cover* é a imagem que mais chama a atenção do potencial fã. Aproveite a imagem de capa para aumentar a ligação com os seus fãs (como foi feito no caso em exemplo), para divulgar alguns produtos seus, *links* do seu perfil noutras redes sociais ou até mesmo para dar a conhecer alguma promoção especial.

Tenha também em atenção que para ter uma melhor *performance*, a *cover* deve ter 855 *pixels* de largura, 315 *pixels* de altura e menos de 100 KB. Para melhorar a resolução, faça o *upload* de um arquivo em PNG.

O Facebook introduziu, há pouco tempo, a possibilidade de inserir vídeo na sua capa. O vídeo que for introduzir na sua capa tem que ter entre 20 a 90 segundos e 820 *pixels* de largura e 312 de altura. Para inserir o vídeo basta clicar no canto superior direito e selecionar uma das opções de vídeo como mostramos abaixo:

Na capa, fica também o botão de chamada para a ação. Aqui:

Este botão é uma forma dos usuários novos que chegam à página poderem saber um pouco mais sobre você ou a sua marca. Existem marcas que preferem deixar aqui o número de telefone, outras o *link* para o *site*, outras o *email*. Enfim, deixo esta parte a seu critério.

A única coisa que você precisa pensar é a seguinte: a maioria dos usuários que clica neste botão são novos fãs da sua página. São pessoas que chegaram à *Fan Page* e querem saber mais do seu negócio. Não existe uma regra do que deve preencher aqui. Analise o seu público e pense no que faz mais sentido inserir neste botão.

Para trocar algo no botão, basta passar o cursor por cima do botão que várias opções vão aparecer. Veja:

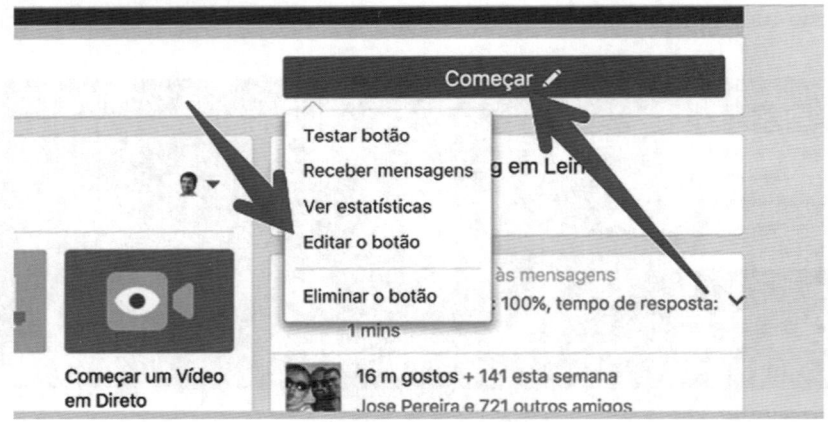

Em seguida, preencha o "Sobre" corretamente. Esta parte da página serve para dar a conhecer, de forma muito resumida, aquilo que faz a sua empresa. Deste modo, assim que o fã chega à *Fan Page*, fica rapidamente sabendo qual o tipo de negócio daquela página. Quando preencher esta parte, tenha também cuidado para inserir o *link* do seu *site*.

É muito importante que você preencha com todas as informações, como telefone, *email* e localização. Muitas pessoas pesquisam por empresas no Facebook para saberem mais informações na hora de tomarem uma decisão. Eu próprio já deixei de comprar produtos de empresas apenas porque não encontrava todas as informações que precisava sobre ela.

Ao clicar no sobre vão aparecer várias opções. Basta clicar em Editar em cada uma delas para fazer a modificação.

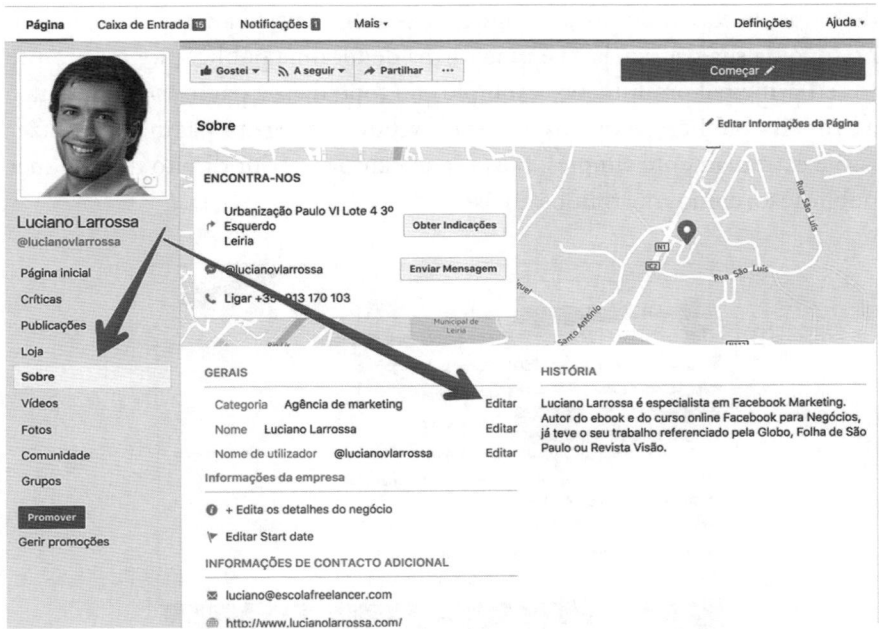

Outro ponto a ter em atenção são os erros de português. Evite letras maiúsculas de forma desnecessária ou a utilização frequente de reticências. Este é o primeiro contato entre a sua empresa e o seu público-alvo e, por isso, deve ter muita atenção a todos os pormenores.

## PRONTO PARA PUBLICAR?

Com a sua *Fan Page* criada, você já pode começar a partilhar conteúdo! Mais à frente no livro, vamos falar sobre outras configurações da sua página, mas para já foquemos no conteúdo.

Na sua página, você pode, essencialmente, fazer 5 coisas: publicar textos, *links*, imagens, vídeos ou fazer transmissões ao vivo. Também pode publicar eventos, marcos importantes para a marca ou notas, mas vamos deixar estes tipos de publicações para mais tarde, visto que elas são menos utilizadas no dia a dia.

Além das publicações habituais, uma *Fan Page* também tem outras funcionalidades interessantes e que merecem ser exploradas. A primeira que vamos abordar aqui é a possibilidade de destacar um conteúdo. Com o destaque de conteúdo, a sua publicação escolhida passa a estar eternamente no topo da sua página. Esta é uma forma de ter uma publicação importante (o seu principal produto, por exemplo) no topo da sua página. Assim, esta é a primeira publicação que os novos fãs veem ao chegar à página. Para fazer isso é extremamente simples. Basta ir ao canto superior direito de qualquer publicação, como mostramos abaixo:

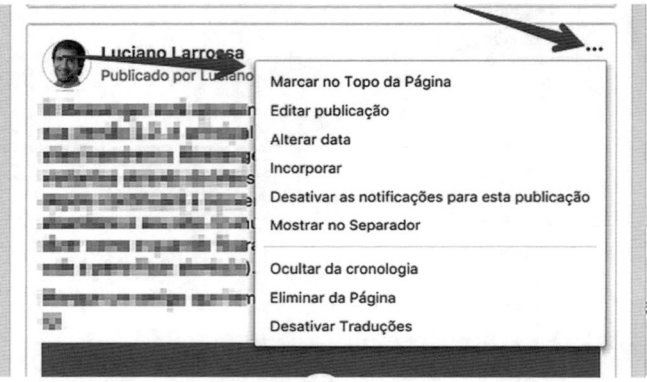

Se tudo deu certo, essa mesma publicação terá agora um pequeno sinal no canto superior direito. Veja como fica:

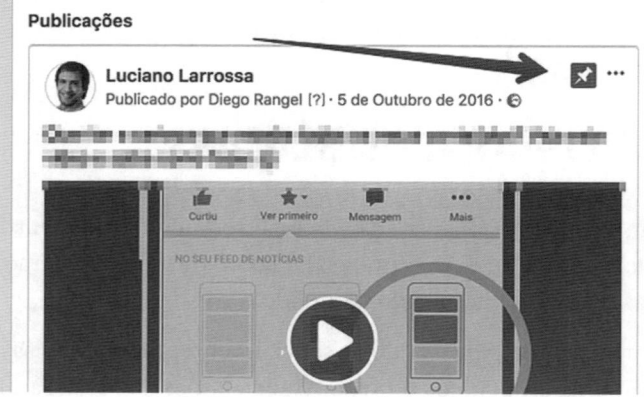

A partir de agora, essa publicação ficará sempre no topo. Para retirá--la do topo, basta clicar novamente no canto superior direito e selecionar a opção "Desmarcar do topo".

Outras opções interessantes encontram-se no próprio menu da página, como mostramos em seguida:

Vejamos para que serve cada uma delas:

- **Compartilhar uma foto ou vídeo:** como o próprio nome indica, use esta opção caso pretenda compartilhar uma foto ou vídeo. O Facebook também permite que você faça publicações em carrossel, que é uma publicação onde o utilizador pode "andar" para o lado e ver mais imagens do mesmo *post*.

- **Anunciar o seu negócio:** nesta opção, o Facebook pergunta se você quer começar a anunciar o seu negócio, ou seja, começar a fazer anúncios pagos. Recomendo que deixe isso para depois, quando entrarmos na parte dos anúncios aqui no livro.

- **Criar uma oferta:** a oferta é uma das funcionalidades mais antigas do Facebook. Já se falou até da possibilidade de ela ser descontinuada devido ao seu fraco impacto, mas isso acabou por nunca avançar. A oferta serve para quando você quer publicar alguma promoção especial ou lançamento de um novo produto. Ao dizer que quer receber a oferta, o usuário é notificado conforme o tempo para usufruir da oferta que vai inspirando. Apesar de parecer uma excelente opção na teoria, nunca tem gerado grandes resultados, mas vale sempre a pena o teste.

- **Iniciar um vídeo ao vivo:** o Facebook permite que você faça transmissões ao vivo através da página e isso pode ter um alto impacto nas suas vendas. Falaremos sobre esta funcionalidade de forma mais detalhada mais à frente no livro.

- **Obter registros:** ao clicar nesta opção, o Facebook convida a fazer um *post* com o objetivo de aumentar o número de registros. No entanto, vale a pena alertar que o objetivo deste botão pode variar bastante. Ele muda conforme é mudado o objetivo da chamada para a ação, o tal botão que fica na cover que falamos acima no livro.

- **Receber ligações telefônicas:** nesta opção você vai fazer um *post* e, nesse mesmo *post*, aparece um botão com o seu número de telefone para que as pessoas possam ligar com um simples clique.

- **Receber mensagens:** a mesma opção acima, só que em vez de ter o número de telefone, abre direto o messenger da sua página.

- **Ajudar as pessoas a encontrar seu negócio:** O mesmo das duas últimas, mas desta vez o usuário, ao clicar no botão, abre um mapa.

- **Criar um evento:** aqui você pode criar um Evento no Facebook. Pode ser interessante caso deseje divulgar algo novo ou lançar um produto. Fiz isso no primeiro lançamento deste livro e deu muito certo!

- **Escrever uma nota:** nesta opção, você pode escrever textos maiores, acompanhados de imagens e que permitam ao usuário ler textos maiores diretamente no Facebook. É como se fosse o seu *blog*, mas dentro do Facebook.

- **Criar um produto:** o Facebook permite que você tenha a sua própria loja dentro dele. Esta loja não substitui um *site* – pelo menos por enquanto – mas pode ser uma excelente vitrine para incluir produtos e deixá-los destacados na sua página. Para ver como funciona, vá até a minha página e clique na guia Loja.

## Como fazer a migração

Se você é daquelas pessoas que têm a página da sua empresa num perfil pessoal, não cometa o erro de criar uma *Fan Page* nova. Isto porque o Facebook permite que você faça a migração da sua conta pessoal para uma *Fan Page*, transformando os amigos em fãs. Vejamos como deve fazer:

Vá até aqui: http://www.Facebook.com/pages/create.php?migrate. Depois, irá aparecer uma imagem como a que você está vendo abaixo:

Agora basta escolher uma das categorias da sua *Fan Page*. Tenha em atenção que:

- Os seus amigos vão ser transformados em fãs.
- Apenas a foto de perfil será movida para a nova página e nenhum outro conteúdo será movido.

Uma das formas de conseguir guardar toda a informação é fazendo um *backup* de tudo aquilo que você tem nessa conta do Facebook. Para isso, vá até aqui https://www.Facebook.com/settings e depois vá até "Geral". Em seguida, selecione a opção "Baixe uma cópia", como mostramos na imagem a seguir:

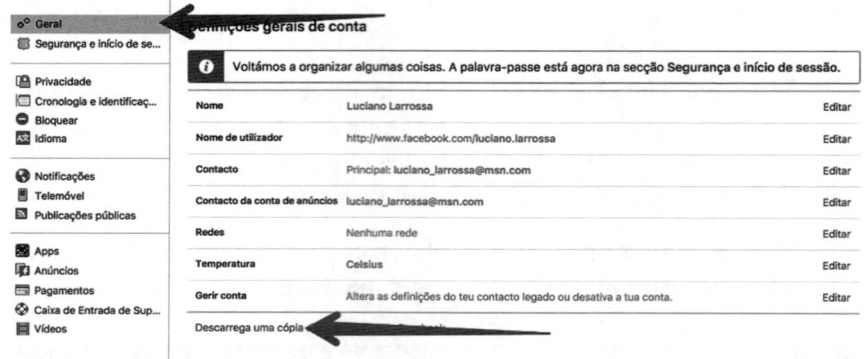

Depois deste passo será enviada uma mensagem para o mesmo *email* da conta do Facebook com um *link* para fazer o *download* de toda a informação.

## Trocar o nome e o URL

Nas formações, existem duas coisas que as pessoas geralmente perguntam. Uma delas é como trocar o nome. A outra é como mudar o URL da página. E, por esse motivo, decidi falar um pouco sobre elas aqui no livro.

Para trocar ambos (ou apenas um deles) basta ir até a opção Sobre e depois selecionar Editar, que fica ao lado do nome. Veja:

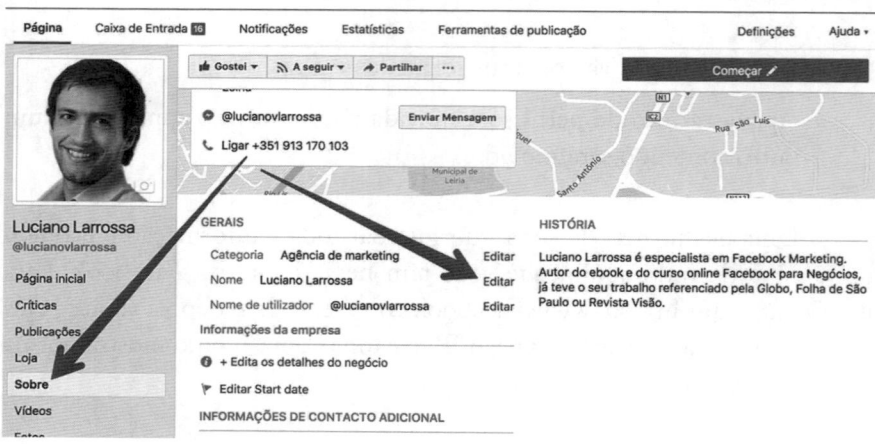

Quando você clica para editar o nome, o que aparece é esta janela:

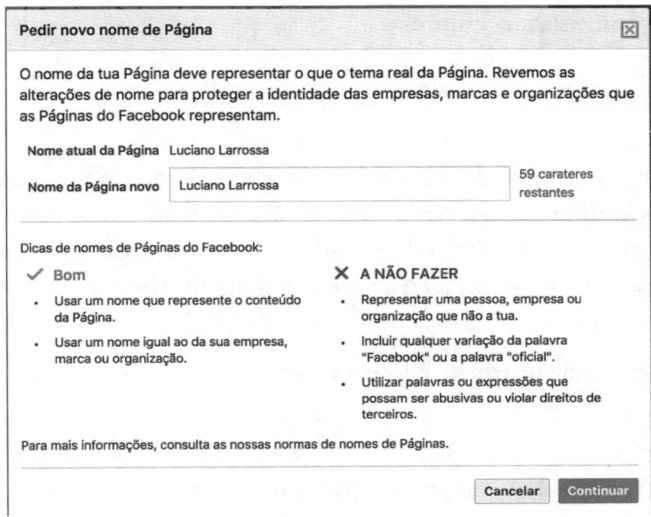

Você deve levar em consideração que a aprovação dessa mesma alteração de nome da sua página é manual, pelo que poderá demorar alguns dias e não é certo que ela seja aceita.

Já para mudar o URL basta também clicar em Editar e vai aparecer uma tela como esta:

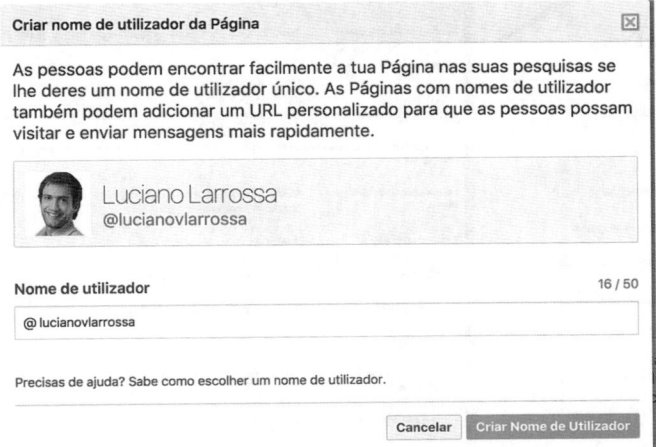

Um URL novo pode facilitar na hora de compartilhar o *link* da sua *Fan Page* com seus clientes, por exemplo. Tenha um URL curto e que represente o nome da sua empresa.

## Configurações

Além das modificações que você pode fazer no Sobre, tem também a parte das configurações. Nela, você faz algumas modificações mais pontuais, tais como inserir limites de idade de quem visualizar a página, permitir ou não receber mensagens, permitir que outras pessoas administrem a sua página, etc.

Antes de avançarmos, é importante perceber duas coisas:

- A primeira é que o Facebook está sempre fazendo alterações e por isso é normal que algumas opções que eu mostrar aqui na parte das configurações você não tenha e vice-versa.
- A segunda é que é necessário compreender que as Configurações têm um menu Geral. Conforme você clica nesse menu, aparecem outras opções do lado direito. Veja:

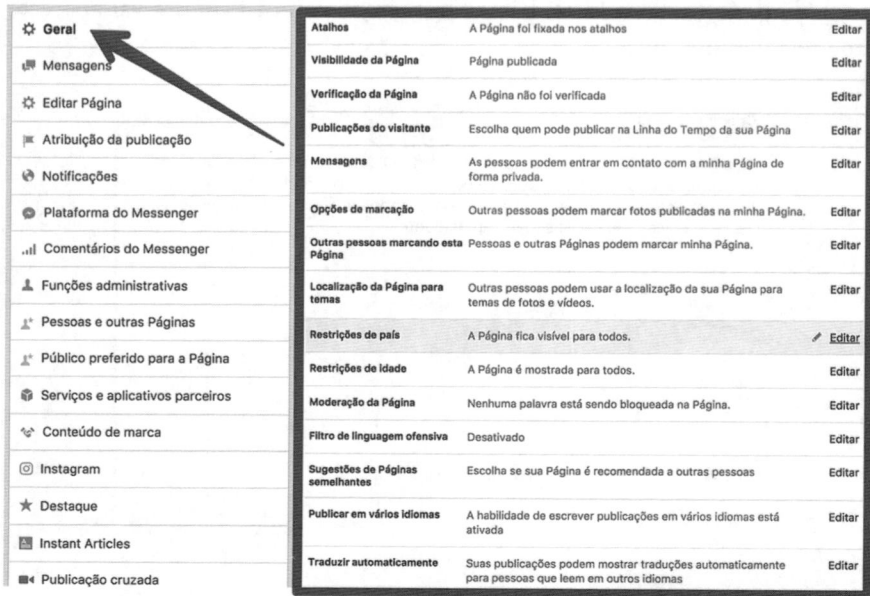

Obviamente não vamos falar sobre todas elas aqui, mas vou destacar algumas que podem ser realmente importantes no seu negócio:

## Publicações do visitante

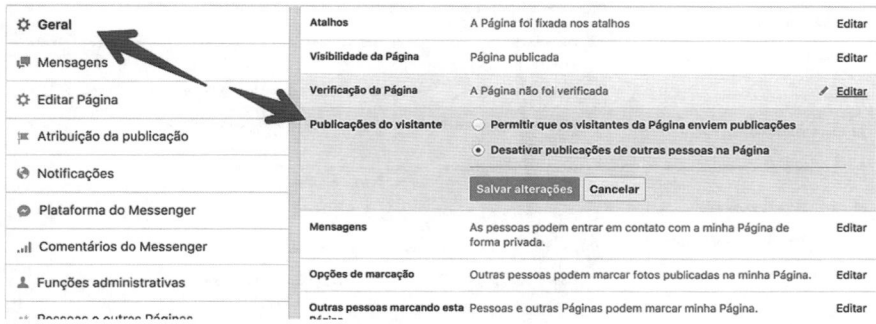

Nesta parte, você permite (ou não) que outras pessoas possam publicar na sua página. Se a opção estiver desativada, a única forma de as pessoas se comunicarem com você é através das mensagens ou dos comentários nos *posts*. Caso esta opção esteja ativa, qualquer usuário pode chegar na sua página e publicar na linha do tempo.

Recomendo que desative esta opção, pois através dos comentários e mensagens você tem maior controle sobre o que é dito, principalmente se forem clientes insatisfeitos.

## Mensagens

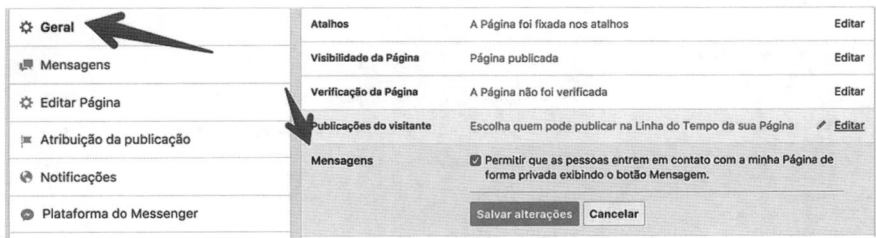

Se você quiser, pode não autorizar que as pessoas deixem mensagens no privado para a sua página. A não ser que seja uma marca muito grande e que o volume de mensagens seja enorme a ponto de não dar conta, recomendo que permita que os usuários enviem mensagens.

## Moderação da página

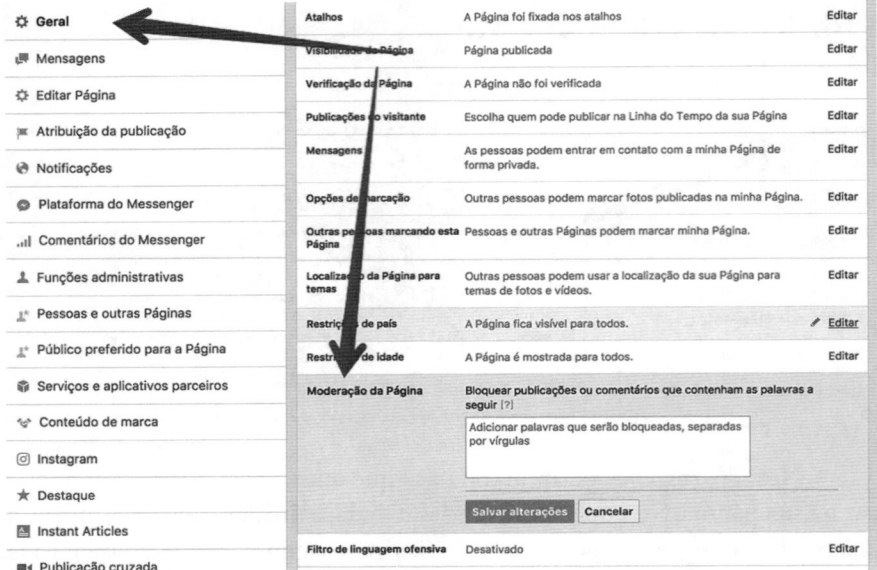

Não quer que apareça um comentário com o nome do seu concorrente? Ou não quer que apareçam bobagens na sua página? O Facebook tem uma opção onde você pode escrever algumas palavras proibidas. Vale a pena usar!

## Classificação de comentários

Com esta opção ativa, os comentários do seu *post* acabam por ficar por ordem de interação. Ou seja, os comentários que receberem mais *likes* e *reactions*, ficam no topo. Se ela estiver desativada, os comentários aparecem por ordem cronológica. Recomendo que deixe ativa, pois muitas pessoas entram nos *posts* para verem os comentários mais interessantes ou engraçados e se eles estiverem no topo vão dar uma experiência mais interessante para quem visita a sua página.

## Mesclar páginas

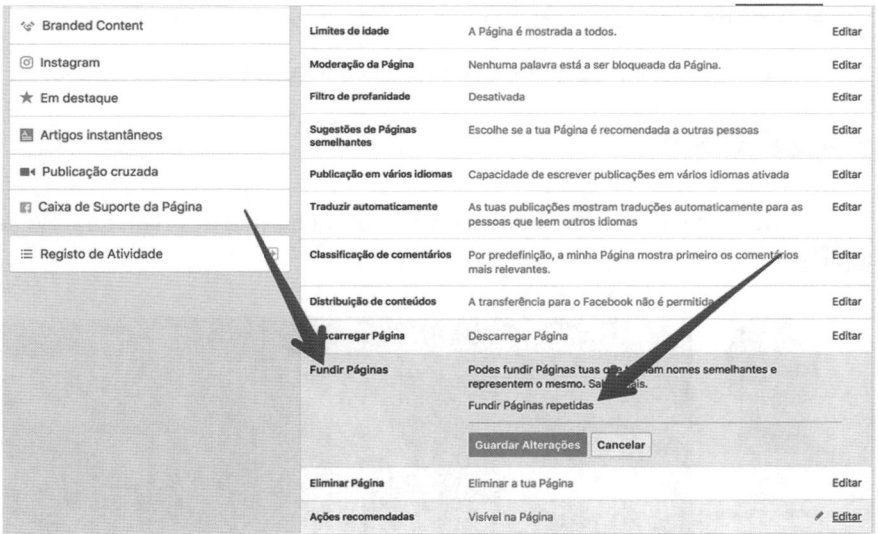

Outro grande problema que muitos utilizadores enfrentam são as páginas duplicadas. Em algum momento criaram a página com o nome da empresa e depois, por outro motivo qualquer, acabaram por criar outra página com o nome da empresa. Com isso, quando os usuários pesquisam no Facebook pelo nome da empresa, acabam por encontrar duas páginas.

Uma forma muito simples de resolver isso é mesclando as duas páginas. Para isso basta ir a esta opção do Facebook. Depois, vai aparecer uma opção que diz *Mesclar Páginas duplicadas*. Ao clicar aí, você vai para uma página que pede para selecionar as páginas que pretende mesclar. Atenção a alguns detalhes:

- Só funciona se você for administrador de ambas as páginas.
- As duas páginas devem ter nomes semelhantes.
- Não é possível voltar atrás.
- A página que ficar vai ter os *likes* de ambas as páginas. Porém, tenha em atenção que alguns usuários podem ter o *like* nas duas páginas, por isso não é certo que ao fundir o número de *likes* seja somado.
- A página que desaparecer vai perder todo o conteúdo.
- Este é um processo manual e não é certo que ele seja aprovado.

## Editar página

Todas as páginas de Facebook têm um menu que fica na lateral. Veja aqui:

Estes menus não são fixos. Você pode modificar sempre que quiser. Para isso tem que ir à opção Editar Página e depois clicar em Editar.

Ao fazer isso, o Facebook fornece alguns modelos-padrão de menus. Porém, você também pode fazer essas alterações uma a uma se não quiser seguir os padrões do Facebook.

Para isso, você apenas precisa ir até a parte final da página. Aqui:

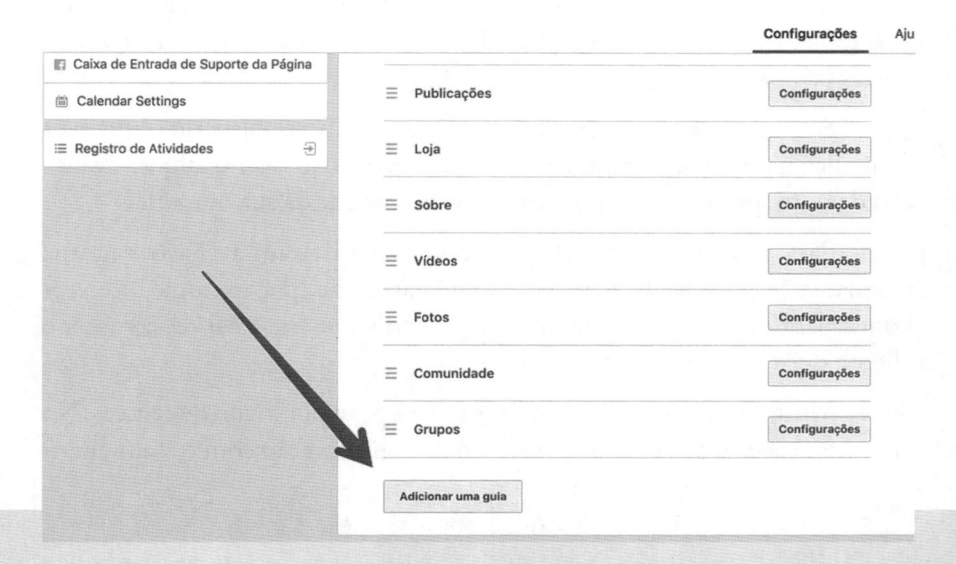

Ao clicar aí vão aparecer todas as opções de menus, um a um. Basta clicar em adicionar uma guia e pronto! Você tem uma nova opção de menu na parte lateral da sua página.

Uma das opções que eu recomendo vivamente que você tenha é a parte das Avaliações, também conhecidas como "Estrelas". Estou falando disto aqui:

Estas avaliações são muito importantes, pois, cada vez mais, os usuários tomam a decisão de comprar algo tendo como base as avaliações de outras pessoas.

Se a sua página tem bastantes *reviews* positivas, o usuário sente mais confiança na hora da compra. Se, por outro lado, não tiver qualquer avaliação de outra pessoa, o usuário acaba por desconfiar da sua empresa.

Para aumentar o número de pessoas que deixam avaliações na sua página, você pode realizar várias estratégias. Pode, por exemplo, oferecer bônus para quem deixar uma review ou pedir que, no final da compra, o cliente deixe um comentário.

Muitos empreendedores retiram esta opção por medo de críticas. No entanto, veja esta opção como um meio de comunicação com os seus clientes e uma forma de melhorar o seu produto/serviço. Obviamente as críticas podem existir, mas acredite: o que você vai ganhar ao ter esta opção ativa é muito mais do que aquilo que vai perder.

## Funções administrativas

Outra ideia errada que as pessoas têm é que só uma pessoa pode gerir a página. E quando querem que outra pessoa da empresa faça *posts*, acabam fornecendo o *email* e a senha de *login* sem necessidade. Obviamente, o Facebook já inventou uma solução mais simples para esse tipo de problema.

Para isso basta ir ao menu Funções Administrativas, como mostro abaixo:

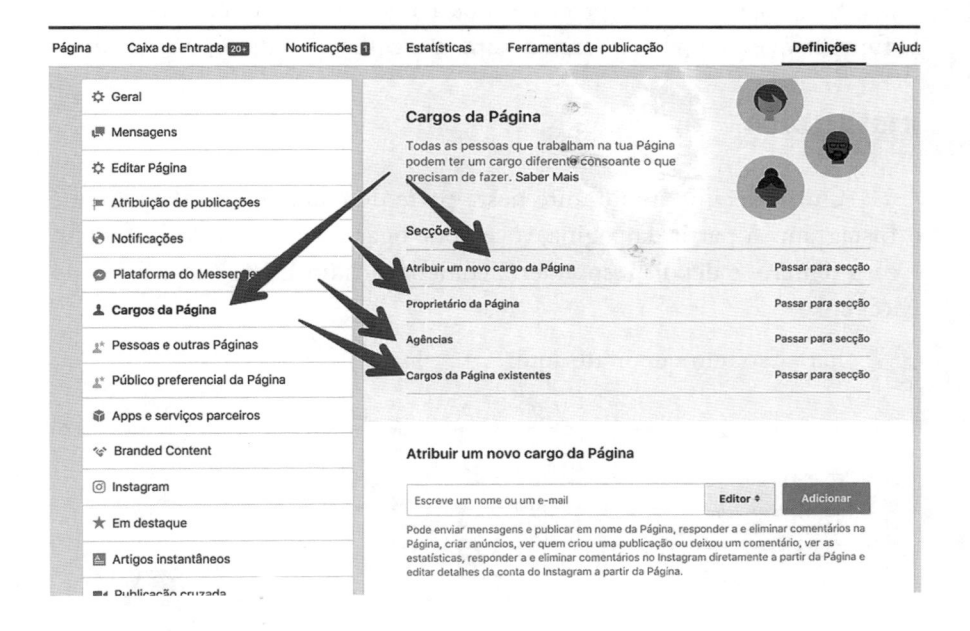

Para adicionar alguém, basta inserir o *email* e definir o cargo que ele vai ocupar na página. Veja o que significa cada um deles:

- **Administrador**: pode fazer tudo na página. Publicar, remover pessoas, alterar cargos e até remover a página! Tenha muito cuidado com quem deixa como administrador, pois, se deixar esta função nas mãos erradas, você corre o risco de perder a página.

- **Editor**: este cargo tem quase as mesmas funções do administrador, com a diferença de que não pode remover ou adicionar pessoas e mexer nas configurações da página. De resto, pode publicar, excluir, trocar informações do Sobre, imagens de capa, etc.

- **Moderador**: neste cargo, o usuário fica responsável por responder ou eliminar comentários, responder a mensagens ou ver estatísticas.

- **Anunciante**: só pode criar anúncios pagos, ver estatísticas e saber quem publicou na página.

- **Analista**: só vê estatísticas.

- **Colaborador ao vivo**: só pode fazer transmissões ao vivo.

Se quiser permitir que alguém faça algo na sua página, analise bem as funções que essa pessoa vai necessitar e escolha uma das opções acima.

## Instagram

Outro detalhe importante nesta parte de configuração da página é o Instagram. A partir da página, você pode ligar a sua conta do Instagram – caso tenha – e depois responder a comentários do Instagram através do Facebook.

Para isso tem que ir até aqui:

E depois fazer *login* na sua conta do Instagram. Porém, existe um detalhe muito importante: o *email* de *login* do Facebook tem que ser o mesmo da sua conta do Instagram! Caso contrário, o Facebook não vai conseguir ligar uma conta a outra.

## Mensagens

Durante o último ano, o Facebook tem dado um grande foco na parte das mensagens. Isso é inegável. A cada mês aparece uma nova funcionalidade para o Messenger. Na sua página, existem várias coisas que você pode fazer com as mensagens.

A mais comum é a de programar mensagens automáticas. Indo a este menu:

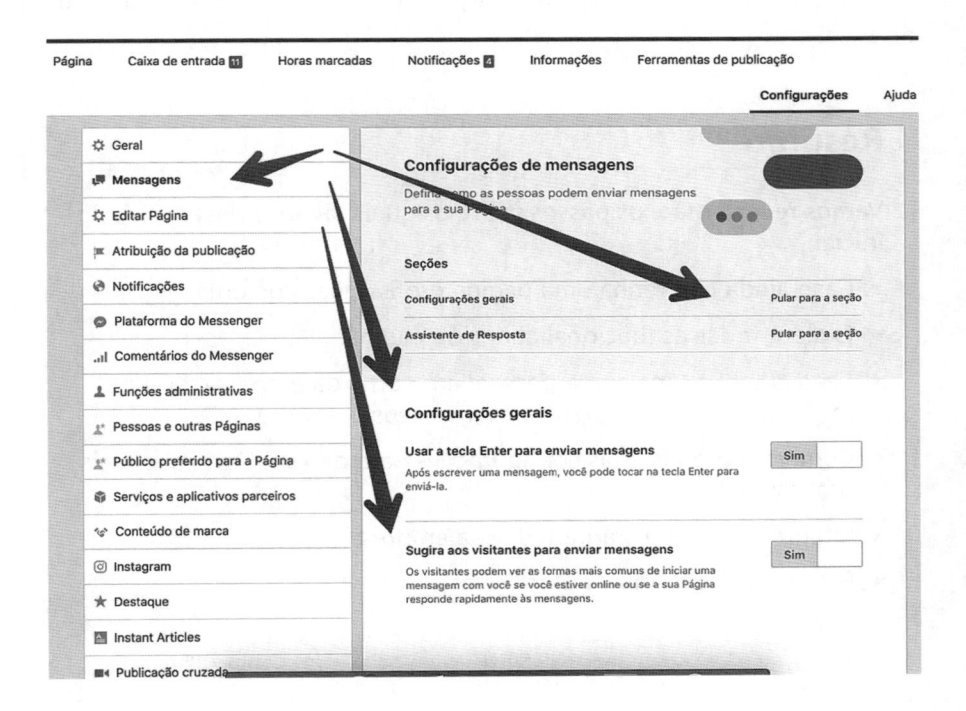

Ou seja, quando um usuário entra em contato com a página, você pode programar uma mensagem automática. Pode usar isso para uma mensagem de boas-vindas ou informar quanto tempo costuma demorar a responder às mensagens.

Aqui, você pode programar:

- Uma mensagem para cada pessoa que entra em contato com a sua página.
- Uma mensagem para quando o usuário entre **pela primeira vez** em contato com a sua página.
- Uma mensagem que a pessoa vai receber quando você estiver ausente.

Porém, estas mensagens são de apenas um nível. Ou seja, enviam apenas uma única mensagem e nada mais. Se você quiser criar algum tipo de relacionamento com respostas automáticas, aí já temos que falar sobre *chatbots*, ou seja, mensagens automáticas que respondem conforme as opções selecionadas pelos usuários. Mas, sobre isso, falaremos mais à frente no livro.

## Resumo

**Vamos rever, então, os passos sobre os quais falamos neste capítulo inicial:**

- Caso ainda não tenha uma página profissional, crie uma.
- Explore todas as funcionalidades da página.
- Caso já tenha uma conta pessoal em nome da empresa, faça a migração de forma a transformar os seus amigos em fãs.
- Comece a modificar as configurações para deixar a *Fan Page* mais profissional.
- Integre-a com o Instagram da sua empresa.
- Programe mensagens automáticas.

Curtir   Comentar   Compartilhar

## 2. Divulgando a sua página do Facebook gratuitamente

Agora que já explicamos como ter a sua página minimamente apresentável, chegou o momento de começar a conquistar os primeiros fãs. Este é um dos momentos mais importantes, especialmente se conseguir transformar em fãs alguns dos amigos que você tem na sua conta pessoal do Facebook. Eles poderão ser uma ótima ajuda para dar os primeiros passos e conseguir um bom número de compartilhamentos de imagens e textos, tudo isto sem ter de realizar qualquer investimento em anúncios no Facebook. De fato, não existe melhor estratégia para conseguir as primeiras pessoas na sua página do que a divulgação aos seus amigos.

Muitos dos passos de que vou falar em seguida já estão no Facebook, mas infelizmente muitas pessoas acabam por deixar estas opções de lado. Estas dicas são um excelente impulso inicial e certamente que ajudarão você a ganhar algumas dezenas ou quem sabe até centenas de fãs.

## ESTRATÉGIAS DE DIVULGAÇÃO

### Convites para amigos

Como disse, a forma mais eficaz de angariar os primeiros fãs é convidando os seus amigos. E para fazer isso dentro do Facebook é muito fácil. Basta clicar nas reticências e depois em "Convidar amigos":

Depois basta clicar em "convidar" que em poucos segundos uma notificação aparecerá na conta desse amigo, avisando que a pessoa "x" o está convidando para curtir uma página. Rápido e muito eficaz. Veja como fica:

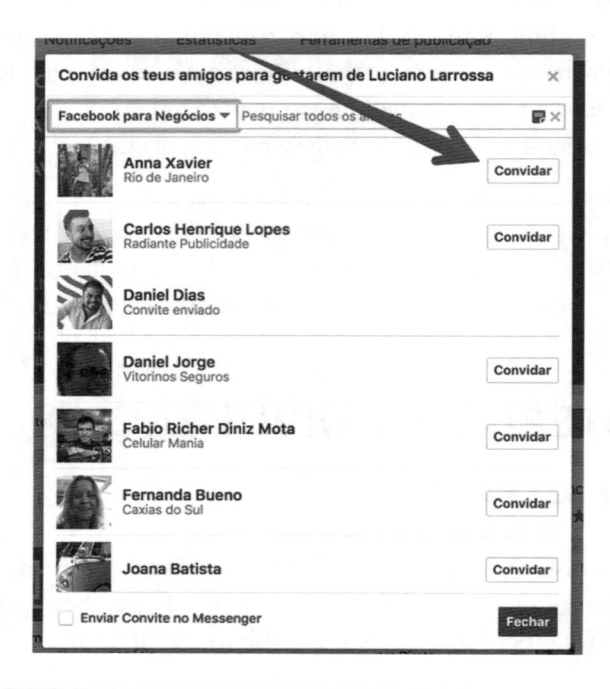

## Insira o URL da página no final do *email* da empresa

Outra das formas para publicitar a sua página e que poucas pessoas utilizam é inserindo o URL da página no final dos *emails* da empresa. Escreva uma mensagem pré-definida do gênero "Curta a nossa página do Facebook clicando aqui". Você não irá angariar milhares de fãs com esta estratégia, mas certamente irá conseguir mais algumas dezenas. Eu faço isso no meu *email* pessoal e tem gerado resultados interessantes.

–
Atentamente,
Luciano Larrossa

Siga-me nas redes sociais:

Facebook: https://www.facebook.com/lucianovlarrossa/

## Crie um evento

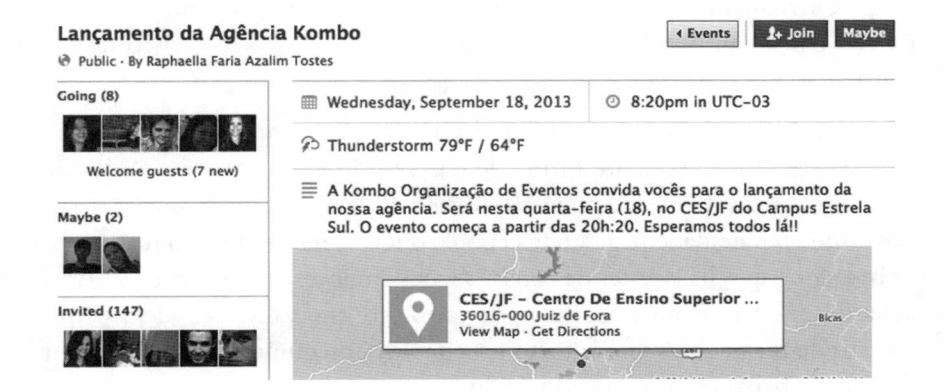

Criar um evento para contar aos seus amigos que vai lançar a sua *Fan Page* também pode ser outra das estratégias utilizadas. Você também não vai garantir um número elevado de *likes*, mas é mais uma forma de dar a conhecer ao seu círculo de amigos a sua nova *Fan Page*.

Nesta situação, tenha cuidado para selecionar os amigos corretos. Ou seja, quando fizer o evento, faça apenas o convite àqueles amigos que podem ter futuro interesse na sua *Fan Page*. Se você vai vender um produto para pessoas de 40 anos, não convide crianças de 15 para participar no seu evento de lançamento. Habitue-se desde o início a focar-se mais na qualidade do seu público do que na quantidade.

## Junte-se a grupos no Facebook

Os grupos no Facebook são uma excelente forma de divulgar a sua *Fan Page*. Porém, é necessário que trabalhe esta questão de maneira profissional.

Normalmente, a estratégia utilizada é a de começar a fazer publicações, pedindo para os integrantes dos grupos clicarem em *like* na sua página. Ao realizar esta estratégia, tenha alguns cuidados:

- Publique apenas em grupos que estejam relacionados com a área de negócio da sua página do Facebook.
- Publique apenas em grupos em que esteja participando constantemente. Não vale a pena publicar em grupos onde não conheçam você.

Obviamente que você deve divulgar a *Fan Page* nos grupos apenas no seu lançamento. Se o fizer de forma consecutiva, corre o risco de ser considerado um *spammer*.

Todas estas estratégias que partilhamos são completamente gratuitas. Elas são uma excelente forma de dar os primeiros passos e conseguir os primeiros fãs. Contudo, uma boa estratégia gratuita de divulgação não substitui a publicidade paga no Facebook, onde os resultados são realmente impressionantes. Mas antes de pensar sequer em investir em Facebook Ads, aguarde pelos próximos capítulos do livro em que vamos explicar como investir de forma mais eficiente no Facebook, conseguindo assim pagar um valor mais baixo por cada fã adquirido.

## Use as outras mídias para trazer pessoas para o Facebook

Parece simples, mas esta é uma estratégia de que muitas pessoas se esquecem: é muito importante levar os usuários de umas mídias para as outras. Leve-os do Instagram para o Facebook, do *email* para o LinkedIn, do Facebook para o YouTube e por aí vai. A isto chama-se transmídia e a grande vantagem de utilizar esta estratégia é que aumenta as possibilidades da sua mensagem chegar àquele utilizador específico, pois se ele não viu o seu *email*, pode ser que veja o *post* do Facebook; se não viu o vídeo do YouTube, pode ser que veja o seu *post* do Instagram e daí por diante.

## Compartilhe no seu perfil

Parece básico, não é? Mas a verdade é que muitas pessoas não o fazem. Compartilhar a criação da sua nova página no seu perfil pessoal é uma forma dos seus amigos saberem que agora você tem uma página profissional. Mas cuidado: não faça isto em demasia e deixe bem claro para quem é e para quem não é esta sua *Fan Page*.

Isto porque é muito fácil nos iludirmos com a ideia de que quanto mais fãs tivermos, melhor, e por isso não interessa muito a qualidade dos nossos fãs: o importante é encher a página de *likes*.

Não é bem assim. Como vamos ver mais à frente, a qualidade dos fãs que temos é mais importante do que a quantidade. Mas deixemos isso para os próximos capítulos.

Outra estratégia bem simples é fazer uma transmissão ao vivo no seu perfil, convidando os seus amigos para curtir a sua página. Para isso é só selecionar a opção Vídeo ao vivo no perfil e começar a dar conteúdo. Ao vivo, você poderá explicar aos seus amigos o motivo de estar criando a sua página e definir claramente quem deve acompanhar aquilo que vai publicar por lá.

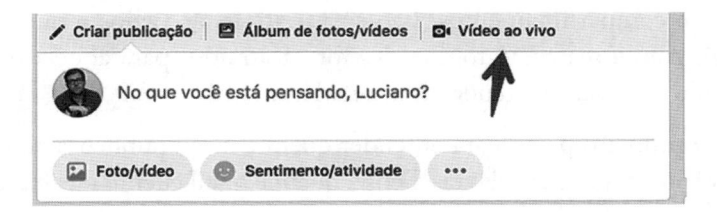

# A PROBLEMÁTICA DO PÚBLICO-ALVO

Como deve ter verificado ao longo dos pontos anteriores, falei sempre sobre a relevância de fazer convites apenas para aquelas pessoas que mais tarde vão ficar interessadas na sua *Fan Page*. Esta é uma das formas de combater aquilo que eu chamo de "egométrica".

*A egométrica não é mais do que ambição natural dos gestores de Fan Pages em terem muitos fãs ao invés de se focarem na qualidade desses mesmos fãs. Não adianta querer ter uma página com 10 mil fãs que não estão interessados naquilo que você tem para vender. Mais vale ter mil fãs apaixonados pela marca do que ter 10 mil que não se interessam pelo seu conteúdo. Ficar focado no seu ego vai fazer você focar-se apenas no número de fãs ao invés da qualidade. Ao longo deste livro, você vai perceber que o número de fãs é apenas uma métrica tão importante como tantas outras. Ter muitos fãs não está, diretamente, relacionado com o fato de fazer mais vendas através do Facebook.*

Quando um gestor de uma *Fan Page* está apenas focado no número de fãs, dá para concluir que algo na sua estratégia está errado. Obviamente que o número de pessoas que curtem a sua página é importante. Publicar algo para 100 mil fãs é diferente de fazer uma publicação para apenas mil. O impacto é muito maior. Contudo, é necessário que esses 100 mil sejam fãs de qualidade e que estejam interessados nos seus conteúdos. Caso contrário, a interação deles será praticamente nula. A "cegueira" pelo número de fãs acaba por trazer um prejuízo enorme a longo prazo.

Acredito que muitos profissionais caiam neste erro, em parte por falta de uma definição de um público-alvo. Eles não sabem a quem querem vender o seu produto e isso faz com que façam publicações sem objetivos previamente definidos. Daí ser muito comum ver empresas publicarem imagens com conteúdo humorístico apenas com objetivo de conseguir curtidas e compartilhamentos. Isso só vai atrair fãs vazios e que não vão interagir com a marca, visto que eles foram atraídos para aquela *Fan Page* esperando por mais conteúdos humorísticos.

O primeiro passo para entender quem é o seu público-alvo é tentar descrevê-lo em poucas palavras. Pense: quem é o seu cliente ideal? Aqui vão alguns pontos que devem ser analisados:

- É um público que, por norma, está no Facebook?
- Que tipo de conteúdo esse público gosta mais? Imagens, textos, transmissões ao vivo ou *links*?
- Dentro desse tipo de conteúdo, que tipo de publicações ele prefere? Dicas, novidades, compilações, estratégias, frases ou outras?

- É um público que normalmente compartilha ou apenas consome conteúdo sem interagir?
- Esse público tem o hábito de comprar pela internet ou é necessário encaminhá-lo até um espaço físico?

Aquilo que o seu público-alvo faz e escolhe irá condicionar toda a sua estratégia. Se esse mesmo público prefere imagens e você publica textos, não estará no caminho certo. Por outro lado, se esse público prefere comprar na sua loja física e você está tentando vender *online*, a sua estratégia também está errada.

Acredito que seja difícil ter uma noção clara das preferências do seu público logo no início. Se você tem uma loja física ou mesmo um *e-commerce*, certamente já tem uma ideia de qual é o seu público-alvo. O próximo passo será criar conteúdo que vá ao encontro desse mesmo público.

Mas se você está iniciando o seu negócio agora, a sua tarefa será mais difícil. A longo prazo, as estatísticas do Facebook podem ser uma excelente forma de começar a perceber quem é o seu público e qual o comportamento dele na internet. Com alguns clientes que trabalhei, o próprio Facebook ajudou a perceber qual era o público-alvo. Isso porque as estatísticas dão a possibilidade de verificar as idades dos fãs, em que momento do dia eles interagem mais, em que cidades eles estão presentes e por aí adiante. Estes são dados que poderiam demorar vários meses a serem conseguidos, mas, com o Facebook, essa análise fica mais simplificada.

Mais à frente vou ensinar você a analisar as estatísticas de forma lógica, por isso não se desespere se não conseguir perceber grande parte dos dados que estão no *Facebook Insights*, nome técnico dado às estatísticas no Facebook. Tranquilize-se, pois mais adiante vamos esclarecer todas as suas dúvidas.

## Análise psicográfica do seu público-alvo

Quando falamos em público-alvo, a análise inicial vai, normalmente, para as questões demográficas ou geográficas. Ou seja, os gestores de *Fan Pages* normalmente só tentam analisar a idade e a localidade dos seus fãs. No entanto, existem outros fatores que devem ser analisados. A esses fatores damos o nome de análise psicográfica. Este termo diz respeito ao comportamento, estilo de vida e personalidade do seu fã. Vejamos cada um deles de forma mais pormenorizada:

- O **comportamento** está diretamente ligado à atitude dos seus fãs em relação às suas publicações. O seu público é muito interativo? Geralmente comenta e compartilha? Ou apenas consome a informação que você tem para compartilhar?

- O **estilo de vida** vai dar-lhe respostas a muitos fatores. O principal está relacionado com os horários que eles estão no Facebook. Se o seu público tem um estilo de vida mais profissional, as publicações matinais talvez funcionem melhor do que as publicações a meio da tarde. Por outro lado, se tiver um público mais jovem, uma publicação à meia-noite pode gerar bons resultados. No estilo de vida também podemos englobar o tipo de conteúdo que eles preferem. Um público com um estilo de vida mais profissional talvez prefira dicas ou frases motivacionais. Já um público mais jovem prefere conteúdo relacionado com entretenimento.

- Pensar na **personalidade** do seu público vai ajudar a perceber melhor o tipo de conteúdo que vai compartilhar com eles. Tente entender se o seu público é extrovertido, se gosta de inovação ou se gosta de informações em tempo real, por exemplo. Dialogar com um público que gosta de novidades em vez de fazê-lo com outro mais conversador, por exemplo, pressupõe estratégias de conteúdo completamente diferentes.

O meu conselho é que, antes mesmo de iniciar a sua *Fan Page*, faça uma pequena reflexão e pense para si mesmo: quem é o meu cliente ideal? Qual a sua idade? Qual o seu estilo de vida? Qual a sua personalidade? A partir daí vá construindo a sua estratégia, tendo sempre como base aquela *persona*.

## Como comunicar?

Outro pormenor muito interessante e poucas vezes explorado está relacionado com o "tom" da sua comunicação. Apesar do Facebook ter a opção de publicar um vídeo ou de partilhar *links*, a verdade é que grande parte da comunicação na plataforma acontece em formato de texto. Através das palavras é possível trabalhar o estilo de comunicação da sua empresa. E esta opção está diretamente relacionada com o seu público-alvo, pois o seu tom vai sempre depender do tipo de fãs que você tem na sua página. Vamos analisar dois casos bastante distintos:

Na imagem abaixo damos o exemplo do Guaraná. Esta marca de refrigerantes está focada no público mais jovem e é normalmente consumida em situações mais descontraídas. Repare na comunicação deles:

Tanto a imagem como a descrição são adequadas ao público típico do Guaraná. Esse mesmo público prefere visualizar publicações mais descontraídas e criativas.

O exemplo seguinte é completamente distinto. Apesar de ser também uma marca de bebidas, a Moët & Chandon está vocacionada para um público com idade mais avançada e com um status social privilegiado.

> **Moët & Chandon Brasil**
> 10/8 às 22:08
>
> Elegante em qualquer ocasião. 🍾🎩 #moetmoment
>
> 👍 Gosto    💬 Comentar    ➤ Partilhar
>
> 👍❤ 161

    Repare como a comunicação deles é mais profissional e como a própria imagem tem uma melhor qualidade.

    Todos os pormenores são importantes, pois eles vão condicionar as reações do seu público. Se tiver um produto para pessoas com maior poder de compra e comunicar de uma forma mais descontraída, eles acabarão por não criar uma ligação direta com a marca e vice-versa.

    Por isso, pare e analise: qual o melhor "tom" para utilizar nas suas comunicações?

## A empatia

    Uma das coisas mais difíceis de se conseguir nas redes sociais é a empatia. Ou seja, a capacidade de estar no papel do seu potencial cliente e sentir o que ele sente, da forma como ele sente.

As redes sociais trouxeram a possibilidade do pequeno e médio empreendedor fazer algumas ações de *marketing* para o seu negócio. Isso trouxe coisas muito boas, mas também outras menos boas.

E na parte menos boa a verdade é que muitos empreendedores ainda não aprenderam a se comunicar com os seus clientes. Continuam a se comunicar como se estivessem falando para os seus colegas de profissão, usando termos técnicos e falando palavras que os seus potenciais clientes não vão entender.

Ter uma linguagem de simples entendimento – que é diferente de uma linguagem pobre em termos de conteúdo – vai ajudar as pessoas a se conectarem com a sua marca e, com isso, prestarem mais atenção ao seu conteúdo.

Por isso, antes de publicar seu próximo *post*, reflita: esse texto foi escrito para você e os seus colegas entenderem ou foi escrito para o seu potencial cliente entender?

Enquanto escrevo este livro, por exemplo, tenho como objetivo que qualquer um entenda sobre Facebook. Se utilizasse termos demasiado técnicos, facilmente o leitor abandonaria o livro. Por quê? Porque não iria sentir ligação. Uma escrita muito difícil dificulta a conexão.

E quando falamos especialmente de redes sociais, o tempo para conseguir chamar a atenção do leitor é muito curto. São apenas alguns segundos. Se a sua publicação for de difícil entendimento, é muito fácil ele continuar a usar *scroll* e ir para o próximo conteúdo.

Por vezes, menos é mais.

## Qual o motivo das pessoas estarem nas redes sociais?

Já falei, ao longo deste livro, que ninguém entra nas redes sociais para ver anúncios, lembra-se? Mas, então, o que faz as pessoas estarem nestas mídias? Por que elas não estão em *sites*, por exemplo? Na verdade, você precisa compreender que as pessoas estão tanto no Facebook, como Instagram ou Snapchat, para fazer essencialmente três coisas:

- **Educação**: as pessoas navegam pelas redes sociais com o intuito de aprender algo novo. Este tipo de usuário dá grande foco a vídeos e grupos.

- **Entretenimento**: são pessoas que entram nas redes sociais para rir. Adoram *memes* e os vídeos engraçados do momento.
- **Informação**: este tipo de usuário quer, especialmente, saber sobre a última notícia do momento em várias áreas.

A questão aqui é: a sua marca está fazendo algo que cumpra estes três requisitos? Olhe para os seus últimos *posts*. Em algum momento educou, entreteu ou informou o seu público?

## O processo de funil

Vamos finalizar esta parte do público-alvo falando de funil. O funil é o percurso que o seu cliente final percorre antes de fazer a compra. Muitos donos de *Fan Pages* acham que chegam lá, criam a página no Facebook, fazem meia dúzia de *posts* e já começam a vender. Errado, errado e errado.

Esqueça, por momentos, o mundo *online*. Vamos passar para o *offline*. Pense numa loja física. Quando o cliente não conhece a loja, nunca ouviu falar sobre ela e nunca passou pela frente dela, e mesmo assim decide entrar, ele não toma a decisão de compra no primeiro minuto, certo? Ele vai ver se tem o produto que pretende, ver condições de garantia, retirar as dúvidas sobre o produto e, provavelmente, vai sair da loja e comparar preços em outras lojas antes de tomar a decisão. Durante este tempo, ele tenta responder a várias perguntas na sua mente, tais como:

- Esta loja é de confiança?
- Será que não serei enganado?
- Será que este produto não se vende mais barato em outro local?
- Será que não posso resolver o meu problema com um produto mais barato?
- E se estragar, será que eles ajudam a recuperar este produto?
- Se eu adiar a minha compra, conseguirei resolver o problema mais tarde?
- Este produto realmente já resolveu o problema de outras pessoas?

E por aí vai. Para perceber isso, é muito simples. Tente prestar atenção a todos os pensamentos e objeções que você cria na sua mente. Especialmente se for um produto um pouco mais caro e menos urgente. Vai ver como várias questões surgirão de forma automática no seu cérebro sem que você se aperceba. O mesmo acontece com os seus clientes!

E se isso acontece *offline*, imagine no *online*! As dúvidas se o atendimento pós-venda vai ser bom, se o produto é aquilo que a imagem mostra ser ou se outras pessoas já usaram e gostaram são ainda maiores! Por isso, é muito importante que pense em todo o processo de funil antes da compra. Vejamos:

- O usuário vê, por algum motivo, um anúncio seu ou uma publicação compartilhada por um amigo e se interessa pelo que viu.
- Vê o conteúdo e vai ver outros *posts* da sua página.
- Dá *like* na página.
- Passa a ver outros *posts* e interage com alguns deles.
- Começa a gostar daquilo que você publica e sente vontade de comprar um produto seu.
- Entra no *site*, mas primeiro vê as avaliações das outras pessoas e os comentários ao produto que quer comprar.
- Fala com você pelo Messenger para retirar potenciais dúvidas.
- Vai para o *site* e faz a compra.

Todos estes passos que enumerei acima funcionam num processo de funil, isto porque o primeiro passo tem sempre mais pessoas e depois ele vai descendo, até que restam bem menos pessoas no último passo do processo.

Obviamente, não quer dizer que todas as compras tenham que respeitar esta ordem. Muitos conhecem uma página, veem meia dúzia de publicações e já compram. Outros, acompanham páginas durante anos, interagem, mas nunca compram nada.

O que pretendo realçar é que a consistência de conteúdo e a persistência são fundamentais para fazer vendas *online* e nas redes sociais. A parte positiva é que quanto mais histórico e nome tiver na internet, mais fácil vai ser converter as pessoas que conhecem a sua marca em clientes.

# 3. O que é o *ranking*?

Falar atualmente em Facebook é falar em *Ranking*, também conhecido no passado como *EdgeRank*. Este algoritmo criado por esta rede social é algo único e é primordial que você perceba o que ele significa, pois só assim conseguirá ter sucesso com a sua *Fan Page*. O *Ranking* é a fórmula utilizada pelo Facebook para definir a relevância que uma pessoa tem para a outra. Se reparar, existem algumas pessoas que aparecem mais no seu Feed de notícias enquanto outras parecem nem existir. Isso se deve ao fato de essas pessoas serem mais relevantes para você do que as restantes. Como tem um relacionamento mais próximo com elas (comenta fotografias que elas compartilham, fala no *chat* com elas ou compartilha conteúdos, por exemplo), o Facebook percebe que vocês dois têm um relacionamento mais próximo. Como o objetivo do Facebook é mostrar o conteúdo mais relevante, ele dá preferência àquelas pessoas com quem você mais interage. Isso faz, também, com que aquelas que recebem menor interação nem sequer apareçam na sua *timeline*.

O mesmo acontece com as páginas. O Facebook faz isso para ajudar o usuário a ter mais conteúdo de interesse, mostrando as publicações que são mais relevantes para esses usuários. No Instagram, por exemplo, você vê tudo aquilo que é publicado. No Facebook, verá aquilo que o algoritmo permitir. Ou seja, se tiver uma página com dez mil fãs, o algoritmo faz com que as suas publicações não apareçam aos dez mil fãs, mas sim a um número mais reduzido.

No Facebook acontece aquilo que é chamado de Economia da atenção. Onde existe tanto conteúdo, quem conseguir produzir um melhor conteúdo e ser mais criativo é aquele que vai ganhar a "guerra" pela atenção dos seus fãs.

O *Ranking* funciona mais ou menos como o sistema de indexação de artigos do Google. Os textos que são mais lidos, que recebem mais *links* e que são mais compartilhados aparecem em primeiro lugar nos motores de busca. Logo, são mais relevantes.

Melhorar o *Ranking* numa página significa que os seus fãs vão receber mais conteúdo publicado por você. Por isso, quanto mais interação gerar, mais fãs vão ver os seus conteúdos.

O *Ranking* é um tema bastante "sensível" até para o próprio Facebook, que muitas vezes afirmou que não existia nenhum termo técnico para definir o seu próprio algoritmo. A verdade é que esta palavra tem sido utilizada para definir o algoritmo do Facebook e para que a sua compreensão seja simplificada, vamos continuar a utilizar este termo durante todo o livro.

# EM QUE CONSISTE O RANKING?

O *Ranking* baseia-se, principalmente, em quatro premissas: afinidade, tempo, relevância e comentários negativos. No total, afirma-se que o *Ranking* é composto de mais de mil fatores de ranqueamento, mas os que citamos são, sem dúvida, os quatro principais. Tenha em atenção que eles podem mudar a qualquer momento e por isso é importante que você se mantenha atento às modificações constantes realizadas no algoritmo do Facebook. Vamos analisar logo abaixo cada um deles:

## Afinidade

A afinidade nada mais é do que a relação mútua que existe entre a sua página e o seu fã. Se o seu fã faz um comentário e você responde ao comentário marcando o nome dele ou clica em *like* no comentário, estará aumentando a afinidade entre ambos. Além disso, se muitos amigos desse fã curtem a sua página, a afinidade também será maior, pois o Facebook tende a mostrar o conteúdo que existe entre o fã, os amigos dele e a página que todos acompanham.

A afinidade também pode ser construída pelo próprio usuário. Se ele está sempre clicando nos *links* de uma *Fan Page* ou se ele está sempre compartilhando o conteúdo dela, ele também está aumentando a afinidade.

Apesar de ainda estarmos no primeiro fator do *Ranking*, um pormenor salta logo à vista: é determinante levar os seus fãs a fazerem alguma ação, seja ela compartilhar ou comentar. Se ele tem alguma ação nas suas publicações significa que ele gosta do que você compartilha. O Facebook leva em consideração cada gesto. Só para ter uma ideia: se você parar para ver uma imagem, mesmo que não clique em nada, o Facebook vê isso como uma interação.

Contudo, gostaria de deixar aqui uma ressalva. Apesar da interação ser importante, também é necessário ter em conta a relevância dessa interação. Se você for compartilhar imagens de gatos ou piadas só para ter interação, lembre-se que isso estará trazendo fãs e interações vazias para a sua *Fan Page*.

Foque-se constantemente no objetivo do seu negócio. Se você tem uma página de humor, as piadas até devem ser compartilhadas. No entanto, se você é uma empresa e quer vender os seus produtos, pense duas vezes antes de compartilhar conteúdo fútil e vazio. A interação é importante, mas a qualidade dessa mesma interação é ainda mais importante.

## Tempo

O tempo é outro fator determinante para conseguir que o seu *Ranking* aumente. A influência do tempo é apenas uma: quanto mais recente for a sua publicação, maiores as possibilidades de ela receber algum tipo de interação por parte dos seus fãs. Com o passar do tempo, a tendência é que a publicação vá perdendo esse "fulgor".

Um estudo realizado pelo *site Wisemetrics* concluiu que, em média, 75% das interações de uma publicação acontecem nas primeiras duas horas. A partir daí, a tendência é que esse valor vá diminuindo.

Isso nos leva a outra conclusão muito interessante: se os momentos iniciais são tão determinantes, a hora em que uma publicação é feita vai influenciar o sucesso dessa mesma publicação. Mais à frente, vou ensinar como você pode analisar o melhor horário para publicar e vou também dar algumas dicas para se antecipar às publicações da concorrência.

Mas antes de abandonarmos a questão do tempo, é necessário realçar uma pequena modificação que o Facebook fez ainda em 2013, quando introduziu o *Story Bump*. Esta modificação teve como objetivo trazer novamente ao Feed de Notícias algumas publicações que continuam a receber interações por parte dos fãs. Ou seja, se uma publicação da *Fan Page* ainda está sendo viral (se ainda recebe comentários, compartilhamentos, etc.), ela pode voltar a aparecer no Feed de Notícias dos fãs.

Segundo o próprio Facebook, o objetivo foi trazer aos Feeds assuntos que continuem a ser relevantes, proporcionando assim uma melhor experiência para o usuário. Apesar de retirar um pouco a relevância do fator tempo, o *Story Bump* veio apenas relembrar novamente que os produtores de conteúdo devem focar-se em publicações de qualidade em prol da quantidade.

Por isso, continue focado nos melhores horários, mas dê sempre prioridade à qualidade, pois ela pode gerar bons resultados durante várias horas.

## Peso

O Facebook atribui diferentes pesos às diferentes ações dos fãs de cada seguidor da sua página. Ou seja, se um fã clicar em curtir na sua publicação, isso não terá o mesmo peso que um comentário, por exemplo. Esta é a ordem em que o Facebook prioriza as ações dos usuários:

## QUAL A ORDEM?

CLIQUE → LIKE → REACTIONS → COMPARTILHAMENTO → COMENTÁRIO

Tal como demonstra a imagem, o comentário é o mais importante para o Facebook, seguido do compartilhamento, dos *reactions*, do *like* e, por último, o clique. O clique pode ser interpretado de várias formas. Ele pode acontecer com um clique num *link*, numa foto ou até mesmo em qualquer outra ligação que você tenha na *Fan Page*.

Apesar dos dados levarem a crer que o comentário é o mais importante, olhe sempre para o que pretende com a sua *Fan Page*. Se para você a visita num *site* é o mais importante, foque-se nisso. Se, por outro lado, a interação nos *posts* é aquilo que você procura na sua *Fan Page*, procure obter isso dos seus fãs.

## Comentários negativos

O quarto fator do *Ranking* tem uma relevância muito grande, pois ele é um excelente indicador de que algo nas suas publicações não está correto. Se a sua *Fan Page* receber muitos comentários negativos, é sinal que a sua estratégia de conteúdo não está sendo a melhor.

Mas não me vou alongar muito sobre os comentários negativos. Mais à frente, no livro, vou mostrar como você pode analisar os comentários negativos da sua página e assim perceber que tipo de conteúdo não deve publicar.

## Como funciona todo o processo de análise

Para você entender um pouco melhor como o Facebook analisa o conteúdo e decide o que mostrar para o usuário, vou publicar aqui um *post* que compartilhei na *Fan Page* e que gerou bastante interação. Ele explica, de forma detalhada, como funciona todo o processo de escolha do Facebook para definir o que aparece primeiro:

*A forma como o Facebook seleciona o conteúdo que vemos é um grande mistério.*

*Sabemos que ele seleciona aquilo que vemos com base em interações, há quanto tempo algo foi publicado ou comentários de amigos.*

*Mas não sabemos muito mais do que isso.*

*Porém, Adam Mosseri, funcionário do Facebook, fez algumas revelações importantes sobre como o algoritmo do News Feed funciona e, principalmente, qual a ordem de análise que ele segue.*

Segundo Mosseri, quando o usuário entra no seu News Feed, o Facebook analisa todo o conteúdo de amigos e páginas.

Ele chama a essa fase de Inventory.

Depois, ele passa para a segunda fase, que ele chama de signals. Eles avaliam vários detalhes, tais como:

- Quem publicou

- Qual o dispositivo que o usuário está usando

- Há quanto tempo publicou

- Frequência de posts desse usuário

- Interação que esse mesmo post já tem

- Comentários negativos recebidos anteriormente por esse autor

- Se o post tem comentários de amigos ou não

- Se for um perfil, se ele tem muita informação ou não

- O formato do conteúdo

- Média de tempo que os usuários passam lendo aquele post

Enfim, são analisados centenas de dados.

Depois, ele define uma avaliação para esse mesmo conteúdo com base nos dados fornecidos.

A esta fase ele chama de Predictions.

Após isso, ele organiza o conteúdo por ordem de interesse. O conteúdo com uma avaliação mais elevada aparece primeiro, depois o segundo com maior avaliação e por aí vai. Esta última fase é chamada de "score".

O que podemos aprender com isso? Que temos que pensar muito bem no nosso conteúdo se queremos realmente ter sucesso com conteúdo orgânico.

A base de tudo é interação. Se temos interação nos posts, alcançaremos mais pessoas.

Lembre-se: as pessoas não entram nas redes sociais para ver anúncios.

Elas entram para relaxar, receber informação e se divertir.

Resta saber como, no meio de tudo isto, a sua marca pode se destacar.

É a velha história: entretenha, eduque ou informe. Esta é a base para os seus posts.

A bola está do seu lado.

**A reter:** todas as métricas são importantes, mas aquela que faz a diferença no seu negócio deve ser vista como prioritária. Não deixe o *Ranking* guiar o seu negócio. Crie uma estratégia que privilegie o *Ranking* e ao mesmo tempo o seu objetivo com a página do Facebook.

## COMO MELHORAR O RANKING?

Falar em melhorar o *Ranking* é sempre um tema bastante complexo. Não pela dificuldade do algoritmo em si – isso foi explicado há pouco – mas sim porque cada negócio tem as suas próprias características. Dar foco aos comentários quando o seu principal objetivo é vender produtos talvez não seja a melhor escolha, por exemplo.

Sempre que você ler algum artigo com os "segredos para melhorar o *Ranking*", tenha cuidado. No Facebook não existem formas infalíveis para melhorar o algoritmo. Existem, sim, um conjunto de estratégias que podem ser úteis caso sejam utilizadas a favor do seu objetivo final. Vejamos algumas delas.

### Consistência acima de tudo

Ser consistente é o principal segredo para ser bem-sucedido no Facebook, daí esta ser a minha primeira dica: jamais deixe a sua *Fan Page* muito tempo sem publicações. Em primeiro lugar porque o *Ranking perde força* se você ficar demasiado tempo sem publicar. Isso faz com que o seu próximo *post* apareça a um número mais reduzido de pessoas. Em segundo lugar, porque os seus fãs necessitam constantemente dos seus conteúdos. No Facebook também se aplica a velha máxima: quem não é visto não é lembrado. Mas, afinal, o que é ser consistente? Isso significa publicar todos os dias? Ou mais do que uma vez por dia? É difícil ou até irresponsável apontar um número certo de *posts* que se deve fazer por dia ou por semana. Cada *Fan Page* tem o seu próprio ritmo, cada negócio tem a sua própria consistência de comunicação. Já vi páginas bem-sucedidas que publicavam uma vez por dia, mas também já vi páginas de sucesso com quatro *posts* por dia, sete dias por semana.

Esqueça estudos que indicam que o ideal é postar *x* publicações por dia. A melhor estratégia que você deve adotar é a realização de testes constantes. Experimente publicar 3 vezes por dia durante um mês. Depois disso, analise os resultados e defina se essa é a melhor estratégia para você. Consoante os resultados, aposte em mais ou menos publicações.

Pela minha experiência enquanto gestor de *Fan Pages*, posso dizer que grande parte das páginas de sucesso seguem, no que toca à consistência, algumas destas regras:

- Publicam praticamente todos os dias. A consistência apenas costuma diminuir no fim de semana.
- Publicam normalmente mais do que um *post* por dia. Porém, todos eles são publicados com largas horas de espaço entre eles.
- As *Fan Pages* de sucesso focam-se mais na qualidade do que na quantidade. A qualidade sobrepõe-se sempre à quantidade.
- Aproveitam os momentos especiais do ano (Natal, Dia dos Pais, etc.) para criar uma maior interação com os seus fãs.

## Qualidade das publicações

A qualidade é outro dos fatores mais determinantes para ser bem-sucedido no Facebook. De nada adianta ser consistente quando, na verdade, os seus fãs não estão interagindo ou compartilhando aquilo que você publica para eles. A qualidade pode ser definida em dois parâmetros: aquilo que você pode controlar e aquilo que não consegue controlar. Dentre os fatores que podem ser controlados por você estão:

- A qualidade da imagem, do vídeo ou da transmissão ao vivo que você publica. Se ela está bem definida, se está com o tamanho sugerido pelo Facebook, se tem um bom *design*, etc.
- A qualidade do texto que você publica. Se ele não tem erros de português, se tem informação relevante, se tem uma sequência lógica, etc.
- O momento em que o *post* é compartilhado.

Dentre os fatores que você não consegue controlar estão as atitudes dos seus fãs. Enquanto gestor da *Fan Page*, você pode influenciar as atitudes deles, mas jamais pode decidir por eles.

Tendo como base estes dois níveis, podemos dizer que um *post* de qualidade no Facebook deve ter bem presente estes dois pontos. Por um lado aquilo que você pode controlar, por outro aquilo que não pode controlar, mas pode influenciar.

Pelo que vimos até aqui, uma coisa fica clara: é necessário levar os fãs a fazerem algo após visualizarem a sua publicação. Já vimos aqui que a interação deles faz com que a publicação chegue a mais pessoas e isso vai ajudar a acelerar o crescimento da sua marca. Por isso, peça para eles darem *like* se gostaram da publicação ou os influencie a deixarem comentários. A interação deles é fundamental para o seu crescimento. Falaremos sobre algumas estratégias mais à frente que vão ajudar a aumentar a interação.

## QUAL O TIPO DE CONTEÚDO QUE VAMOS PUBLICAR?

Imagens, *links*, vídeos e transmissões ao vivo são, sem sombra de dúvidas, as melhores formas de criar a interação e, consequentemente, aumentar o *Ranking* da sua *Fan Page*. Isso acontece por várias razões. Vamos falar sobre cada uma delas.

Mas antes é importante falar sobre um assunto extremamente relevante. O Facebook, tal como qualquer negócio na internet, quer que os seus usuários passem o maior tempo possível no seu *site*. Mais tempo e mais usuários significam maiores possibilidades de apresentar anúncios e, com isso, um melhor retorno para quem investe em anúncios de Facebook.

Por esse motivo, todos os *posts* que sejam publicados no Facebook e que mantenham o usuário dentro do Facebook acabam por ter um alcance muito maior. Para comprovar isso, vamos fazer uma experiência. Pode fazê-la no seu perfil pessoal que vai ter resultado, mas se quiser fazer na sua página também poderá fazê-lo. Primeiro, selecione um vídeo do YouTube, copie o *link* do vídeo e cole esse mesmo *link* no Facebook. Você vai ver como o número de interações vai ser extremamente baixo. Agora, se possível, faça *download* desse vídeo para o seu computador. Depois, faça o *upload* desse mesmo vídeo para o Facebook. Ou seja, em vez de usar o *link* do YouTube, neste caso você está publicando o vídeo no Facebook, criando um conteúdo dentro da própria rede. Você vai ver como neste caso terá mais interações.

Qual o motivo disso acontecer? É simples: no primeiro caso você está levando o usuário para fora do Facebook, encaminhado-o para o YouTube; no segundo, está mantendo o usuário dentro da rede de Mark Zuckerberg. E o mesmo serve para quando você tenta levar a pessoa para um *site*, por exemplo. Se publicar esse mesmo texto na íntegra, dentro do Facebook, geralmente vai ter mais interação.

Isso significa que você não deve levar os usuários para fora do Facebook? Não, nem por isso. Muitas vezes é preferível ter menos interação, mas ter mais pessoas no seu *site*. O segredo aqui está em misturar ambas as estratégias. Em alguns momentos, *posts* que não levem o utilizador a sair do Facebook; em outros, publicações para fora da rede. Faço isso de forma constante na minha página e com resultados interessantes. Recomendo vivamente que o faça.

Sobre os formatos de conteúdo, vamos falar sobre cada um deles em seguida.

## Imagens

No que toca ao tamanho e ao impacto visual, imagens têm um grande destaque no Feed de notícias dos usuários do Facebook. Uma imagem acaba por chamar muito mais a atenção do que um *link*, por exemplo. E esta tendência deve manter-se durante os próximos anos, visto que o Facebook é proprietário do Instagram e a integração entre as duas plataformas é cada vez mais notória. Usar imagens é sempre uma opção interessante, desde que elas sejam de percepção rápida. Transmitir a mensagem com poucas palavras e com cores que chamem a atenção é importante. Lembre-se que você tem poucos segundos para chamar a atenção do usuário. Em 2 ou 3 segundos ele já consegue captar a essência daquilo que a sua imagem quer transmitir?

## Links

Quando publicar *links* no Facebook, um dos cuidados que você deve ter é com tudo o que envolve esse mesmo *link*. Veja a imagem a seguir:

Vamos falar um pouco sobre cada um destes números:

1. Aqui é onde fica uma pequena descrição do seu texto. Deve servir para despertar a curiosidade do usuário para o resto que está por vir no texto.

2. Aqui fica a imagem. Ela deve chamar a atenção e para isso pode utilizar imagens que sejam conhecidas pelo público ou cores que sejam contrastantes. No caso desta imagem, usamos o símbolo do Messenger, que é um símbolo comum para o nosso público.

3. Aqui fica o título. Geralmente é a parte que mais chama a atenção.

4. Esta é a parte menos notada e deve servir de complemento aos 3 pontos anteriores.

Em julho de 2017, o Facebook proibiu que qualquer informação do compartilhamento de *links* pudesse ser editada. Ou seja, até essa data você podia copiar e colar o *link* de um texto e, na hora de publicá-lo no Facebook, podia trocar os pontos 2, 3 e 4. Agora, só os donos dos *sites* podem fazer isso. Por esse motivo, se mandar construir um novo *site*, é importante perguntar ao seu programador se existe alguma forma de editar a informação quando o *link* é compartilhado no Facebook.

Além disso, o Facebook lançou em 2016 os *Instant Articles*, artigos que são carregados diretamente dentro da rede social. Desta forma, o usuário não precisa sair do Facebook para consumir o conteúdo do seu *site* e o carregamento do texto acaba por ser mais rápido. Além disso, em 2017, foi também anunciado que *sites* que demorem demasiado tempo a carregar no mobile terão menos alcance. Por isso, vale também a dica: se puder, instale os instant articles no seu *site*. A experiência do utilizador vai melhorar e o seu alcance também.

## Vídeos

Os vídeos são um dos temas mais polêmicos do Facebook. Isso porque a maior rede social do mundo está há alguns anos em "guerra aberta" com o YouTube, tentando tornar-se a maior mídia de consumo de vídeo. Segundo um estudo realizado pela *Mixpo*, os anunciantes estão investindo mais em anúncios de vídeo no próprio Facebook do que no YouTube. E para influenciar nessa aposta, o Facebook tem dado maior alcance aos vídeos.

Outro estudo que comprova o crescimento dos vídeos nesta rede social foi feito pelo *comScore*. Este *site* analisou o número de bilhões de visualizações de vídeo no desktop entre junho de 2013 e agosto de 2014. Durante esse período, o Facebook conseguiu 12.3 bilhões de *views*, enquanto o YouTube teve 11.3 bilhões. Obviamente, o *auto-play*, que é a possibilidade de reproduzir vídeos automaticamente e que está presente exclusivamente no Facebook, ajudou nestes números, mas mesmo assim é uma representação do poder do Facebook nos vídeos. Em 2016, o próprio Facebook anunciou que os usuários estão consumindo 100 milhões de horas de vídeo por dia dentro da rede social.

No momento que escrevo este livro, o Facebook anuncia o Watch, uma guia dentro do Facebook para consumo exclusivo de vídeos, na qual os produtores vão poder ganhar dinheiro com os seus vídeos, à semelhança do que acontece atualmente no YouTube. O consumo de vídeo é algo que veio para ficar e é muito importante que a sua marca saiba aproveitar este momento.

## Transmissões ao vivo

Uma das grandes apostas do Facebook em 2016 foram as transmissões ao vivo. Numa clara tentativa de concorrer com o Periscope – o maior app de transmissões ao vivo até então –, o Facebook deu a possibilidade de qualquer utilizador ou página poder transmitir conteúdo ao vivo.

Com um simples clique passou a ser possível fazer transmissões em tempo real, fazendo com que qualquer usuário tivesse praticamente o seu próprio canal de televisão. E para incentivar essas mesmas transmissões, o Facebook está dando maior alcance às transmissões, colocando-as em primeiro no feed.

Vamos falar sobre as transmissões mais à frente, mas deixo já o aviso: se você tem um negócio, mostrar produtos ou serviços em tempo real é algo praticamente obrigatório. Não só pelo maior alcance, mas também porque dá uma experiência diferente ao seu potencial cliente.

## Interaja com os seus fãs

Como vimos acima, a interação com os fãs é um dos fatores que mais influencia o seu *Ranking*. Na prática, existem quatro formas de interagir com os seus fãs: respondendo a um comentário, marcando ele nos comentários, enviando mensagem privada e clicando em like no comentário dele. Confira a imagem abaixo:

> **Fernando Goya** Só não entendi uma coisa: isso parece ser para perfil pessoal. As FanPage não poderiam se beneficiar também??
> Gosto · Responder · Mensagem · 👍 1 · 10/8 às 20:46
>
>> **Luciano Larrossa** Fernando Goya o perfil pessoal vai consumir o conteúdo. A Fan Page - e os produtores de conteúdo - vão poder divulgar o seu conteúdo em vídeo 😊
>> Gosto · Responder · Comentado por Luciano Larrossa [?] · 6 h

No comentário acima respondi ao Fernando, cliquei em *like* no comentário dele e ainda marquei o seu nome. Desta forma, aumentei a ligação entre aquele fã e a minha página, o que faz com que ele veja com maior frequência as minhas publicações.

Obviamente, você não deve fazer isso em todos os comentários, até porque muitos nem sequer têm como objetivo uma resposta da sua parte. Mas tente, pelo menos de vez em quando, dar alguma atenção para os seus fãs.

## PUBLIQUE QUANDO ELES ESTÃO ONLINE (OU NÃO)

Antigamente, era muito difícil encontrar a hora ideal para publicar no Facebook. Apenas era possível ter uma noção do melhor horário fazendo uma análise demasiado complexa e muitas vezes pouco acertada das estatísticas que o Facebook fornecia. Porém, o Facebook resolveu esse problema em 2013, quando forneceu às *Fan Pages* os horários em que a maior parte dos seus fãs estão *online*. Desta forma, tornou-se possível aos administradores saberem qual o melhor horário para publicar. Mais fãs *online* daria, em princípio, um maior alcance das publicações.

Esta opção parecia perfeita, mas ela trouxe um problema bastante grave: é que quase todas as *Fan Pages* têm as mesmas horas como o horário ideal. Isso acabou por gerar uma concorrência demasiado elevada em determinadas horas do dia. Para que você entenda melhor do que estou falando, vou trazer para você um trecho do texto que publiquei no meu *blog*. Nele, explico uma análise realizada por mim e também comento sobre outro estudo feito pelo *Wisemetrics*.

Neste mesmo trecho que retirei do *blog* falo um pouco das estatísticas do Facebook, mas não se preocupe se não entender alguns dos termos técnicos. Mais à frente, no livro, iremos falar sobre as estatísticas de forma mais pormenorizada e você ficará a par de todos esses termos. Vamos ao texto:

*"Apesar do número de pessoas online variar ligeiramente conforme os nichos, os hábitos dos usuários são praticamente os mesmos em todas as áreas. Ou seja, é normal que existam mais pessoas no Facebook à noite do que às quatro da tarde, correto? Essa é uma tendência geral, que pode variar um pouco conforme o seu nicho de mercado (principalmente por culpa da faixa etária). Porém, a tendência é que mais de 90% dos usuários estejam no Facebook à mesma hora.*

# O que é o ranking?

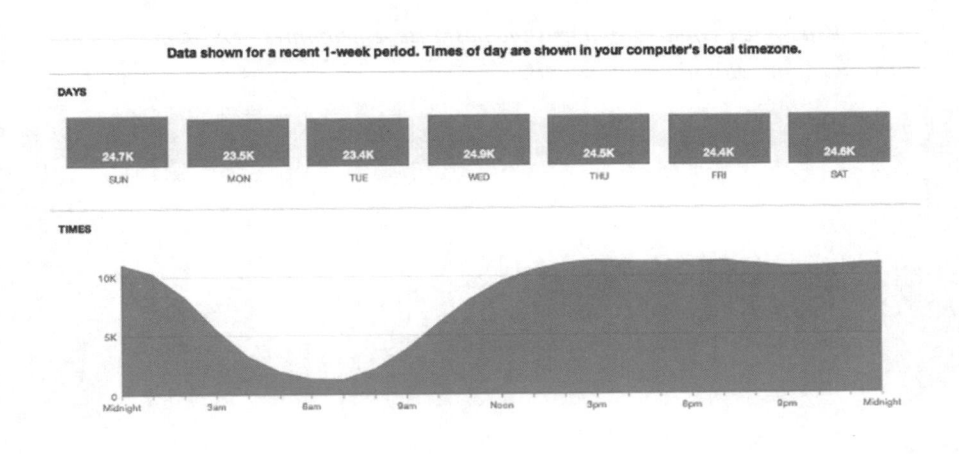

Isso quer dizer que ao utilizar os dados fornecidos pelo Facebook você estará publicando exatamente no mesmo momento que 90% das outras páginas. E mais: como grande parte dos usuários também estão online a esta hora, você está competindo com as publicações deles e dos amigos deles!

Esta não é, certamente, a melhor estratégia para conseguir a atenção dos seus fãs...

Para ter a certeza que o que estou falando é a verdade, olhe para as estatísticas da sua Fan Page.

Já viu?

Então agora olhe para as quatro imagens que estão a seguir:

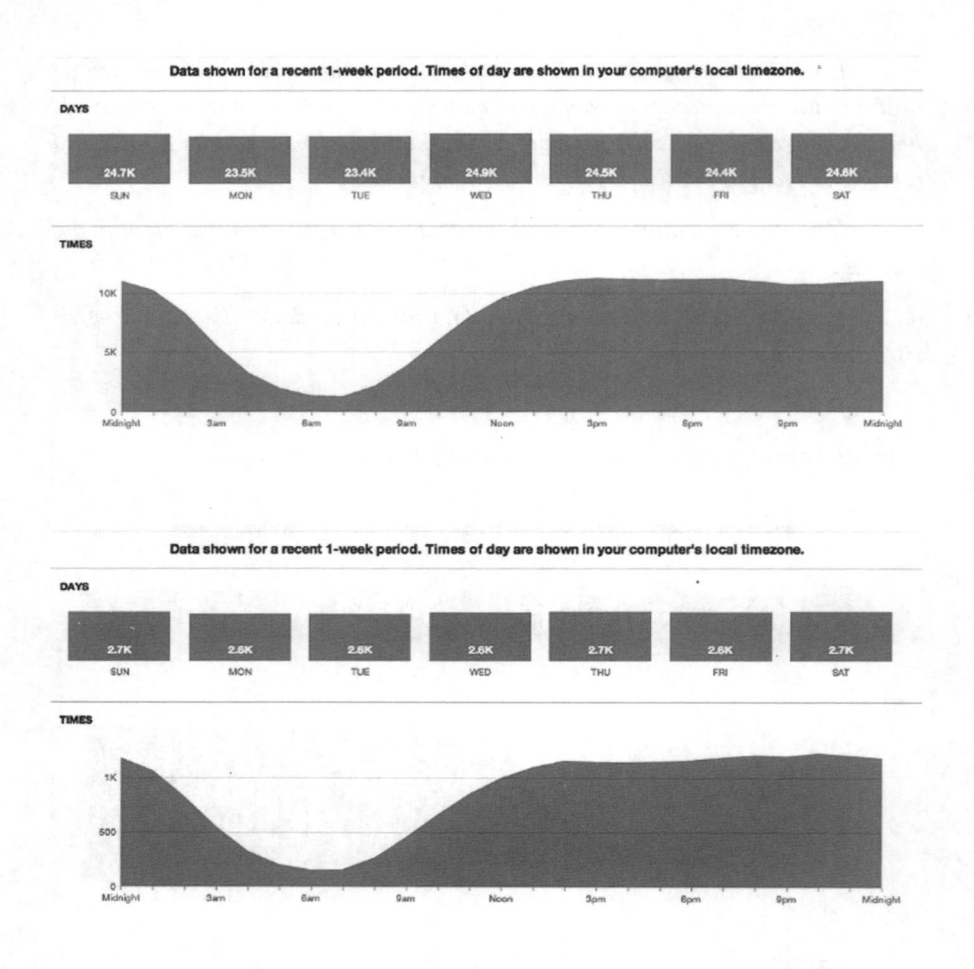

*Viu como as quatro imagens são bastante semelhantes? Existem pequenas diferenças, mas elas são quase iguais.*

*Vejamos, logo abaixo, uma imagem divulgada pelo Wisemetrics, que analisou mais de cinco mil Fan Pages.*

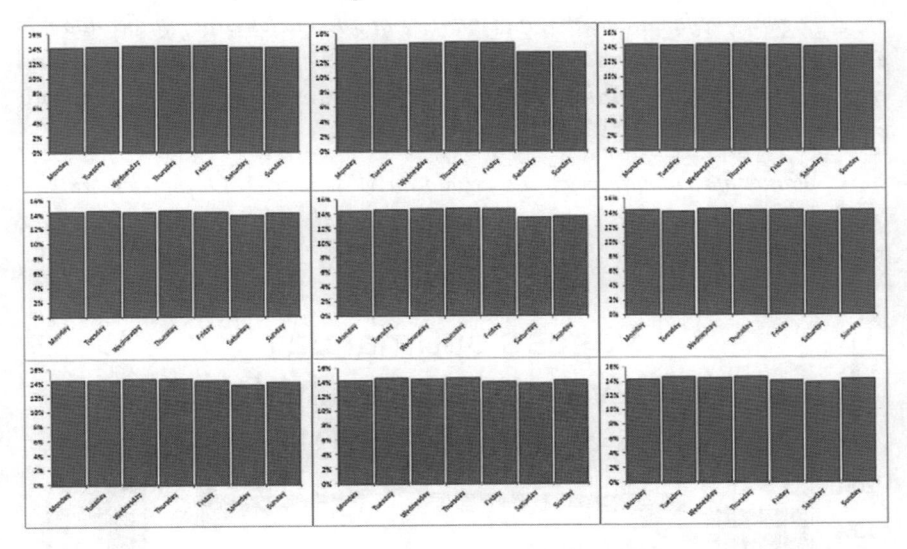

*Das 5 mil páginas analisadas, o Wisemetrics retirou nove à sorte e veja na imagem de cima como elas são semelhantes em termos de horários e dias da semana. Outra conclusão muito interessante a que eles chegaram é que, para 52% das páginas, o melhor dia para publicar era a quinta-feira.*

*A imagem abaixo representa outra conclusão do Wisemetrics: 30% das páginas têm como melhor horário entre as 9h e as 10h da noite.*

**Pages's optimal hour "when your fans are online"**

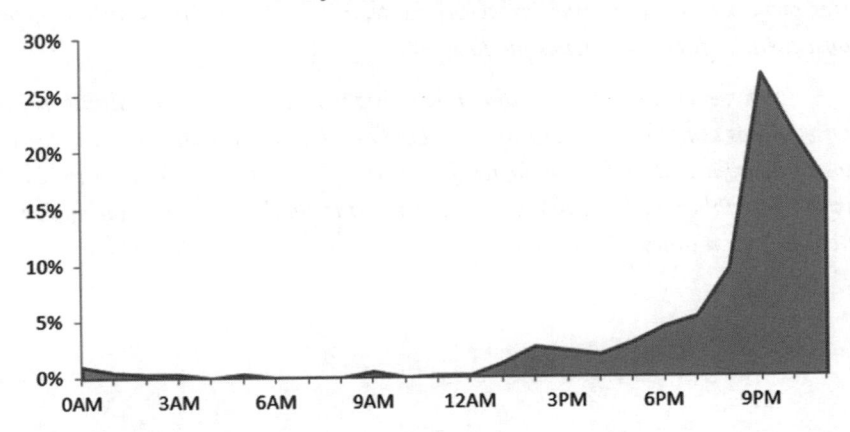

## Interação vs Estatísticas do Facebook

Agora que já entendemos que publicar quando todos estão publicando não é a melhor opção e que praticamente todas as Fan Pages têm estatísticas iguais, chegou o momento de definir estratégias que permitam chegar aos fãs e conseguir a interação deles.

Vamos novamente pegar no estudo da Wisemetrics. O que eles também analisaram foram os dias em que as marcas conseguiam atingir mais fãs. Veja o resultado logo abaixo:

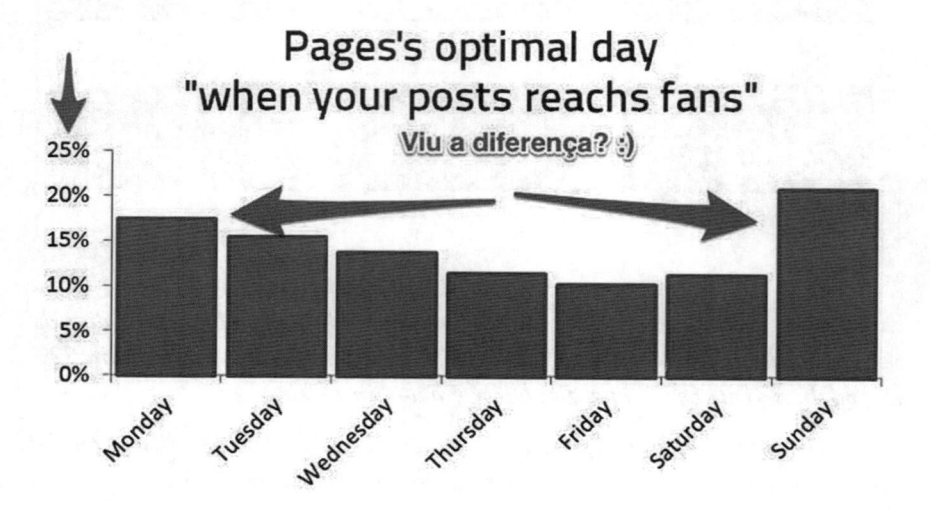

**Pages's optimal day "when your posts reachs fans"**

Viu a diferença? :)

Ou seja, segunda-feira e domingo são os dias que as marcas mais conseguem atingir os seus fãs. Se olhássemos apenas para as estatísticas do Facebook, estes seriam os dias em que, provavelmente, menos fãs teríamos online e, por consequência, faríamos menos publicações.

Por vezes, publicar em dias que existem menos fãs online significa que conseguimos uma maior interação com eles. O motivo é muito simples: existe menos concorrência. Lembra-se da teoria da atenção de que falamos no início do livro? Se publicarmos quando os outros não estão publicando, conseguimos mais atenção, pois a concorrência é inferior.

Outro dos pormenores analisados foi, obviamente, o horário das publicações. Repare na imagem abaixo quais são os horários, segundo o aplicativo do Wisemetrics, em que as marcas conseguem um maior alcance:

**Pages's optimal hour "when your posts reach fans"**

Ao contrário do que o Facebook sugere, às 9h da noite é apenas o terceiro melhor horário para conseguir mais alcance dos seus fãs.

O que acontece comigo é exatamente o mesmo...

Apesar de já ter a noção de que assim era, decidi confirmar utilizando o aplicativo Quintly. Isto é o que as estatísticas do Facebook me dizem:

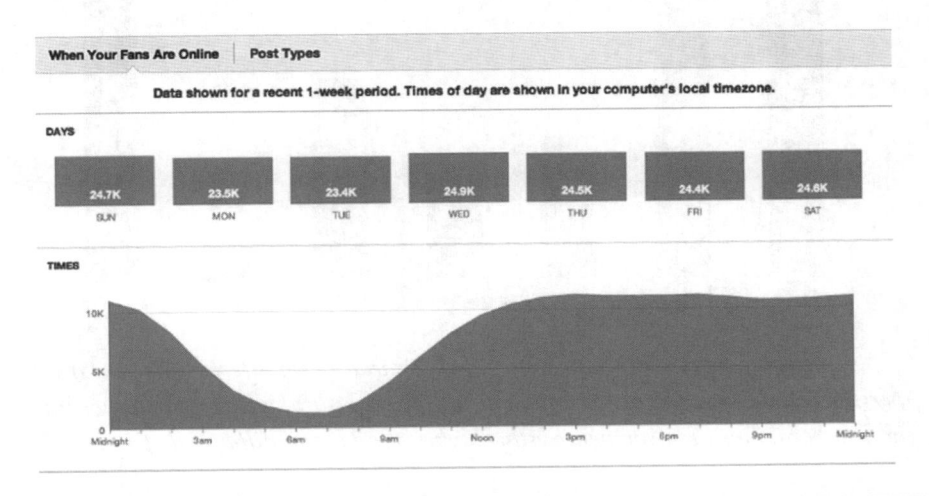

Segundo as estatísticas do Facebook eu devo:

- Focar-me no domingo e na quarta-feira, com principal foco neste último dia.
- Devo publicar entre as 14 e as 19 horas.

Porém, o que o Quintly me diz é muito diferente em muitos aspectos. Confira os dois gráficos abaixo:

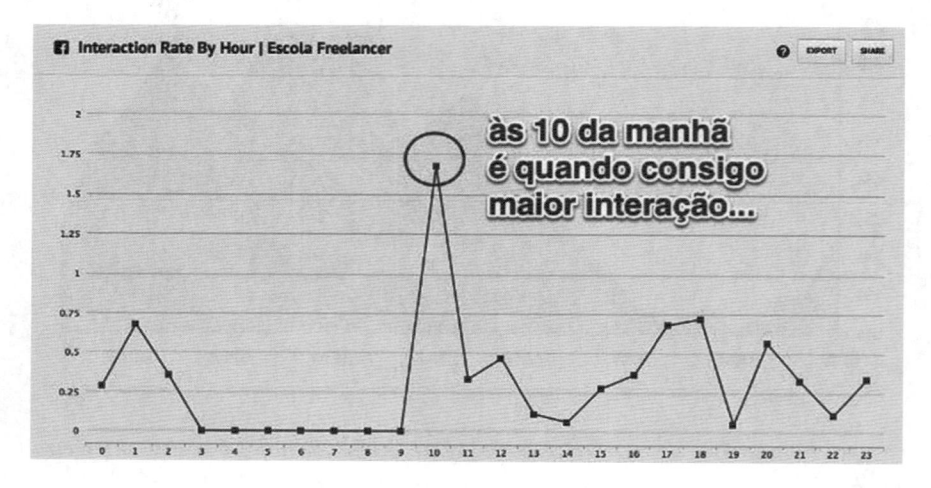

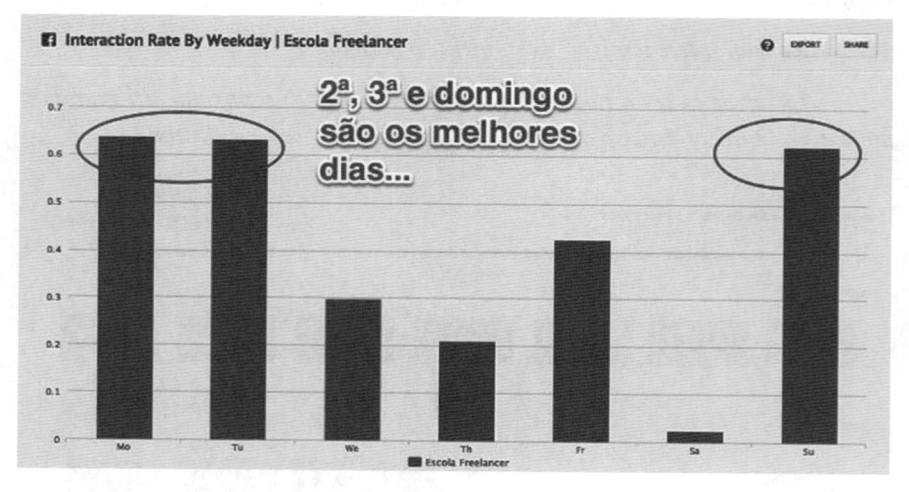

[Gráfico: Interaction Rate By Hour | Escola Freelancer — "às 10 da manhã é quando consigo maior interação..."]

[Gráfico: Interaction Rate By Weekday | Escola Freelancer — "2ª, 3ª e domingo são os melhores dias..."]

Pensar na perspectiva de conseguir interação é bem diferente de pensar na perspectiva de "quando os fãs estão online". Eu acredito que eles estejam online àquela hora, mas nesse momento estarei concorrendo com milhares de páginas!

*Ataque quando os seus concorrentes estiverem "descansando". Obviamente que, caso publique às 5h da manhã, também não conseguirá bons resultados. É necessário equilibrar um bom horário com um bom dia e com uma boa publicação.*

## Estratégias para contornar a situação

Agora que você já percebeu que publicar no horário sugerido pelo Facebook não é, por vezes, a melhor opção, chegou o momento de partilhar algumas estratégias que podem ajudar a contornar esta situação. Confira algumas:

- Utilize aplicativos como o *Quintly* (www.quintly.com). Eles darão uma melhor noção de como está a sua *Fan Page*.
- Siga os seus concorrentes e analise quando eles publicam. Normalmente as *Fan Pages* seguem uma lógica. Tente percebê-la e antecipe-se aos seus concorrentes.
- Foque-se em conteúdo de qualidade, publicando em antecipação e com melhor qualidade que os seus concorrentes.
- Concentre-se em criar uma comunidade e fazer com que as pessoas interajam constantemente com a sua *Fan Page*. Aumentar o *Ranking* garante que, mesmo em horários de maior "trânsito" na *timeline* do Facebook, as pessoas vejam os seus conteúdos.
- Varie o tipo de publicações. Existem perfis que gostam de interagir mais com texto, outros com imagens, etc.
- Tenha atenção ao Story Bump, de que falamos anteriormente. Se fizer publicações interessantes algumas horas antes do "pico de pessoas *online*", o seu *post* estará na *timeline* de grande parte dos seus fãs nesse momento.

Viu como ao fazer uma pequena análise é possível mudar a visão que temos sobre a nossa *Fan Page*? Como é óbvio, publicar no momento em que os fãs não estão *online* é apenas uma estratégia, que pode (e deve) ser aliada a tantas outras. Ou seja, você pode experimentar publicar nos horários sugeridos pelo Facebook em alguns dias e experimentar postar em outros horários durante outros dias, por exemplo. O segredo está em testar constantemente e analisar que melhores resultados essas estratégias trazem às suas *Fan Pages*.

Apesar de aconselhar você a testar publicar em outros momentos, além dos que são indicados pelo Facebook, isso não quer dizer que deve publicar às 4 da manhã, quando ninguém está *online*. O que pretendo transmitir é que é possível fugir ao período de maior "trânsito *online*", publicando uma hora antes ou uma hora depois do período ideal aconselhado pelo Facebook.

## Faça perguntas de texto

Quem acompanha a minha *Fan Page*, sabe que, de tempos a tempos, gosto de fazer algumas perguntas aos fãs. Existem várias justificativas por detrás desta opção. A primeira razão para fazer isso é porque pretendo criar a tal ligação com os fãs, que expliquei há pouco. É mais fácil que os fãs interajam numa pergunta do que num *link*, por exemplo. E, como você sabe, o comentário tem muito peso no *Ranking*. Além disso, os fãs acabam por sentir que a opinião deles conta, que você se preocupa com aquilo que eles têm para transmitir. Veja abaixo um exemplo:

Uma pergunta simples, mas que gerou uma grande interação com a comunidade. Porém, é importante que as perguntas tenham alguma relação com a sua marca e com o seu público. Nos Estados Unidos vemos muitas *Fan Pages* fazerem perguntas aos seus fãs e sendo bem-sucedidas com essa estratégia. Contudo, considero que eles caem um pouco no exagero, fazendo muitas vezes perguntas que não estão relacionadas com a área de negócio, tais como "Qual a sua cor favorita?" ou "O que vai fazer este fim de semana?". São perguntas vazias e que não trazem grande benefício para a marca.

Tanto no Brasil como em Portugal eu acredito que a estratégia de fazer perguntas traz alguns resultados, apesar de não ser tão eficaz como em outros países. O meu conselho é que, de vez em quando, experimente fazer perguntas aos seus fãs.

Além das perguntas de texto, você pode utilizar perguntas em imagens, por exemplo. Nesta estratégia, veja como perguntamos aos nossos fãs se gostaram da publicação e pedimos para marcarem um amigo que possa gostar dessa informação:

Esta opção costuma gerar bons resultados, desde que:

- A pergunta seja feita na descrição da imagem e não diretamente na própria imagem.
- A pergunta seja curta e direta.
- Exista alguma ligação entre a imagem e a pergunta.
- A imagem seja chamativa. Se os seus fãs não gostarem da imagem, também não vão prestar atenção à pergunta.
- Se o seu público falar português, evite imagens em inglês. Por norma, geram menor interação.
- Não dê demasiadas opções de resposta aos seus fãs. Quanto menos eles tiverem que pensar para responderem, mais bem-sucedido você será.
- Perguntas de "sim" ou "não" funcionam muito bem.

Apesar de gerarem bons resultados, utilize as perguntas com moderação, pois se estiver constantemente pedindo a participação dos seus fãs, eles podem começar a ver os seus pedidos como algo banal e deixarão de participar.

## Criatividade sempre!

Este pode ser um conselho muito "clichê", mas é de extrema importância. Afinal, o que é ser criativo numa página de fãs do Facebook? Ficam aqui algumas dicas de como ser criativo na sua página, conseguindo assim aumentar a interação:

- Aprenda um pouco mais sobre *softwares* de edição de imagens. Ter imagens únicas vai ajudar você a criar mensagens relevantes para os seus fãs. *Sites* como o Canva (www.canva.com) ou o PicMonkey (www.picmonkey.com) são boas opções para quem tem poucos conhecimentos de edição de imagem.

- Opte algumas vezes pelo humor. Como é óbvio, isso vai sempre depender do seu público-alvo, mas é um fato que o humor acaba por gerar mais compartilhamentos e comentários. Aprenda a utilizar o humor esporadicamente e com eficiência.

- Varie o gênero de publicações. Divulgue o seu *site*, compartilhe imagens, compartilhe vídeos, faça perguntas, etc. É certo que algumas opções como o vídeo ou os *links* não geram tantos comentários, mas é uma forma de "quebrar a rotina". Porém, jamais desvie demasiado do seu objetivo principal da *Fan Page*.

- Dê o seu melhor para ter uma descrição interessante das imagens. Visto que compartilhar imagens repetidas de outras páginas acaba por ser uma prática comum, também é verdade que a descrição é uma forma de se diferenciar e criar alguns compartilhamentos extras.

- Arrisque. Por vezes, arrisque a dar a sua opinião e seja polêmico. Isso pode gerar algum *buzz* extra. Esta opção deve ser evitada em páginas empresariais.

## Conte histórias

Histórias conectam e nos mantêm presos ao conteúdo. No Facebook, histórias em texto ou em vídeo têm um poder de viralização enorme. Desde os primórdios da nossa existência contamos histórias. Antigamente, elas eram contadas através de desenhos em cavernas. Hoje, são feitas publicações nas redes sociais.

Sei que neste momento você pode pensar que não é bom o suficiente para contar histórias ou que ninguém está interessado naquilo que tem para dizer. Confesso que, quando comecei a contar histórias, não era muito bom nisso. Sou formado em jornalismo e estou habituado a contar as histórias dos outros, não as minhas. Falar em primeira pessoa ou sobre algo que fiz, parecia-me sempre demasiado egocêntrico. Mas, com o passar do tempo, fui percebendo que as pessoas gostavam de saber um pouco mais sobre o meu percurso, sobre mim e sobre como trabalhava nos meus negócios. Este *post* é o exemplo de que uma história simples pode gerar muita interação:

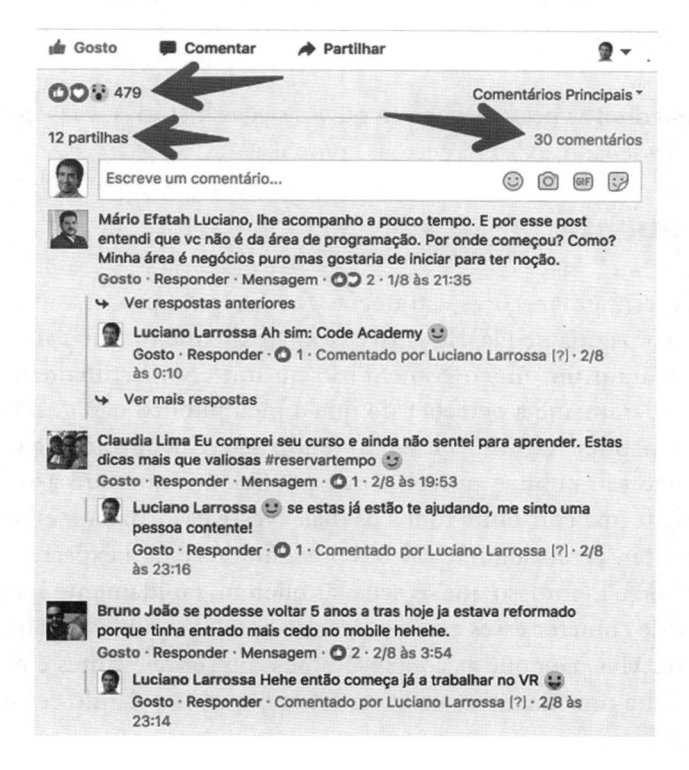

[screenshot of Facebook post showing 479 reactions, 12 partilhas, 30 comentários, and several comments from Mário Efatah, Claudia Lima, Bruno João, with replies from Luciano Larrossa]

Ele teve uma boa taxa de alcance, *likes*, comentários, etc. Mas o que mais me deixou motivado foi o conteúdo dos comentários. Todos eles tinham perguntas pessoais e revelavam uma admiração das pessoas que acompanham o meu trabalho. E isso cria uma conexão pessoal muito forte. Muito mais poderosa do que qualquer anúncio pago. Quando atingimos a parte emocional de quem nos acompanha, criamos uma ligação difícil de ser quebrada.

Por isso pergunto:

- Tem algo na sua história que possa ter uma conexão com o seu produto?

- Tem algo que você saiba e que vale a pena ser contado para a sua audiência?
- O desenvolvimento do seu produto/serviço tem algo de interessante que vale a pena ser contado?
- E a sua empresa? Como começou? Já falou sobre isso com a sua audiência?

Acredite: as pessoas querem ouvir as suas histórias. Eles querem saber que, desse lado, existem pessoas como elas.

## Experimente

Experimentar várias estratégias faz parte do processo de construção de uma página de fãs. Eu já tive compartilhamentos de *posts* que nem sequer geraram um único comentário ou um compartilhamento. Estes "erros" ajudaram-me a perceber do que o meu público não gostava. Fazer um *post* e não ter retorno já é um aprendizado. Encontrar este equilíbrio entre o que seu público quer e o que publica é o que fará a sua página evoluir de forma constante todos os dias. Nesse caso, nada melhor do que experimentar. Tenha alguns padrões predefinidos e faça experiências dentro deles. Se não for isso que os seus fãs querem, rapidamente irá perceber e deixará de cometer esses erros, passando apenas a publicar conteúdo interessante. Mas para que as conclusões possam ser relevantes é necessário que seja feita uma análise constante sobre o que está dando certo e o que está dando errado.

## Seja você mesmo

No meu trabalho com clientes ou com pessoas que apenas pediam conselhos de como gerir a página de fãs, verifiquei que todos tinham um receio em comum: o de parecerem demasiado humanos nas publicações das *Fan Pages*. É um receio compreensível, principalmente se estivermos falando de pessoas com pouca experiência na gestão de redes sociais. Porém, é necessário perceber que grande parte do sucesso das *Fan Pages* está diretamente relacionado com a capacidade de criar uma ligação com o fã. E essa mesma ligação pode ser fortalecida se o gestor da página, de tempos a tempos, transmitir uma mensagem mais pessoal.

Como é óbvio, esta opção irá sempre depender do seu tipo de público, tal como demonstramos anteriormente. Se tiver uma página da sua empresa ou se representar uma marca, esta dica deve ficar de lado.

## Deixe os seus fãs respirarem

Um dos erros mais comuns das *Fan Pages* está relacionado com a publicação constante de atualizações. Publicar um *post* após o outro pode ser o primeiro passo para fazer descer o seu *Ranking* e assim chegar a um número inferior de fãs.

Para saber quantas publicações deve fazer por dia, o melhor mesmo é testar. Analise se tem melhores resultados com três *posts* por dia, por exemplo. Conforme os resultados, aumente ou diminua a frequência de publicações.

## Olhe para outros cliques

Como vimos acima, uma das formas de melhorar o *Ranking* é fazendo com que os fãs cliquem em algo na nossa publicação. Nesse conjunto de opções estão os cliques em imagens, os cliques em *links*, os cliques em "ver mais", etc. Por esse motivo, os gestores de *Fan Pages* também devem estar focados em conseguir "outros cliques" por parte dos seus fãs. A imagem abaixo é um exemplo das estatísticas fornecidas pelo Facebook:

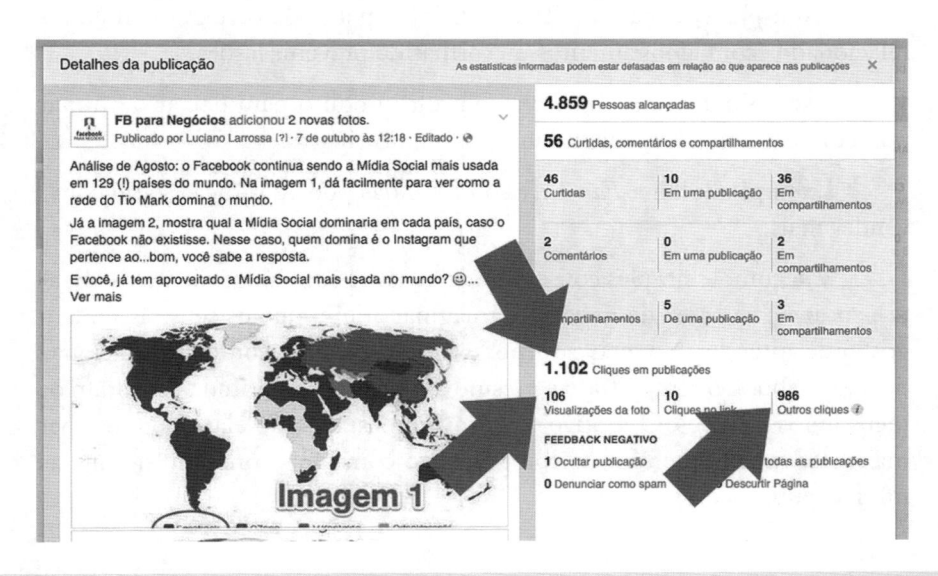

Repare como tivemos uma enorme quantidade de "outros cliques". Esses mesmos cliques forem feitos na imagem (para ampliá-la), no "Saber mais" e no próprio *link*. É certo que não aumentará muito o *Ranking* – lembre-se que os cliques são das ações que menos valem – mas sempre irá ajudar a aumentar a interação com os fãs.

## Olhe para o que faz sucesso

Através das estatísticas é possível perceber que tipo de *posts* estão gerando melhores resultados e quais é que estão criando menos interação com os fãs. Para aumentar o *Ranking*, olhe para os seus dados estatísticos e perceba aquilo que traz melhores resultados com os seus fãs. Se você der mais vezes aquilo que os fãs querem terá, consequentemente, melhores resultados. Mais à frente no livro iremos analisar as estatísticas do Facebook e você irá perceber como pode tirar partido dos dados fornecidos por esta rede social para ir ao encontro daquilo que os seus fãs mais gostam.

## Eduque os seus fãs

A estratégia de compartilhar conteúdo didático é muito interessante, pois acrescenta valor à sua marca, foge do lado humorístico e fútil e acrescenta valor à vida dos seus fãs. Obviamente, essa vertente educacional deve ter sempre alguma relação com a sua área.

**Exemplo 1:** Uma *Fan Page* de fisioterapia pode divulgar conteúdos relacionados com alongamentos ou formas de prevenir lesões.

**Exemplo 2:** Uma *Fan Page* com um produto para deixar de fumar pode dar conselhos para abandonar o vício do cigarro.

**Exemplo 3:** Uma *Fan Page* sobre vendas pode dar dicas sobre como vender mais.

Viu como é simples conseguir ideias sobre conteúdos didáticos? Basta pensar na sua área de negócio e imaginar aquilo que os seus fãs podem gostar de aprender. No meu caso, por exemplo, partilho conteúdo relacionado ao Facebook o tempo todo e mesmo assim as pessoas ainda compram os meus livros e cursos. O motivo? Muito simples: quando elas querem saber mais, elas sabem que têm de comprar algo com mais conteúdo do que as minhas publicações.

Além disso, oferecer conteúdo que ensine alguém cria aquilo que no *marketing* chamamos de gatilho da reciprocidade. Quando você oferece algo a alguém, esse alguém sente-se, indiretamente, em dívida para com você. As pessoas tendem a retribuir algo que tenha sido oferecido para elas. Se der conselhos que melhorem a vida de quem segue a sua página, essas pessoas, mais tarde, vão ter vontade de retribuir de alguma forma.

## Um pouco de humor ajuda

Compartilhar, de vez em quando, um pouco de humor, pode ser uma forma interessante de criar alguma interação com os seus fãs. Obviamente o humor deve obedecer a dois parâmetros. O primeiro é o de não ser uma estratégia recorrente, a menos que você tenha uma página com conteúdos humorísticos. O segundo parâmetro é que o compartilhamento humorístico deve ter alguma ligação com a área de negócio da página.

**Exemplo:** se tiver uma página de seguros, pode partilhar uma imagem de humor exemplificando o que acontece se o utilizador não tiver um seguro.

## Tenha metas definidas

Em qualquer aspecto da sua vida, é importante que você saiba aonde quer chegar, de modo a descobrir o que deve fazer para que isso aconteça. Com as *Fan Pages* isso não é exceção. Qual a percentagem de pessoas que você deseja que todas as semanas estejam falando da sua página? Quantos fãs quer ganhar semanalmente? Ou por mês? Com os valores bem escolhidos, conseguirá saber se está indo ao encontro daquilo que você quer.

Só com metas definidas para a sua *Fan Page* você conseguirá perceber se está no caminho certo ou se deve modificar a sua estratégia. Para quem está iniciando na gestão de alguma página, é normal que muitos dos objetivos não sejam alcançados. Nesses casos, o importante é ir ajustando as metas ao público-alvo e à estratégia de conteúdo.

Veja as metas como um "mapa", que vai ajudar a você a perceber o que deve publicar, quando deve publicar ou como publicar.

## Olhe para a sua Fan Page como um jardim

Por último, mas não menos importante, é necessário que olhe para os seus fãs como pessoas que necessitam da sua atenção e do seu conteúdo mais relevante. Não veja a sua página de Facebook apenas como um local onde vai vender os seus produtos. Os seus fãs são pessoas que necessitam da sua ajuda, do seu suporte e que querem saber mais sobre a sua área de negócio. O Facebook é o local onde você cria um relacionamento com as pessoas que seguem o seu trabalho.

Pense: das páginas que você segue, como é feita a gestão do conteúdo deles? Eles estão sempre tentando vender? Ou compartilham conteúdo que você gosta?

Na minha opinião, a *Fan Page* deve ter um misto entre: conteúdo útil para os fãs (70%), produtos para vender (20%) e conteúdo interessante criado por outras pessoas (10%). Desta forma, consegue ter um equilíbrio entre conteúdo relevante e venda dos seus produtos. Obviamente que esta é apenas uma sugestão. Modifique a percentagem consoante os seus interesses.

Mas atenção: estamos falando aqui de publicações não pagas. Quando começarmos a falar de anúncios, a estratégia muda radicalmente.

# FORMAS DE PREJUDICAR O *RANKING*

Outro dos pontos com que você precisa ter cuidado é com os comentários negativos dos seus fãs. Não estou falando dos comentários que aparecem nos *posts*, mas sim nas avaliações negativas que eles fazem às suas publicações. Avaliar negativamente prejudica o seu *Ranking* com esse fã e a própria publicação no geral, fazendo com que ela, posteriormente, apareça a um número inferior de pessoas. E como podem os fãs avaliar um post negativamente? Confira na imagem a seguir:

## O que é o ranking?

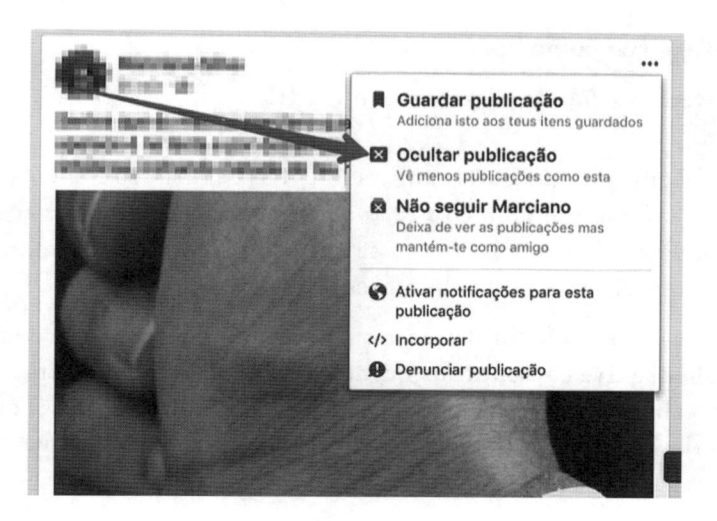

Em cada *post* do seu Feed, aparece uma seta no canto superior direito. Se o fã ocultar essa mesma publicação, o Facebook considera isso como um comentário negativo. **Se o fã optar por não receber mais qualquer atualização dessa página, reportar como Spam ou retirar o *like* da página** o Facebook também interpreta isso como um comentário negativo. Falaremos sobre cada uma destas opções mais à frente.

Além disso, segundo o próprio Facebook informou, para cada comentário negativo recebido na sua página, você necessita de 100 *likes* para "compensar".

Recentemente o aplicativo *EdgeRank Checker* fez um estudo com cinco mil páginas e a média de comentários negativos dessas páginas era de 0.03%. Por isso, se você está tendo uma média de comentários negativos muito superior a esta, preste atenção, pois os seus fãs não estão gostando do seu conteúdo.

O estudo também tentou perceber que áreas de negócios seriam as mais afetadas por este gênero de comentários. As três com um valor mais elevado foram: viagens, comida e saúde. Já as que geraram menos comentários negativos foram as de consultoria, internet e entretenimento. No que toca à forma como eles deram o seu feedback negativo, o estudo revela o seguinte:

- **Ocultar o *post***: 76%
- **Não ver os *posts* da página:** 16%

- **Reportar como Spam:** 8%
- **Retirar o *like* da página:** menos de 1%

Felizmente, para os administradores das páginas, os comentários negativos são feitos a um único *post*, o que dá uma nova hipótese aos donos das *Fan Pages* de conquistarem esse mesmo fã. Afinal de contas, é bem provável que ele veja mais publicações da página.

Mas agora o leitor deve estar perguntando a si mesmo: **como faço para saber se tive comentários negativos**? De fato, existem várias formas de você saber se teve comentários negativos. A primeira é através das estatísticas do Facebook. Basta clicar na opção das Estatísticas da sua página e ir até às suas "5 publicações mais recentes".

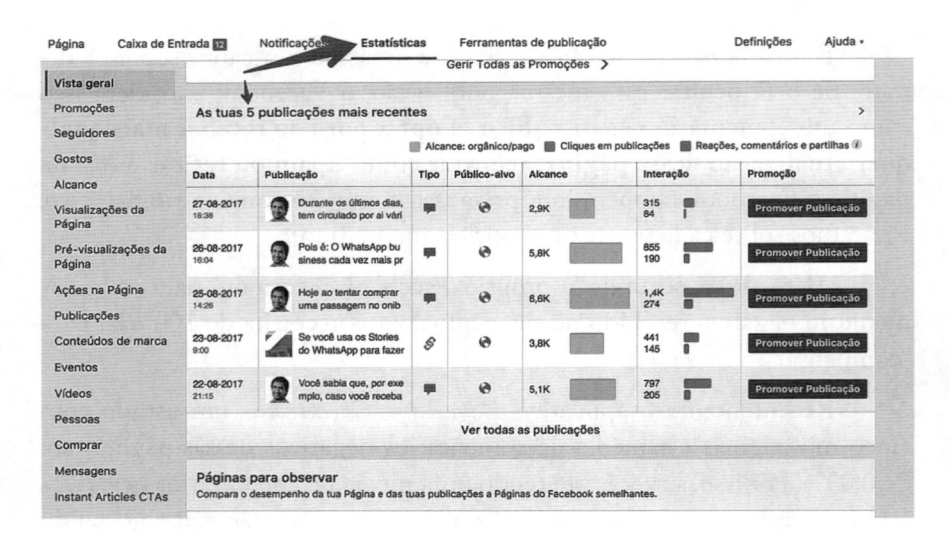

Ao clicar aí, vão aparecer as suas últimas publicações e, no canto superior direito, uma pequena seta. Ao clicar aí, o Facebook vai levar você para outra página:

Depois, você vai ter acesso a um painel com todos os seus *posts*. Clique na seta que fica no canto superior direito:

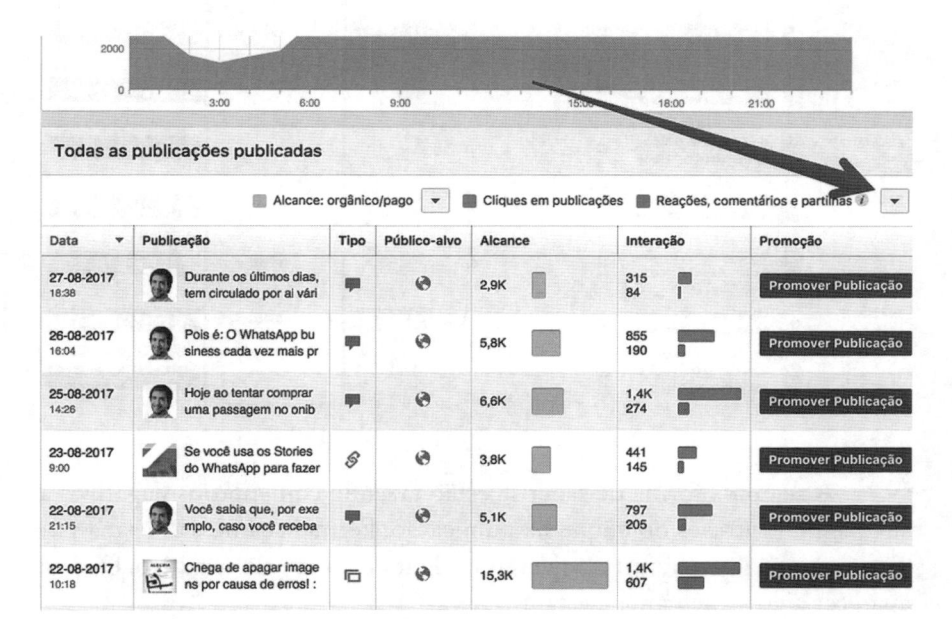

Selecione a opção "Ocultações de Publicações":

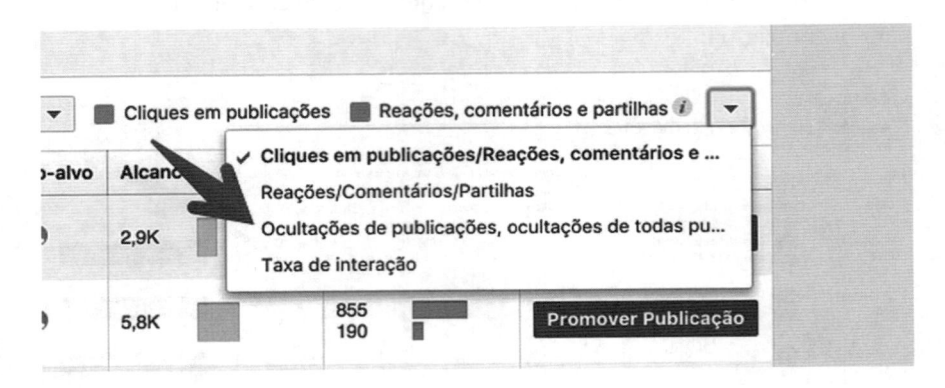

Só desta forma você poderá ver os comentários negativos. Eles aparecem em vermelho, à esquerda da opção "Impulsionar".

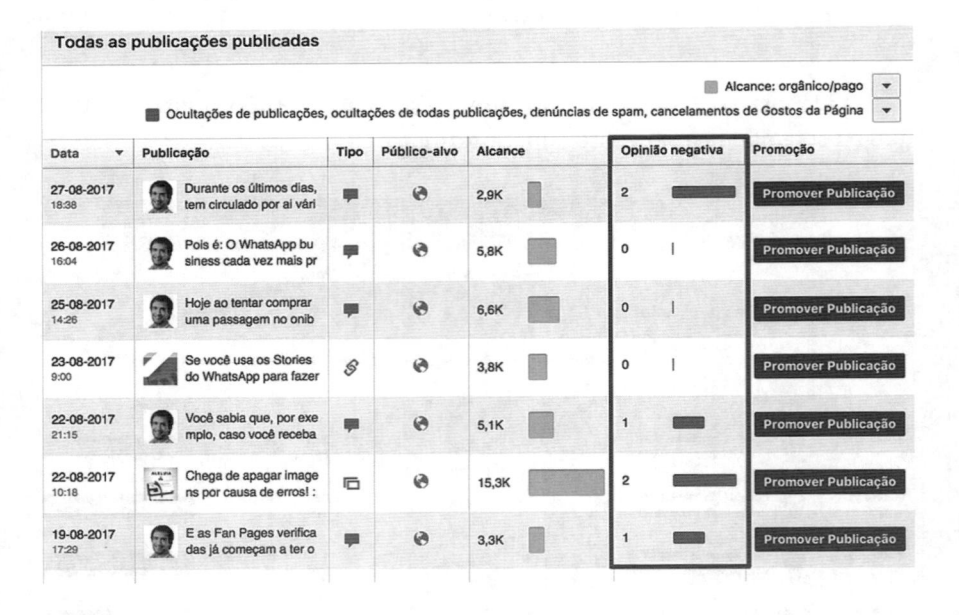

A segunda forma de saber se estão fazendo comentários negativos à sua página é através do clique na publicação. Permaneça nessa mesma página e agora clique num *post* que tenha algum comentário negativo. Deverá aparecer algo semelhante a esta imagem:

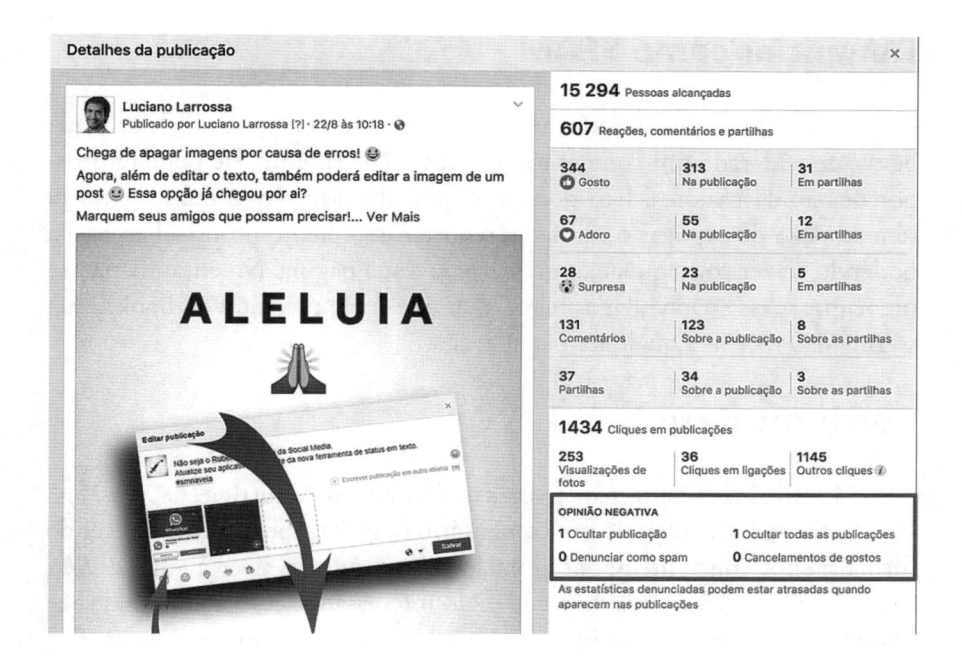

Repare que todos os tipos de comentários negativos que podem surgir estão localizados abaixo.

Vamos ver o que significa cada um deles:

## Ocultar todas as publicações

Tal como o próprio nome indica, aqui o fã vai ocultar todas as suas publicações. Ou seja, ele continua a ser um fã da sua página, mas deixa de receber o seu conteúdo. Esta é a pior forma de comentário negativo, pois você passa a ter um fã *zombie*, que conta como fã, mas que não vê nada daquilo que você publica. A única forma de chegar até ele é através de anúncios.

## Ocultar publicação

Apenas essa publicação fica oculta. Como o fã fez um comentário negativo, é muito provável que ele não receba as próximas publicações. Porém, com o passar do tempo, ele volta a receber o conteúdo normalmente.

## Denunciar como SPAM

Quando os seus fãs afirmam que você está fazendo *spam*, isso também é considerado um comentário negativo. No entanto, ele pode ter proporções ainda maiores. Isto porque, depois de assinalar como *spam*, o fã tem a opção de explicar o motivo e reportar isso para o próprio Facebook, podendo trazer consequências graves para a sua página. No entanto, não se preocupe: se isso não violar as regras definidas pelo próprio Facebook, a sua página não receberá qualquer penalização.

## Curtir (desfazer)

É raro, mas acontece: por vezes os fãs deixam de curtir a sua *Fan Page*. Isso também é considerado um comentário negativo apesar de acontecer de forma menos constante. Contudo, não se preocupe se tiver alguns *dislikes* todos os dias. Mais vale ter fãs que estão interessados com aquilo que você publica em vez de ter fãs que nem sequer prestam atenção aos seus *posts*.

## XButton

Antigamente, o Facebook tinha um "x" no canto superior direito de cada publicação. Isso servia para o fã ocultar a publicação. Nos últimos anos, o Facebook alterou esta opção e criou uma seta como se pode ver na imagem acima. No entanto, esse "x" continua a aparecer nos relatórios. É o chamado "xbutton" e ele é considerado um comentário negativo cada vez que o seu fã clica nessa opção, independente de ele prosseguir com a ação ou não. Esta é a métrica menos confiável, pois esses cliques podem acontecer muitas vezes de forma involuntária.

Mas será que o gestor de uma *Fan Page* deve se preocupar demasiado com comentários negativos? Em minha opinião, não. De vez em quando ele deve conferir os resultados e analisar o *feedback* dos seus leitores, mas não deve ficar demasiado focado nisso. Tente perceber se eles costumam ter uma reação negativa em determinados temas, tipos de publicações ou horas específicas.

Obviamente que a situação começa a ser preocupante se esses valores subirem demasiado, mas regra geral os comentários negativos não devem ultrapassar 0,1%. É necessário ver os comentários negativos como uma das métricas que é necessário analisar, mas jamais deve ser vista como uma métrica principal.

# 4. Como analisar as estatísticas da sua página de fãs no Facebook

Apesar dos comentários negativos serem bastante interessantes para perceber qual o impacto das publicações, também é verdade que isso dá apenas acesso a uma informação limitada. Existem outras tantas métricas essenciais para manter viva uma *Fan Page*.

Cuidar dessas métricas é essencial, não só para fazer crescer a página, mas também para mantê-la ativa. Muitas foram as páginas que conseguiram milhares de fãs há alguns anos e que agora veem a interação com os seus fãs reduzida, muito por culpa das novas políticas do Facebook, que passou a beneficiar as *Fan Pages* que conseguiram manter uma maior ligação com os seus fãs. As páginas que atualmente conseguem sobreviver são aquelas que olham para as estatísticas com um olhar crítico, analisando cada detalhe e aproveitando essa mesma análise para dar aos fãs aquilo que eles mais querem. Ignorar a estatísticas é, de fato, não aproveitar dados de elevada importância.

## ANALISANDO NA PRÁTICA

Para termos acesso às estatísticas do Facebook temos que ir ao painel "Informações". A imagem será algo semelhante à que se vê logo a seguir:

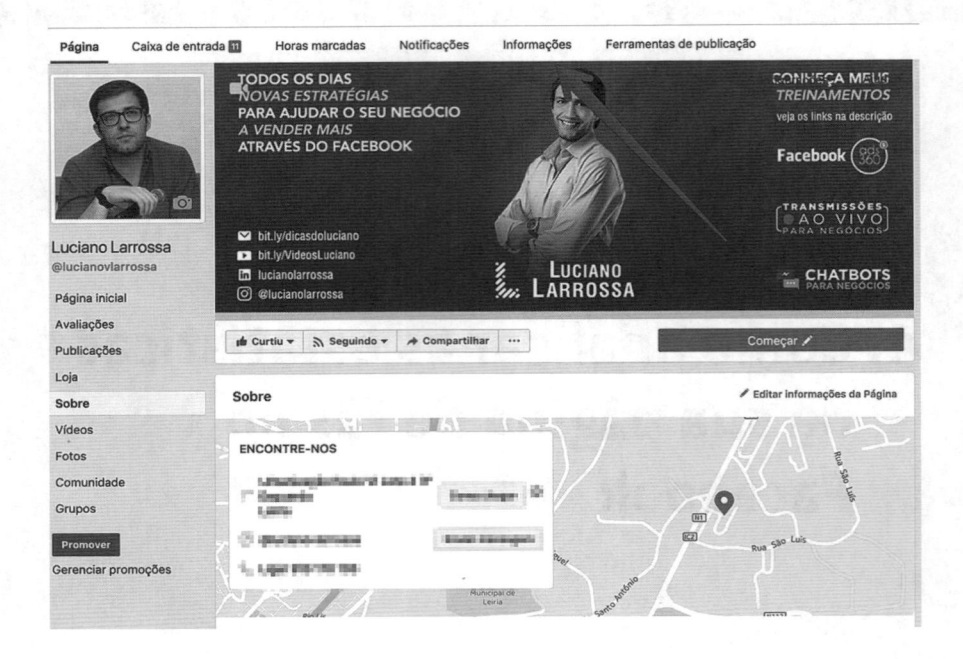

Explicarei melhor o que significa cada um dos dados apresentados nas informações:

- **Ações na Página:** o número de cliques nas informações de contato ou no botão de chamada para a ação.

- **Visualizações da Página:** número de pessoas que visualizaram a página e as seções dela.

- **Prévias da Página:** número de usuários que passaram o mouse por cima do nome da página para terem um *preview* dos conteúdos da página.

- **Curtidas na Página:** número total de pessoas que clicaram em curtir a página durante o período de tempo analisado.

- **Alcance:** é o alcance que a *Fan Page* conseguiu, ou seja, o número de pessoas que a página alcançou. Aqui incluem-se os fãs e os não fãs.

- **Envolvimentos com a publicação:** o número de vezes que as pessoas se envolveram com as suas publicações por meio de curtidas, comentários, compartilhamentos e muito mais.

- **Vídeos:** o número de vezes que os seus vídeos foram visualizados durante pelo menos 3 segundos.
- **Mensagens:** a percentagem de mensagens que você respondeu e quanto tempo demorou em média a responder.
- **Seguidores da Página:** em 2017, o Facebook introduziu a diferença entre seguidores e curtidas. Um seguidor é alguém que segue a página, mas não precisa obrigatoriamente dar *like* na página. Basta clicar em seguir.

Na mesma página do painel (mas mais abaixo) conseguimos ver os últimos cinco *posts* na *Fan Page*.

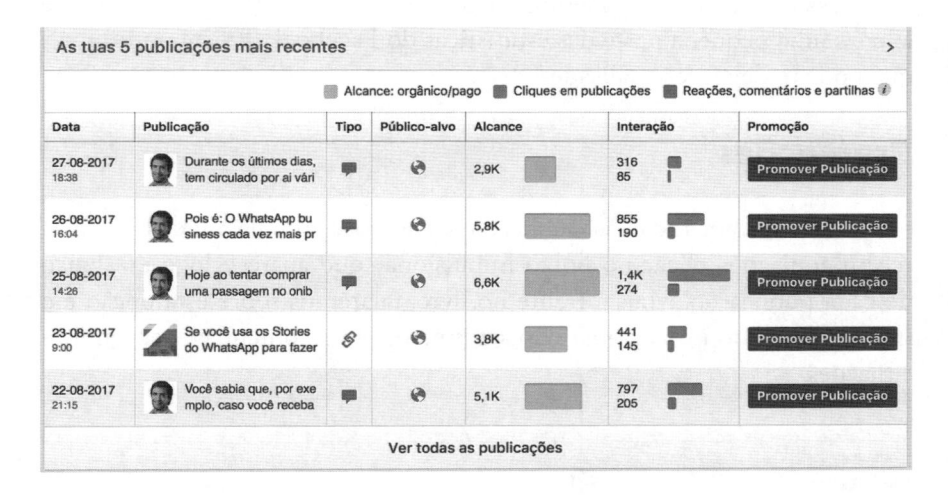

| Data | Publicação | | Tipo | Público-alvo | Alcance | | Interação | | Promoção |
|---|---|---|---|---|---|---|---|---|---|
| 27-08-2017 18:38 | | Durante os últimos dias, tem circulado por aí vári | 💬 | 🌐 | 2,9K | | 316 85 | | Promover Publicação |
| 26-08-2017 16:04 | | Pois é: O WhatsApp bu siness cada vez mais pr | 💬 | 🌐 | 5,8K | | 855 190 | | Promover Publicação |
| 25-08-2017 14:26 | | Hoje ao tentar comprar uma passagem no onib | 💬 | 🌐 | 6,6K | | 1,4K 274 | | Promover Publicação |
| 23-08-2017 9:00 | | Se você usa os Stories do WhatsApp para fazer | 🔗 | 🌐 | 3,8K | | 441 145 | | Promover Publicação |
| 22-08-2017 21:15 | | Você sabia que, por exe mplo, caso você receba | 💬 | 🌐 | 5,1K | | 797 205 | | Promover Publicação |

Ver todas as publicações

Vamos analisar algumas das guias:

- **Tipo:** é o tipo de publicação que foi feito. Se foi texto, *link*, imagem ou vídeo.
- **Direcionamento:** no Facebook é possível realizar direcionamentos, fazendo publicações específicas para determinados países, para homens ou mulheres, para fãs de uma determinada idade, entre outras opções bastante interessantes.
- **Alcance:** refere-se a quantas pessoas aquela publicação está chegando. Apesar desta ser uma métrica importante, mais à frente explicarei que ela não é tão determinante como parece.

- **Envolvimento:** o número de fãs que clicaram nas publicações, que curtiram, que comentaram ou que compartilharam o conteúdo da página.

- **Promover:** se você clicar aqui, irá pagar ao Facebook para que o seu *post* apareça a um maior número de pessoas. Nas próximas páginas explicaremos como tudo isso funciona e como pode fazê-lo de forma eficaz.

- **Promoção:** aqui o Facebook tem um botão azul para que você possa criar anúncios rapidamente a partir dos seus *posts*. Por enquanto, não clique. Falarei sobre ele mais à frente.

Isso é tudo o que podemos encontrar no painel principal. Mas esta é apenas uma pequena parte das estatísticas do Facebook. Existe muito mais que pode (e deve) ser analisado.

## Promoções

Aqui ficam todas as publicações que você impulsionou. Elas aparecem aqui após clicar no botão impulsionar que aparece logo em baixo de cada publicação. Mais à frente no livro, falaremos sobre esta opção e o motivo do botão impulsionar não ser uma opção recomendável em muitas situações.

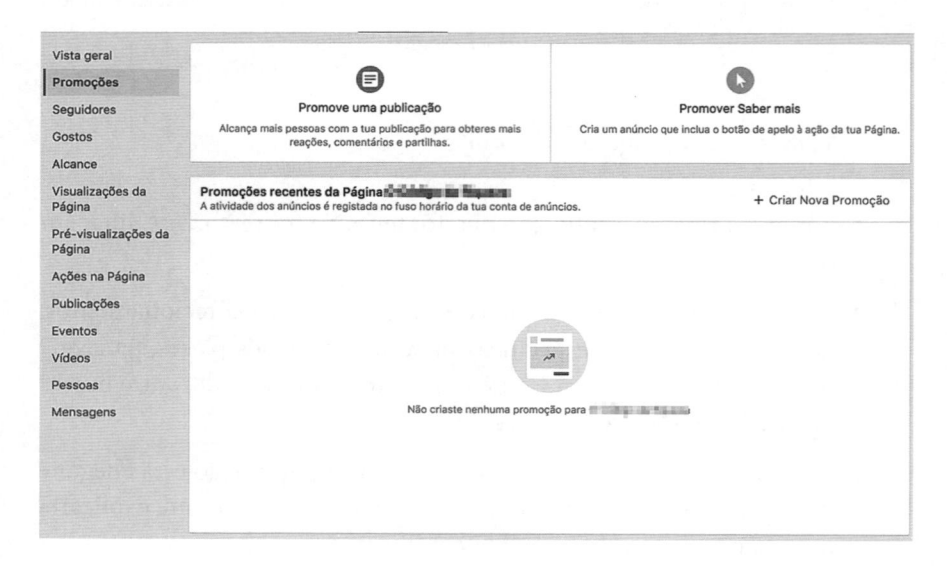

## Seguidores

Como disse anteriormente, existe uma diferença entre os Seguidores e os Fãs. Nesta parte, você pode ver o crescimento de seguidores, quantas pessoas passaram ou deixaram de seguir a sua página e a partir de onde as pessoas passaram a seguir a sua página.

Além disso, repare que, no topo desta guia, você pode mudar a janela temporal de análise. Pode analisar os dados dos últimos 7 dias, 30 dias, 3 meses, etc.

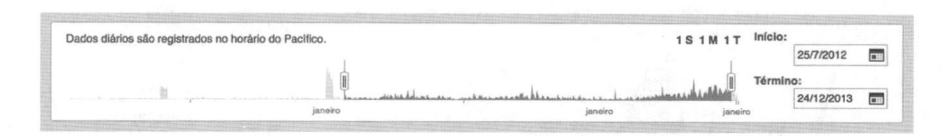

## Curtidas

Já a guia "Curtidas" divide-se em mais três blocos. O primeiro é o total de curtidas que a *Fan Page* teve dentro de um determinado período de tempo. O gráfico ajuda a ter uma noção se o crescimento dos *likes* tem sido constante.

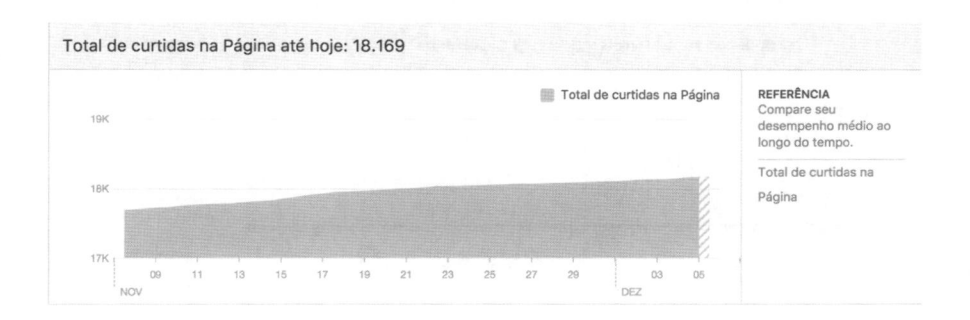

O bloco a seguir refere-se ao total líquido de curtidas. Enquanto o bloco anterior mostrava apenas as curtidas que a página ganhou, este mostra a diferença líquida entre os fãs adquiridos e aqueles que foram perdidos, o que dá uma noção bem mais clara de como está o crescimento da *Fan Page*.

O mesmo bloco tem ainda, no lado direito, quatro guias: "Descurtidas", "Curtidas orgânicas", "Curtidas pagas" e "Total líquido de curtidas". Repare que, se clicarmos em cima de cada uma delas, o Facebook fornece a média do período anterior em comparação com a média atual. Além disso, o Facebook dá acesso a um gráfico único consoante a métrica que for selecionada. Logo abaixo demonstro o gráfico sem qualquer opção acionada e na segunda imagem o gráfico com a opção "Total líquido de curtidas" selecionada.

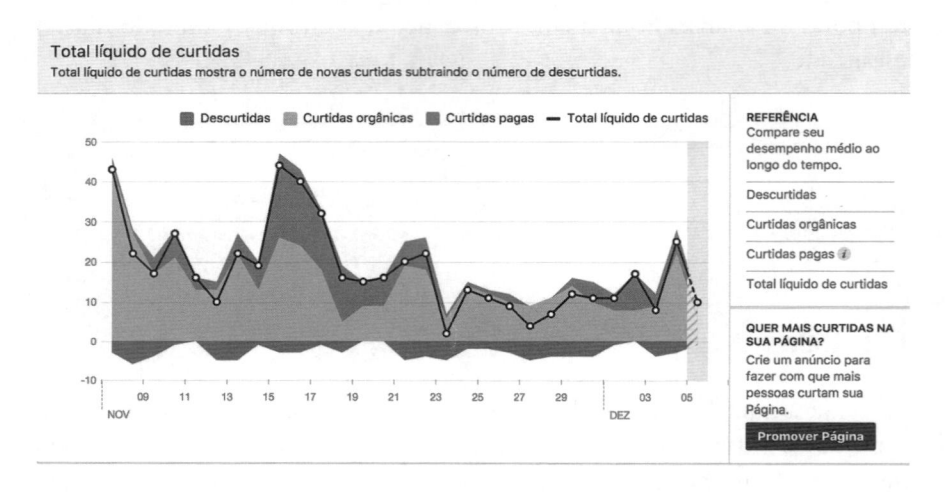

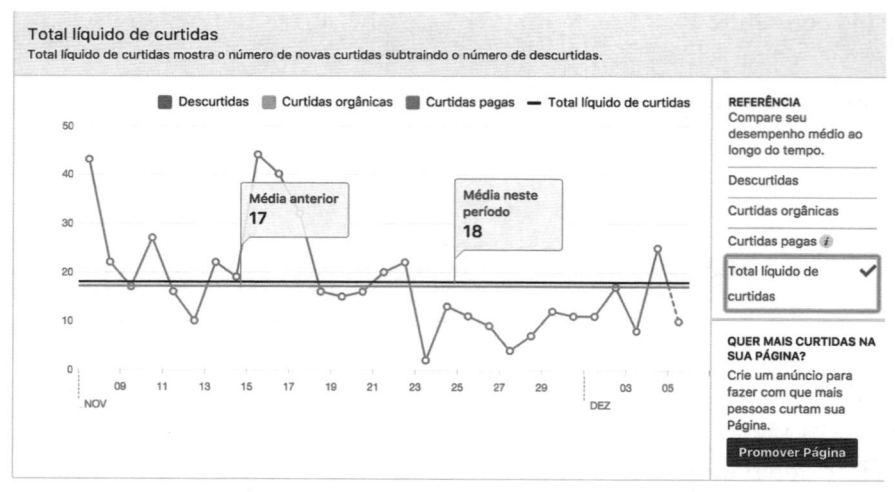

O último bloco desta guia fornece a informação de onde estão vindo as curtidas. Isso é importante para percebermos se as curtidas estão vindo da página ou por sugestão do Facebook, se estão vindo através de *desktop* ou através de celular, etc. São dados que podem dar uma certa ajuda, mas não fazem muita diferença na *performance* da *Fan Page*.

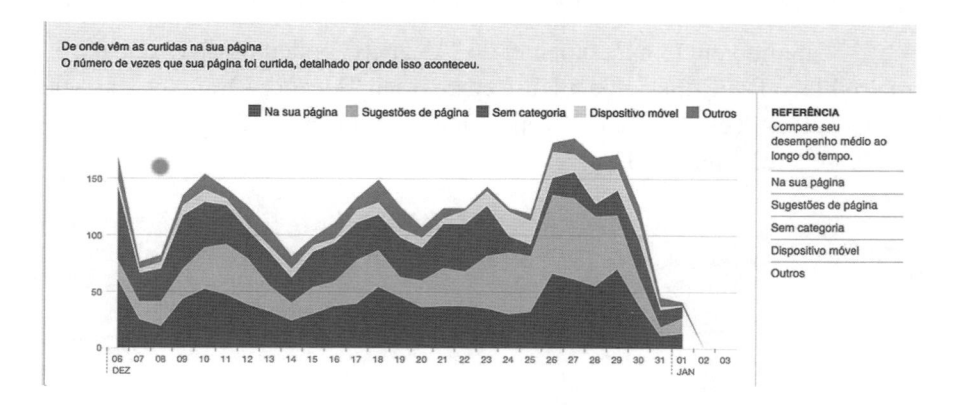

De onde vêm as curtidas na sua página
O número de vezes que sua página foi curtida, detalhado por onde isso aconteceu.

## Alcance

O alcance é uma das métricas que mais tem sido prejudicada pelas modificações do *Ranking*. Enquanto as outras métricas têm conseguido se manter estáveis ao longo dos últimos anos, o alcance tem caído drasticamente. Ou seja: as publicações não pagas das *Fan Pages* têm chegado a cada vez menos pessoas. E quando a informação chega a menos pessoas, a tendência é que os resultados desanimem os gestores de páginas.

E esta queda de alcance não foi algo sentido por apenas algumas páginas. É uma realidade em todas as páginas do Facebook, sem exceção. Um estudo realizado pelo *site EdgeRank Checker* em setembro de 2013 demonstrou que as páginas conseguiam uma média de 12,6% de alcance. Traduzindo: cada vez que uma página publicava conteúdo novo ele chegava, em média, a 12,6% dos fãs.

Porém, esse valor desceu drasticamente para os 7,7% três meses depois. E foi nesse exato momento que muitos gestores de *Fan Pages* começaram a reclamar deste problema, ficando bastante preocupados com a queda do alcance. Estudos realizados em 2015 apontam para que estes valores rondem os 2 ou 3%, valores que se mantêm ainda hoje.

Contudo, analisar esta métrica por si só acaba por ser um erro de raciocínio tremendo. Obviamente que todos gostávamos de conseguir chegar a mais pessoas. Mas a verdade é que o alcance não é a única métrica que os gestores de *Fan Pages* devem ter em atenção. Arrisco até a dizer que o alcance não pode ser considerado uma métrica de sucesso. Por isso, o meu conselho para você, enquanto dono de uma página, é: não dê demasiada relevância ao alcance. Olhe mais para o objetivo principal da sua *Fan Page*.

Olhando então para o painel do "Alcance", podemos dizer que o primeiro bloco faz apenas uma análise entre o seu "Alcance Orgânico" (aquele gerado pelos seus *posts*) e o "Alcance Pago" (aquele que foi pago para que chegasse a mais pessoas).

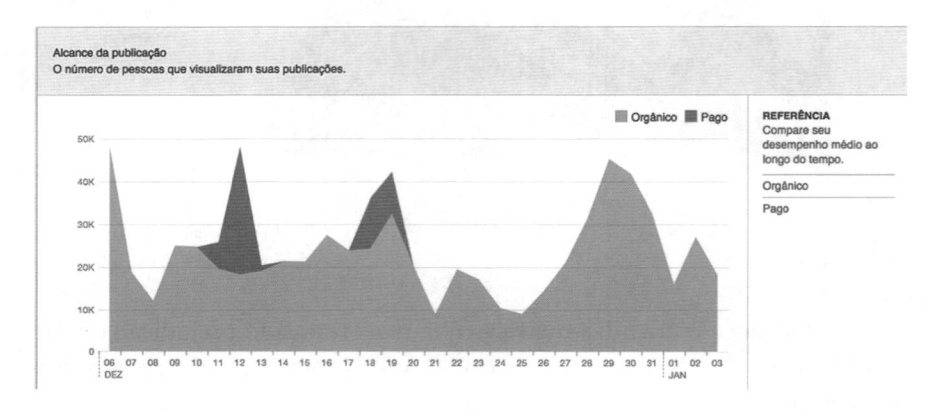

O bloco seguinte dá a conhecer as reações, os comentários, compartilhamentos e respostas que a sua página teve durante esse período de tempo.

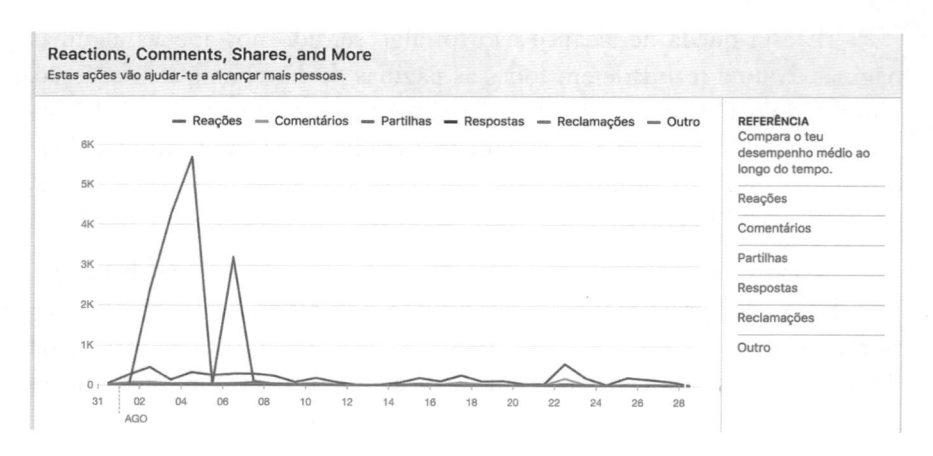

O terceiro bloco é novo e nunca tinha falado sobre ele em edições anteriores do livro. Nesta parte, você poderá ver as reações mais usadas quando os usuários recebem o seu *post*.

As reações são estes "bonecos amarelos" que aparecem quando o usuário quer interagir com a sua publicação:

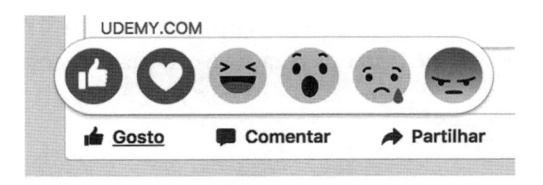

Repare que como na coluna direita você consegue ver todos os dados:

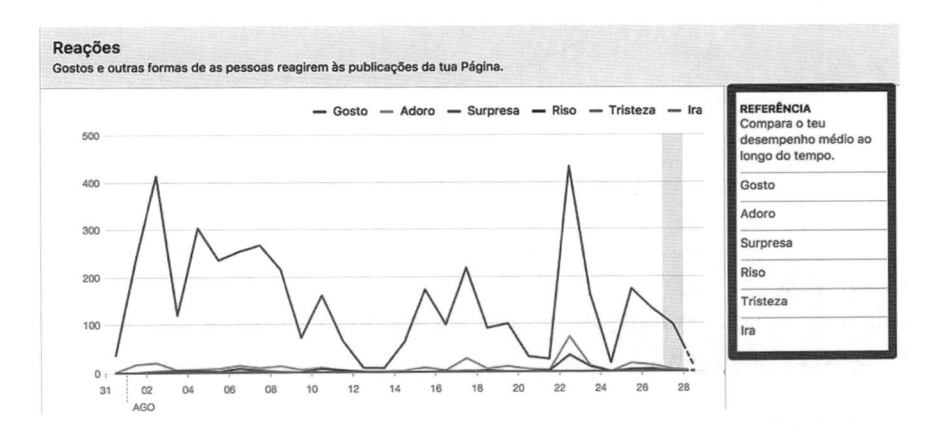

Sobre o quarto bloco, já falamos sobre ele anteriormente, quando abordamos os comentários negativos, por isso vamos já passar para a última parte desta guia, na qual é possível saber o "Alcance total". Este bloco difere-se do primeiro (que contabiliza unicamente o alcance das publicações) pelo simples fato que este também contabiliza as publicações de outras pessoas, anúncios para curtir a página, menções e *check-ins*.

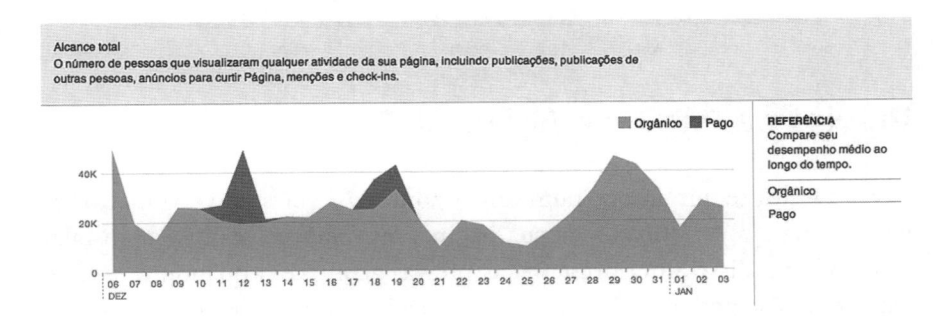

## Visualizações da Página

Aqui o objetivo é perceber quem está visualizando a sua página e de onde estão vindo essas pessoas. Na primeira metade, você consegue saber o total de visualizações que a sua página teve ou quais as seções mais vistas.

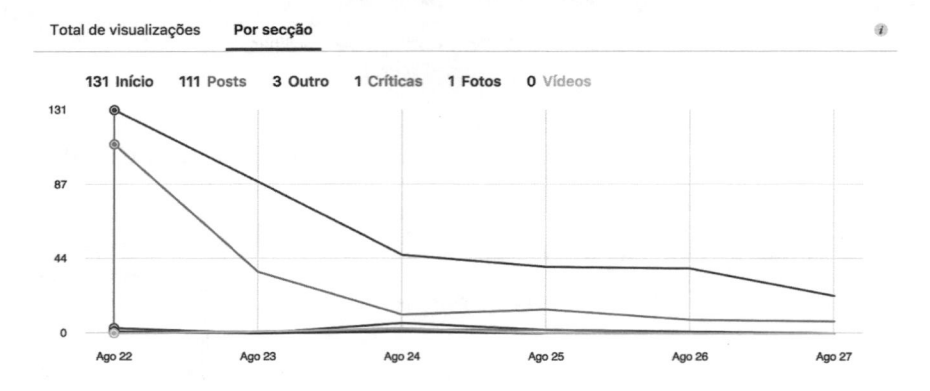

Logo abaixo, você também pode ver de onde estão vindo as visualizações da sua página. Se estão vindo apenas através do Facebook ou se existe um grande volume de pessoas encontrando a sua página através do Google, por exemplo.

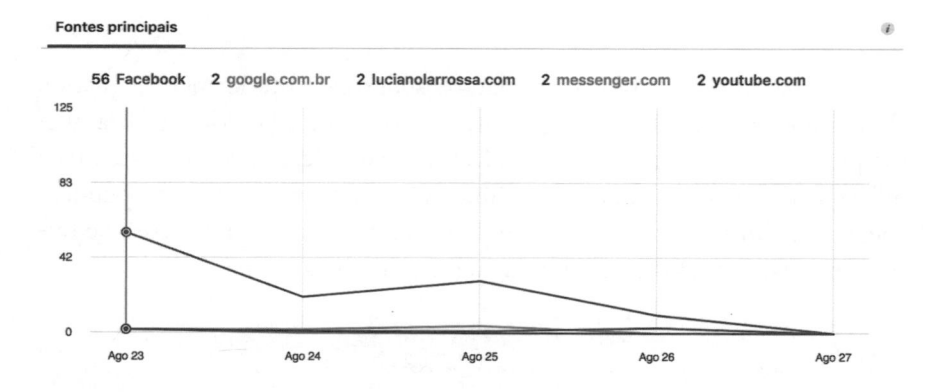

## Prévias da Página e Ações na Página

Decidi reunir ambos num único ponto, pois eles não são muito relevantes para a *performance* da sua página, mas mesmo assim é bom falar sobre. Como disse anteriormente, as prévias acontecem quando o usuário passa o mouse por cima do nome da sua página, como mostro a seguir:

Com esta guia, você consegue saber quantos usuários fizeram isso.

Já nas Ações na Página, você consegue saber quantos usuários clicaram no botão que fica perto da capa da sua página. Aqui:

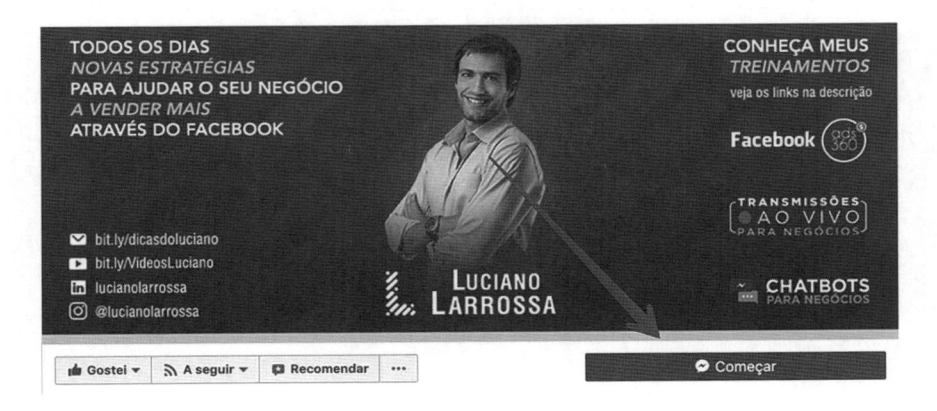

Repare que os números deste gráfico costumam subir quando você faz anúncios, por exemplo. Isto porque recebe muitas pessoas novas na sua página e elas acabam por querer saber um pouco mais sobre o seu negócio.

## Publicações

Agora passamos para uma das guias que mais ajuda a perceber como está a página de fãs. Na parte superior da guia temos a possibilidade de ver em que dias da semana e a que horas os fãs estão *online*. Isso é uma excelente ajuda, mas como pudemos perceber no capítulo anterior, é necessário olhar para estes dados fazendo uma análise crítica e perceber se publicar nos horários sugeridos é realmente positivo para a *Fan Page*.

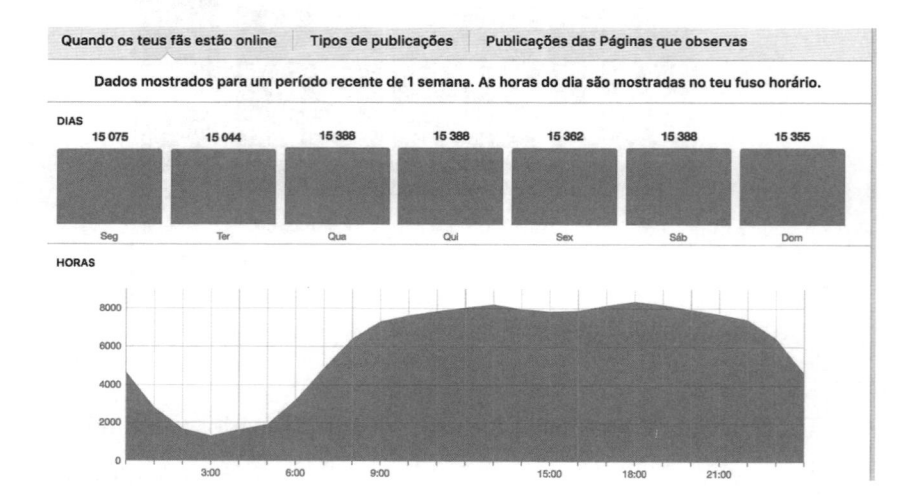

No lado direito desta mesma guia está a opção "Tipos de publicações", que também dá uma visão interessante de como estão as publicações.

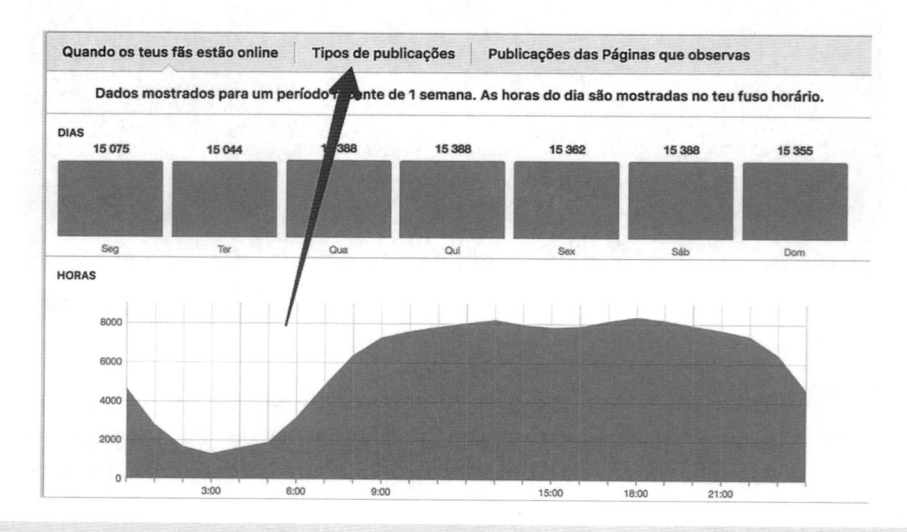

Nela, o leitor consegue perceber que tipos de publicações estão gerando maior interação, qual o seu alcance médio e quantos cliques em publicações estão gerando. Esta guia é muito interessante, pois permite perceber, de forma mais simples, a quantas pessoas estão chegando as suas publicações.

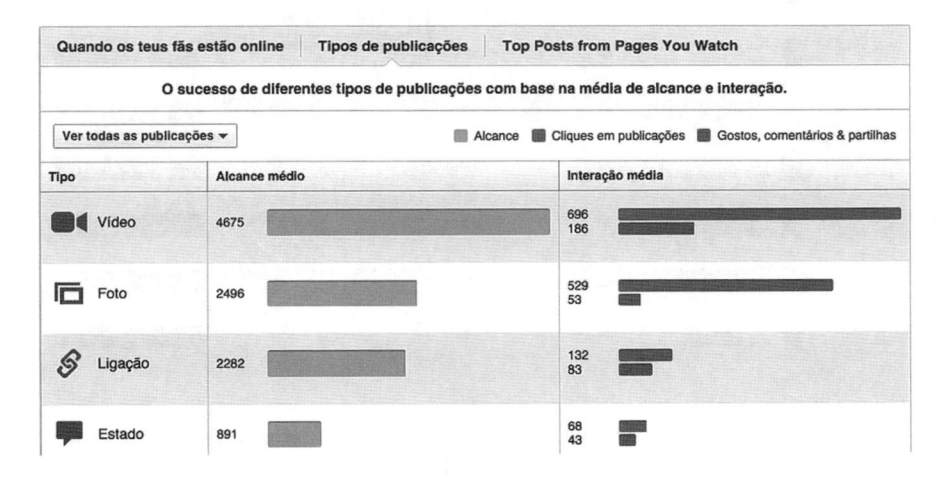

Logo abaixo está a guia que permite analisar de forma muito personaliza cada *post*. Em primeiro lugar é necessário relembrar que na barra superior podemos editar as opções de visualização no "Alcance" e no "Envolvimento", tal como demonstro nas imagens abaixo:

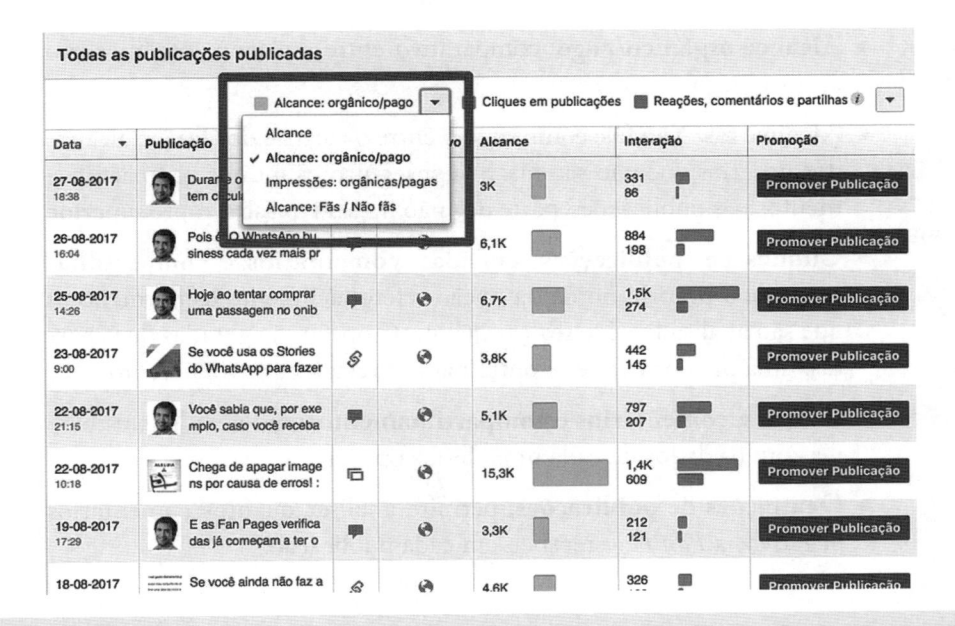

| Todas as publicações publicadas | | | | | | | |
|---|---|---|---|---|---|---|---|
| | | Alcance: orgânico/pago ▼ | | Cliques em publicações | Reações, comentários e partilhas ⓘ ▼ | | |
| Data ▼ | Publicação | Tipo | Público-alvo | Alcance | ✓ Cliques em publicações/Reações, comentários e ... | | |
| | | | | | Reações/Comentários/Partilhas | | |
| 27-08-2017 18:38 | Durante os últimos dias, tem circulado por ai vári | 💬 | 🌐 | 3K | Ocultações de publicações, ocultações de todas pu... Taxa de interação | | |
| 26-08-2017 16:04 | Pois é: O WhatsApp business cada vez mais pr | 💬 | 🌐 | 6,1K | | 198 | Promover Publicação |
| 25-08-2017 14:26 | Hoje ao tentar comprar uma passagem no onib | 💬 | 🌐 | 6,7K | | 1,5K 274 | Promover Publicação |
| 23-08-2017 9:00 | Se você usa os Stories do WhatsApp para fazer | 🔗 | 🌐 | 3,8K | | 442 145 | Promover Publicação |
| 22-08-2017 21:15 | Você sabia que, por exemplo, caso você receba | 💬 | 🌐 | 5,1K | | 797 207 | Promover Publicação |
| 22-08-2017 10:18 | Chega de apagar imagens por causa de erros! : | 🗂 | 🌐 | 15,3K | | 1,4K 609 | Promover Publicação |
| 19-08-2017 17:29 | E as Fan Pages verificadas já começam a ter o | 💬 | 🌐 | 3,3K | | 212 121 | Promover Publicação |

Ambas as opções modificam claramente a forma como analisamos os resultados dos *posts*, gerando barras diferentes de acordo com as opções que estão selecionadas. Mas vamos ver o que representa cada uma destas opções:

- **Alcance:** número de pessoas que as publicações estão atingindo, independentemente de serem fãs ou não.
- **Alcance orgânico/pago:** comparativo entre o alcance orgânico e o alcance pago.
- **Alcance fãs/Não fãs:** comparativo entre o alcance dos fãs e o alcance dos usuários que não são fãs. Se conseguirmos muitos compartilhamentos nas publicações, parte dos não fãs será quase sempre superior.
- **Cliques em publicações, curtidas, comentários e compartilhamentos:** o próprio nome da opção refere facilmente os pormenores que são analisados. De realçar que nesta opção são geradas duas barras: uma para os cliques e outra para os restantes envolvimentos.
- **Reações, comentários e compartilhamentos:** são geradas três barras com os dados de cada uma destas opções.
- **Ocultações de publicações:** permite analisar quantos comentários negativos a *Fan Page* recebeu em cada publicação.

- **Taxa de envolvimento:** a percentagem de pessoas que curtiram, comentaram, compartilharam ou clicaram na publicação após ela ser visualizada. Ou seja, se mil pessoas visualizaram aquilo que foi publicado e a taxa de envolvimento é de 10%, significa que 100 pessoas tiveram alguma ação após verem a publicação.

Mas esta guia não fica por aqui. Após clicarmos no *post*, podemos ainda ter acesso aos valores de cada publicação. Ao clicar na publicação deve aparecer algo deste gênero:

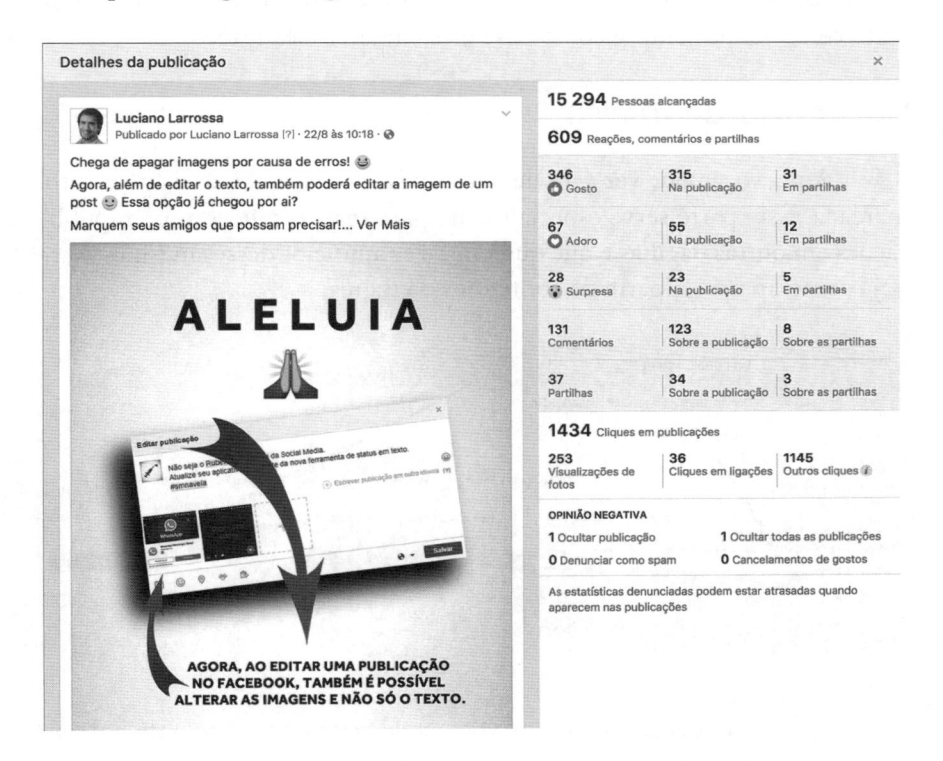

Esta foi uma das novidades inseridas pelo Facebook quando lançou o novo Facebook Insights e sem dúvida alguma que é uma excelente ajuda para quem gere *Fan Pages*. A partir daqui, você consegue perceber:

- Qual foi a interação total do *post*.
- Qual foi a interação que surgiu a partir da *Fan Page vs* a interação que surgiu por pessoas que não eram fãs da página.

- Quantos cliques teve a sua publicação e de onde vieram esses mesmos cliques.
- Todos os comentários negativos que essa publicação recebeu.

Isto é muito interessante, pois permite a análise de cada *post* de forma muito personalizada, garantindo uma melhor noção de como está cada pormenor das estatísticas. Eu, por exemplo, presto muita atenção aos cliques em publicações, visto que o meu objetivo é levar pessoas para o *site*. Desta forma, consigo perceber se estou utilizando a imagem ou tipo de texto certo, tendo sempre como base os resultados alcançados.

## Conteúdo de marca

Aqui, você pode ver *posts* de outras páginas nos quais a sua página foi marcada. Esta parte serve especialmente para marcas que compram publicações em outras páginas e que querem fazer anúncios desses mesmos *posts*. Veja como aparece a parte de conteúdos da marca:

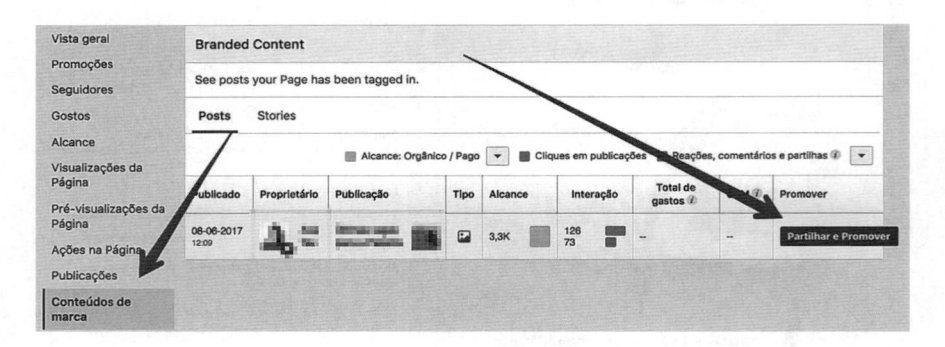

A partir daquele botão azul, você pode criar um anúncio de um *post* que foi feito em outra página, mas no qual a sua página foi marcada. Ao fazer o anúncio, você também tem acesso a um relatório para saber o retorno desse anúncio.

## Eventos

O próprio nome diz tudo: quando você fizer um evento no Facebook, vai poder saber quantas pessoas alcançou ou qual o perfil do público que confirmou a presença no evento.

## Vídeos

Como já falamos aqui, os vídeos ganharam bastante força durante os últimos anos e esse crescimento levou a que surgisse uma única guia focada nas estatísticas dos vídeos. Com ela, você conseguirá perceber quantas visualizações tiveram os seus vídeos ou qual o total de minutos assistidos.

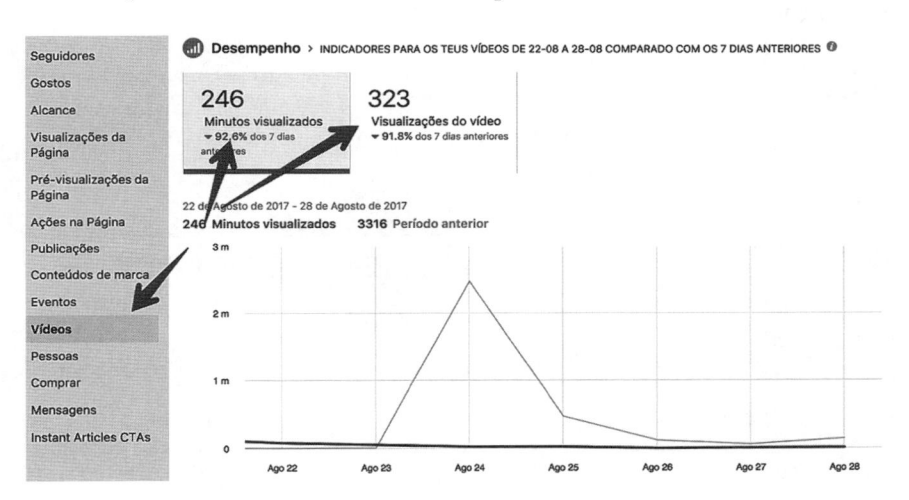

Ao clicar em cada vídeo terá também acesso às estatísticas personalizadas que incluem o alcance orgânico, o pago, a duração média das visualizações e ainda outros dados importantes como os comentários, *likes* ou compartilhamentos.

## Pessoas

Aqui, o gestor da *Fan Page* fica sabendo que tipo de fãs ele tem na sua página. Esta guia divide-se em quatro subguias: "Seus fãs", "Seus seguidores", "Pessoas alcançadas" e "Pessoas envolvidas". Em todos eles você tem acesso a dados interessantes como a idade, o gênero ou até mesmo a localização do seu público.

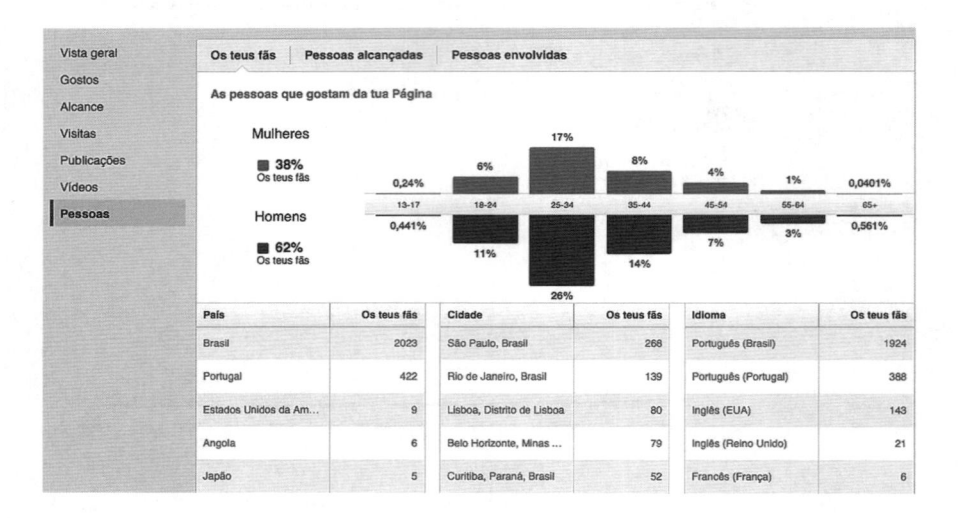

Estes dados podem ser importantes para você perceber:

- Se a *Fan Page* tem mais homens ou mulheres. Desta forma, pode criar mais publicações para o público feminino se tiver mais mulheres ou mais publicações para o público masculino se tiver mais homens.

- Se a *Fan Page* tem uma base de seguidores mais jovem, pode adequar uma linguagem mais tranquila e pessoal. Se, por outro lado, tem um público mais velho, deve ser mais rigorosa naquilo que comunica.

- Se a página tem mais fãs numa determinada cidade. Isso pode ser interessante para ajudar a definir o local para um evento presencial, por exemplo.

Além destas, ainda existem outras conclusões que podem ser retiradas, mas estas são, sem sombra de dúvidas, as principais. Acredito que, no futuro, o Facebook explore ainda mais dados dos seus fãs, mas, por enquanto, estes números permitem entender um pouco melhor sobre o público que acompanha as publicações.

## Loja

Dentro do Facebook, também é possível criar uma loja, na qual você pode inserir os seus produtos. No momento em que escrevo este livro, ainda não é possível fazer transações monetárias dentro do Facebook. Com a loja, você pode enviar pessoas para o seu *site* ou falar pelo Messenger com quem tiver interesse no seu produto. Mas, no futuro, o próprio Facebook já tem nos planos permitir que se façam transações sem sair da rede social.

Nesta guia, você consegue saber quantas visualizações a Loja e os produtos já tiveram e quantos cliques receberam. Se ainda não tem uma Loja no Facebook, não se preocupe que mais à frente no livro ensinarei a criar uma.

## Mensagens

Aqui você fica com todas as estatísticas sobre as suas Mensagens. O Facebook leva muito em consideração se você responde às mensagens da sua página e se faz isso de forma rápida, por isso é importante que fique atento às mensagens que recebe na sua página.

## Instant Articles

E por último temos os Instant Articles. Não vou falar sobre eles aqui no livro por ser um pouco complexo configurar os Instant Articles no *site*, mas vou fazer aqui um pequeno resumo do que é esta possibilidade do Facebook.

Com o crescimento dos acessos mobile pelo Facebook e como o acesso rápido aos conteúdos no mobile é um fator importante, a rede de Mark Zuckerberg decidiu criar algo que fizesse os *sites* carregarem mais rápido. Por isso surgiram os Instant Articles. Ao configurar para ter os Instant Articles no seu *site*, quando os utilizadores provenientes do Facebook visitarem os seus artigos, esses mesmos artigos vão carregar o conteúdo dentro do Facebook, fazendo com que o leitor veja os artigos de forma muito mais rápida. Mas a melhor forma de perceber o que é um Instant Article é visitar um conteúdo através do seu *smartphone* e clicar num artigo que tenha este símbolo:

## COMO TIRAR MELHOR PARTIDO DAS ESTATÍSTICAS DO FACEBOOK?

Uma das perguntas mais comuns que recebo nas formações e nos meus cursos *online* de Facebook é relativa à frequência com que se deve analisar as estatísticas. Devemos analisá-las diariamente? Ou apenas uma vez por semana? Obviamente que não existe uma resposta exata para a periodicidade de análise de estatísticas. Isso irá sempre depender do objetivo da *Fan Page*, da estratégia, da dependência do negócio relativamente ao Facebook, etc.

A análise das estatísticas permite chegar a algumas conclusões interessantes e essas mesmas conclusões podem levar, muitas vezes, a mudanças estratégicas na gestão do conteúdo. Nesses casos aconselho sempre que os gestores das páginas deem um período de tempo minimamente longo antes de modificarem qualquer estratégia. Isto porque a queda de participação dos fãs ou do alcance das publicações pode estar relacionada com uma data específica e não propriamente com aquilo que foi compartilhado. Experimente publicar num feriado, por exemplo. Verá que os resultados serão bem piores do que os restantes dias. Isso acontece porque estão menos pessoas *online*. E isso acontece também durante as férias de verão, durante dias de jogo da seleção de futebol, entre outras ocasiões que "roubam" a atenção dos usuários do Facebook. No entanto, se você fizer uma análise mais prolongada (várias semanas deve ser suficiente), já ficará com uma noção mais exata e evitará decisões precipitadas da sua parte.

# 5. Como exportar as estatísticas em arquivo Excel

Além das estatísticas fornecidas no painel do Facebook, existe ainda a opção de exportar arquivos Excel, de forma a ter uma análise ainda mais pormenorizada de todos os dados da página. Apesar de ser uma opção mais completa, o fato da exportação de arquivos ser menos prática e menos apelativa visualmente tem feito com que ela seja deixada de lado pelos gestores de *Fan Pages*. Contudo, nas próximas linhas vou explicar o porquê de ser tão importante olhar para os arquivos Excel.

Para começar a usá-los, temos de fazer o *download* do arquivo. Vamos ao painel das estatísticas e clicamos na opção "Exportar", tal como é demonstrado logo abaixo:

Facebook para Negócios

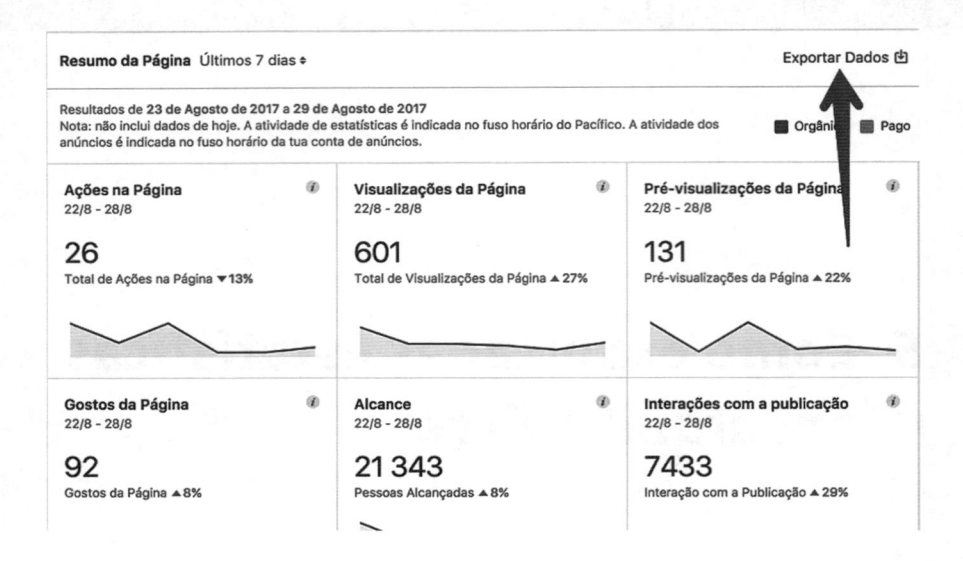

**Resumo da Página** Últimos 7 dias ⇕          Exportar Dados ⤓

Resultados de 23 de Agosto de 2017 a 29 de Agosto de 2017
Nota: não inclui dados de hoje. A atividade de estatísticas é indicada no fuso horário do Pacífico. A atividade dos anúncios é indicada no fuso horário da tua conta de anúncios.

■ Orgânico    ■ Pago

**Ações na Página**
22/8 - 28/8
**26**
Total de Ações na Página ▼13%

**Visualizações da Página**
22/8 - 28/8
**601**
Total de Visualizações da Página ▲27%

**Pré-visualizações da Página**
22/8 - 28/8
**131**
Pré-visualizações da Página ▲22%

**Gostos da Página**
22/8 - 28/8
**92**
Gostos da Página ▲8%

**Alcance**
22/8 - 28/8
**21 343**
Pessoas Alcançadas ▲8%

**Interações com a publicação**
22/8 - 28/8
**7433**
Interação com a Publicação ▲29%

Depois de clicar aí aparece um painel como este a seguir:

---

**Exportar dados estatísticos**      ✕

Seleciona um tipo de dados, um formato de ficheiro e um intervalo de datas. Podes exportar até 500 publicações de cada vez.

**Tipo de dados**
◉ Dados da Página
   Indicadores chave da Página para medir as interações, como detalhes sobre a fonte e o público.

◯ Dados da publicação
   Indicadores chave da publicação para medir o alcance, as impressões e a opinião.

◯ Dados do vídeo
   Os indicadores de vídeo incluem as visualizações, as visualizações únicas, as visualizações pagas e as visualizações orgânicas.

**Intervalo de tempo**
[ 3 de Agosto de 2017 - 30 de Agosto de 2017 ▼ ]

**Formato do ficheiro**
[ Excel (.xls) ▼ ]

**Aspeto**
[ Todos os dados da Página ▼ ]

Termos de Páginas do Facebook          [ Cancelar ]   [ **Exportar dados** ]

Se você reparar, no lado esquerdo estão 3 opções completamente diferentes para selecionar. Vamos falar sobre cada uma delas:

- **Dados da página:** os dados fornecidos servem como análise da página, tais como o número de *likes*, de alcance, de compartilhamentos, entre outros.
- **Dados da publicação:** este arquivo confere todos os dados relativos a cada publicação. É extremamente útil se você quiser analisar *post* a *post*.
- **Dados do vídeo:** aqui você tem acesso a todas as métricas dos seus vídeos, tais como qual foi o tempo médio de visualização ou quantos usuários viram os primeiros 30 segundos do vídeo.

# A PRINCIPAL RAZÃO PARA UTILIZAR O ARQUIVO EXCEL

A exportação serve principalmente para dar uma visão um pouco mais ampla das estatísticas da página. Enquanto na plataforma normal do Facebook necessitamos analisar praticamente publicação a publicação para percebermos os resultados, no arquivo Excel temos uma coluna inteira à disposição para cada métrica, o que facilita a comparação com outras publicações da página.

Eu utilizo muito este tipo de arquivo para analisar os cliques nas publicações. Ele me permite não só analisar os cliques, mas também os cliques únicos em cada publicação, dando uma noção mais exata do que está acontecendo na página.

Para quem trabalha com a gestão de páginas de clientes, os arquivos Excel são uma verdadeira rampa de lançamento no momento de apresentar relatórios.

## 6. Onze ideias de publicações para fazer na sua página

Agora que já mostrei todas as potencialidades que uma *Fan Page* pode ter e como pode medir todas as suas ações, chegou o momento de partilhar alguns exemplos de publicações que você pode utilizar na sua *Fan Page*. Uma das grandes dúvidas dos meus alunos quando chegam ao curso é: o que devo publicar na *Fan Page*? Nas próximas linhas, conheça 11 ideias que você pode explorar na sua página. Sinta-se livre para utilizá-las quando quiser:

### 1. Vídeo

O vídeo deve ser parte obrigatória de qualquer estratégia de geração de conteúdo no Facebook. E os objetivos dos vídeos podem ser vários, tais como promoção de produtos, conteúdos educativos ou até mesmo convites para eventos.

Um aluno do meu curso, o Cleiton Henrique, dono do salão de beleza Cheias de Charme, tem usado o vídeo de forma extremamente inteligente, mostrando o antes e o depois de cada nova mudança de visual dos seus clientes. Não é raro ver vídeos dele que atingem 500 a mil pessoas de forma orgânica, ou seja, sem investir um único centavo. Já viu o que é atingir cerca de mil pessoas, sem gastar dinheiro? Mais nenhuma *media* tem esse poder.

Por norma, os donos de páginas de Facebook encontram sempre duas desculpas para não gravar vídeos. A mais comum é a de que não sabem gravar nem editar vídeos. Essa desculpa cai por terra quando, hoje em dia, qualquer *smartphone* ou *tablet* tem qualidade suficiente para gravar um vídeo e editá-lo de forma rápida. Não se esqueça de que o Facebook é, acima de tudo, uma rede social e que os seus usuários não navegam todos os dias à espera da última produção de Hollywood. Eles estão no Facebook para ver pessoas reais (como eles!). O Periscope, um aplicativo para transmissões *online* a partir do *smartphone*, foi um dos maiores casos de sucesso de crescimento repentino na *web* e surpreenda-se: todos os vídeos que os usuários publicam são 100% amadores. Não existe edição de vídeo, não existe qualquer iluminação especial. Tudo é feito com a câmera frontal do *smartphone*, que curiosamente é a câmera do celular que tem menos qualidade.

A segunda desculpa mais comum está relacionada com a falta de intimidade com a câmera. Não se preocupe, sei o que isso é. Das primeiras vezes que tive de gravar um vídeo, a voz tremia e o conteúdo não foi transmitido como eu queria. Mas sem dúvida alguma que começar permitiu-me hoje estar bem mais à vontade em frente à câmera e utilizar os vídeos como uma forma de aumentar as vendas no meu negócio. Se atualmente você está com medo de gravar vídeos, não se preocupe: estará sempre melhorando e dentro de alguns meses já não conseguirá viver sem eles, principalmente quando começar a relacionar as suas primeiras vendas com a gravação de vídeos. Uma coisa eu garanto: o seu primeiro vídeo será sempre o pior. A partir daí vai melhorando sempre.

Outra coisa cada vez mais importante nos vídeos são as legendas. Sabia que 80% dos usuários consumem o conteúdo dos vídeos sem som no Facebook e no Instagram? É verdade. Muitos estão no trânsito, na fila para o médico ou no metrô e querem ver vídeos, mas não podem ativar o som. Por isso, quando fizer um vídeo, tenha o cuidado de inserir legendas se for possível.

Aqui vão algumas ideias de vídeo:

- Antes e depois;
- Depoimentos de clientes em que eles falam sobre a transformação que o seu produto provocou;
- Análise a um novo produto que você acabou de receber;
- Vídeos em que você mostra o seu produto/serviço sendo desenvolvido.

Pelo celular você pode fazer isso com apps que vão facilitar muito a sua vida. Para iPhone e Android, o que recomendo é o InShot. Mas existem outros muito bons como o Flipagram ou o VivaVideo. Para quem tem iPhone, existe o Clips, um app exclusivo para dispositivos Apple que automaticamente adiciona legendas aos seus vídeos. Recomendo!

## 2. *Links* para o seu site

Tem um *site*? Então comece a utilizar o Facebook para levar pessoas para o seu *site*. Existem várias formas de fazer isso. A mais comum é compartilhando conteúdo do seu *blog*, caso tenha um. Faço bastante isso com os artigos do *site* Luciano Larrossa. Confira abaixo o exemplo de uma publicação:

Repare em alguns pormenores. O primeiro de todos é no título. Ele é bem explícito e explica aquilo que o leitor vai encontrar ao clicar no artigo. Depois, na descrição que está acima da imagem é feita uma afirmação que tem como objetivo fazer o usuário pensar.

Quando pensar em fazer um *post* de *link*, tenha em atenção estes pormenores:

- Listas funcionam muito bem. "Os 10 melhores..." ou "7 formas de..." normalmente geram muitos cliques.
- Tenha cuidado com a imagem que insere no artigo. Ela é muito importante, pois é o primeiro ponto de contato visual do usuário.
- Na descrição que está acima da imagem aproveite para complementar a informação que vem no título.
- O texto que fica abaixo do título também é importante. Aproveite essa parte para fazer alguma chamada para a ação ("clique aqui para ler o artigo", por exemplo).

Por último, deixe-me dar uma dica importante. Quando partilhar conteúdo, seja específico. Não compartilhe categorias do seu *site* e muito menos a *homepage*. Os usuários querem algo específico para ler, querem que o seu texto ajude a resolver um problema ou conte uma novidade.

## 3. Novidades

As novidades também funcionam muito bem no Facebook. Saiu algo de novo na sua área de negócio e interessa aos seus fãs? Compartilhe! Um aluno da sua escola de idiomas está tendo grande sucesso? Divulgue isso para os seus fãs! O fator novidade gera grande sucesso, principalmente por duas razões. Primeiro porque... é novo! As pessoas adoram saber novidades. Lembre-se que um dos fatores que faz as pessoas estarem nas redes sociais é para consumir novidades.

E em segundo lugar porque gera curiosidade. Ver algo pela primeira vez é um convite à interação e ao clique.

Veja abaixo o resultado gerado quando divulgamos o aparecimento dos Reactions no Facebook.

Tivemos um alcance de 3.500 pessoas numa *Fan Page* com pouco mais de 2 mil. Isso deveu-se, obviamente, aos compartilhamentos externos que permitiram chegar a um maior número de pessoas do que aquelas que acompanham o nosso trabalho.

## 4. Aproveite as datas importantes

Uma coisa que sempre funcionou muito bem no Facebook e continua tendo grande sucesso, apesar da queda do alcance, são as datas comemorativas. Dia dos Pais e Dia das Mães, Dia da Criança, Dia do Cliente ou qualquer outro dia especial são sempre oportunidades únicas de criar interação com os seus fãs.

Óbvio: não fuja daquilo que é o seu público-alvo. Você não tem que aproveitar todas as datas importantes que existem, caso contrário, poderia perder o sentido. Confira abaixo um dos *posts* que fiz numa das páginas que fazia a gestão, a Escola Freelancer, para o Dia da Criança no Brasil:

## 5. Mostre o seu lado mais humano

Humanizar a marca também é outra estratégia interessante e que aumenta a ligação entre os fãs e a marca. Mais uma vez: depende do seu público-alvo. Se trabalhar numa área de negócio mais descontraída, funciona muito bem. Se o seu público já for mais sério, também pode continuar a fazê-lo, só que terá de ser um pouco mais seletivo com o tipo de imagem e de descrição que vai usar.

Um excelente exemplo de humanização foi um dos *posts* em que divulguei um vídeo que fala um pouco sobre a minha história. Além de gerar bastante interação, é algo que fica gravado na memória das pessoas. Histórias conectam!

Principalmente se você vende serviços e a sua marca pessoal é um ativo importante, falar sobre a sua história é fundamental. E mesmo que seja uma empresa, falar sobre o percurso dela também gera interação.

Para ter ideia de como as histórias são importantes, vamos fazer um pequeno exercício. Vamos pegar o exemplo da Apple e da Samsung. Certamente você conhece algumas histórias ou frases do Steve Jobs, não é? E do dono da Samsung, conhece? Sabe ao menos qual o nome dele? Acredito que bem mais pessoas conheçam algo do Steve Jobs do que do Lee Kun-hee, dono do grupo Samsung.

## 6. Use GIFs

O recurso de usar GIFs era algo muito esperado há vários anos pelos usuários do Facebook e agora parece que eles chegaram para ficar. Mas a grande pergunta é: de que forma a sua empresa pode aproveitar os GIFs para vender ou aumentar a interação dos seus potenciais clientes? De várias formas. Vejamos alguns exemplos:

- Se vender imóveis, pode criar GIFs para mostrar várias imagens do imóvel.
- Se vender produtos físicos, pode criar um GIF mostrando o produto.
- Pode criar GIFs com conteúdo humorístico para os seus fãs.
- Se for professor de tênis, por exemplo, pode criar GIFs demonstrando os gestos técnicos treinados nas aulas pelos seus alunos.

E por aí vai. Tudo vai depender da sua imaginação. Hoje em dia, criar um GIF é extremamente fácil. Basta fazer uma pesquisa no Google pelos melhores *sites* para criar GIFs que certamente irá encontrar várias opções.

## 7. Compartilhe conteúdos complementares

Um dos receios que os meus alunos mais têm está relacionado com o compartilhamento de conteúdos de outros *sites* e empresas. Será que devemos fazê-lo? Será que corremos o risco de termos problemas com direitos autorais? Será que é correto? Pense o seguinte. Sempre que você está compartilhando algo de outra pessoa está dando a ela audiência, certo? Só por esse motivo, compartilhar conteúdos de outras pessoas não deve ser considerado um problema. Obviamente, é indispensável dar sempre os devidos créditos. Veja como fiz no exemplo da imagem que compartilhei na *Fan Page:*

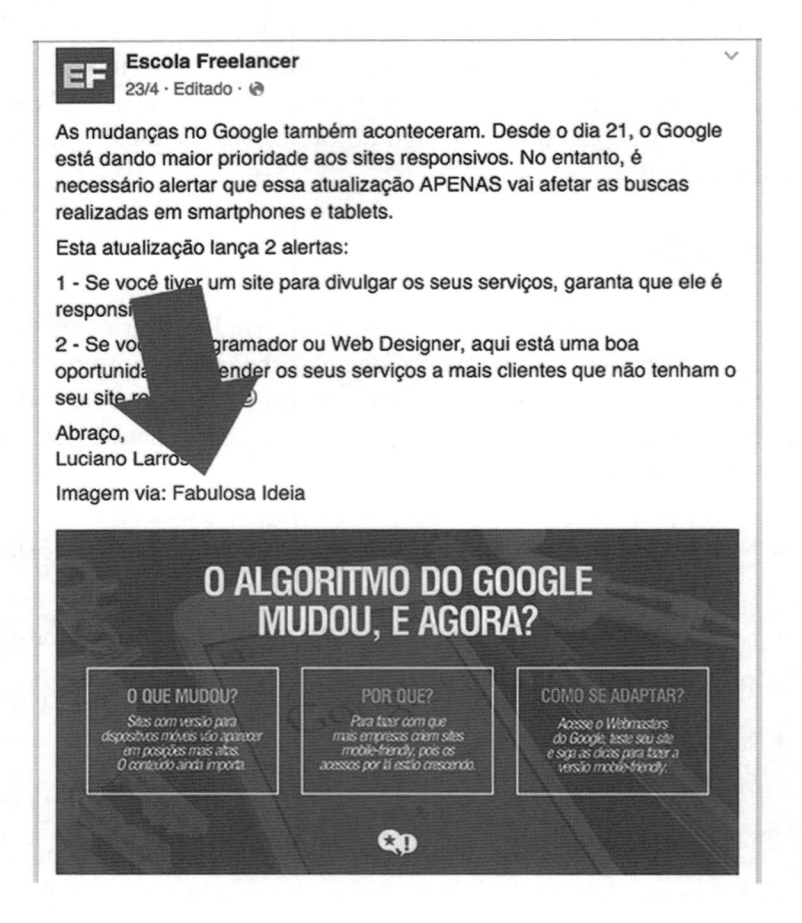

> **Escola Freelancer**
> 23/4 · Editado · 
>
> As mudanças no Google também aconteceram. Desde o dia 21, o Google está dando maior prioridade aos sites responsivos. No entanto, é necessário alertar que essa atualização APENAS vai afetar as buscas realizadas em smartphones e tablets.
>
> Esta atualização lança 2 alertas:
>
> 1 - Se você tiver um site para divulgar os seus serviços, garanta que ele é responsi
>
> 2 - Se vo gramador ou Web Designer, aqui está uma boa oportunida ender os seus serviços a mais clientes que não tenham o seu site re
>
> Abraço,
> Luciano Larro
>
> Imagem via: Fabulosa Ideia
>
> **O ALGORITMO DO GOOGLE MUDOU, E AGORA?**
>
> O QUE MUDOU? / POR QUE? / COMO SE ADAPTAR?

Sempre que compartilhar conteúdo de outros, basta escrever na descrição o nome da fonte.

## 8. Trabalhe o *branding*

O Facebook não serve apenas para vender de forma direta, levando a pessoa para o seu *site*. Ele pode servir apenas para lembrar que o seu produto existe. Vejamos um exemplo da Gillette:

> **Gillette Portugal**
> Patrocinado
>
> Novo Gel 2 em 1, o primeiro Gel de Barbear + Creme Hidratante. Experimenta-o e descobre a sensação de estar recém barbeado durante todo o dia. Compra agora: http://bit.ly/Gel2em1

Neste caso, a Gillette não pretende vender diretamente no seu *site* – acredito que não seja a sua fonte principal de venda –, mas sim relembrar aos usuários do Facebook que a marca existe. Se, no seu caso, você vende algo que não pode ser vendido diretamente no Facebook, este tipo de estratégia funciona muito bem.

## 9. Compartilhe depoimentos

Compartilhar informação e conhecimento é fundamental na *Fan Page*, mas a verdade é que ela também serve para vender! Ou, pelo menos, para incentivar a decisão de compra dos seus fãs. Uma estratégia que funciona muito bem nesse aspecto é a divulgação de depoimentos. Um cliente seu falou bem do seu produto? Escreva sobre isso! Tire um *print screen* do depoimento e faça um *post* no Facebook. Se esse depoimento for em vídeo, melhor ainda. Confira um depoimento deixado por uma aluna de um curso meu:

Facebook para Negócios

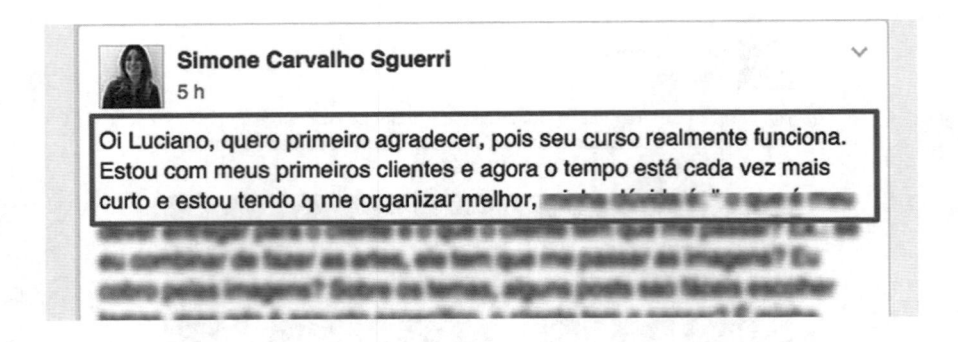

> **Simone Carvalho Sguerri**
> 5 h
>
> Oi Luciano, quero primeiro agradecer, pois seu curso realmente funciona. Estou com meus primeiros clientes e agora o tempo está cada vez mais curto e estou tendo q me organizar melhor, ...

## 10. Ofereça materiais gratuitos para gerar *leads*

As publicações orgânicas também são uma forma bastante eficaz para gerar *leads*. Obviamente que não são tão eficazes como os anúncios por motivos óbvios, mas a verdade é que sempre dão algum resultado e não devem ser deixadas de lado.

*Nota: leads são contatos de potenciais clientes. Quando você consegue o número de telefone ou um email de um cliente, ele é considerado um lead.*

Uma das estratégias que tenho utilizado para gerar *leads* sem custos é oferecer conteúdo gratuito como *ebooks*, planilhas ou palestras. Veja o exemplo de uma publicação minha:

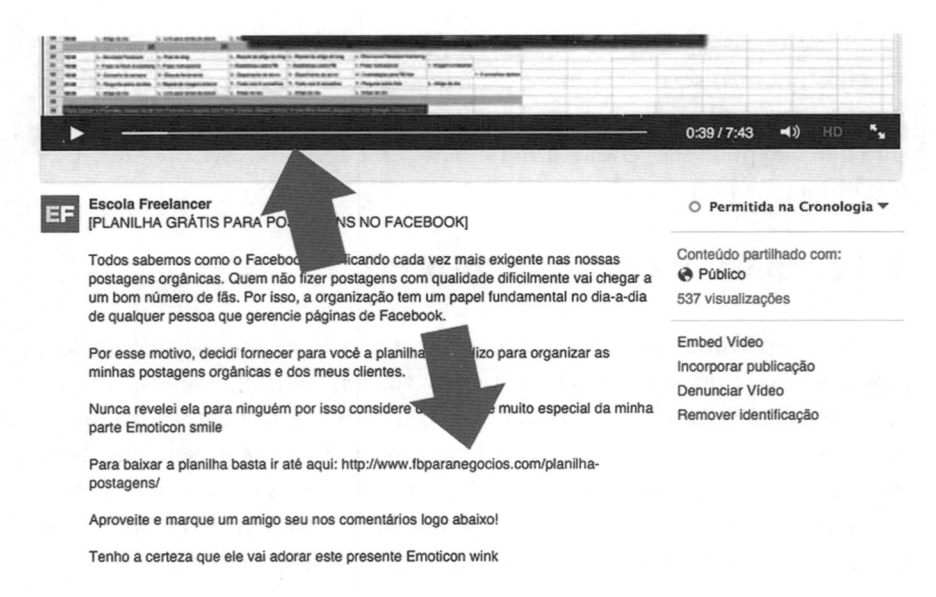

Na parte de cima tinha um vídeo que explicava como utilizar a planilha. Embaixo, o *link* para a pessoa fazer o *download* da mesma. Na parte final do vídeo era apresentado novamente o *link* para a planilha. Ao clicar, os usuários vão para esta página:

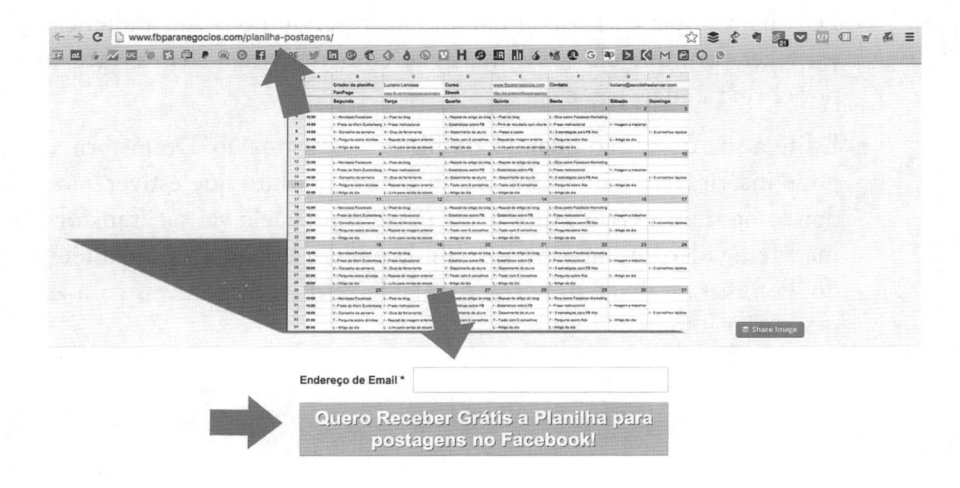

Após realizarem a inscrição, tornavam-se *leads*.

## 11. Faça transmissões ao vivo

Como disse anteriormente, as transmissões ao vivo são uma arma que você deve usar várias vezes na sua *Fan Page*. Para isso existem algumas dicas que podem ajudar a fazer uma transmissão ao vivo mais eficaz:

- Avise a sua audiência 24 horas antes que vai fazer uma transmissão ao vivo. Isso vai gerar uma ansiedade que depois vai traduzir-se em mais pessoas ao vivo. Nesse *post*, informe o horário e o tema.
- O Facebook recomenda que faça transmissões de pelo menos 10 minutos. Ficar mais tempo faz com que mais pessoas interajam e assim a transmissão vai chegar a mais pessoas.
- Apresente-se diversas vezes. Lembre-se que, ao contrário do vídeo, em que todas as pessoas assistem desde o início, na transmissão ao vivo muitas pessoas entram no decorrer da *live*. Por isso é importante que se apresente várias vezes durante a própria transmissão.

- Interaja com as pessoas pelo nome. Enquanto está na transmissão, quem estiver assistindo pode comentar. Por isso, aproveite e responda às pessoas pelo nome. Isso aumenta a ligação entre a página e a audiência.
- Peça para as pessoas comentarem. Fazer perguntas à sua audiência vai fazer com que ela comente. E, ao comentarem, a sua *live* acaba por chegar a mais pessoas!
- Edite a sua descrição quando terminar a transmissão. Desta forma, pode inserir *links* para o seu *site* ou para o produto que estiver vendendo na transmissão. Após a sua *live* terminar, ela vai ser transformada em vídeo e muitas pessoas ainda podem assistir ao seu conteúdo. Por esse motivo é importante que deixe *links* disponíveis para as pessoas visitarem os seus *sites*.

# 7. Transmissões ao vivo: como usar para gerar vendas

As transmissões ao vivo têm crescido muito no Facebook. Só para ter ideia do poder das *lives*, ficam aqui alguns dados estatísticos interessantes:

- Os usuários passam três vezes mais tempo assistindo a uma transmissão ao vivo do que a um vídeo previamente gravado.
- Os usuários interagem dez vezes mais numa transmissão ao vivo do que num vídeo.
- A cada 5 vídeos gerados no Facebook, 1 deles é uma transmissão ao vivo.

Atualmente, fazer uma transmissão ao vivo é algo extremamente simples. Você pode fazê-lo através da página ou do perfil usando o computador ou o celular. Atenção que, para fazer com a sua página de Facebook usando o celular, você precisa fazer o *download* do aplicativo Gerenciador de Páginas.

Para fazer a transmissão ao vivo é muito simples. Basta ir até a sua página ou perfil e selecionar a opção Iniciar um vídeo ao vivo:

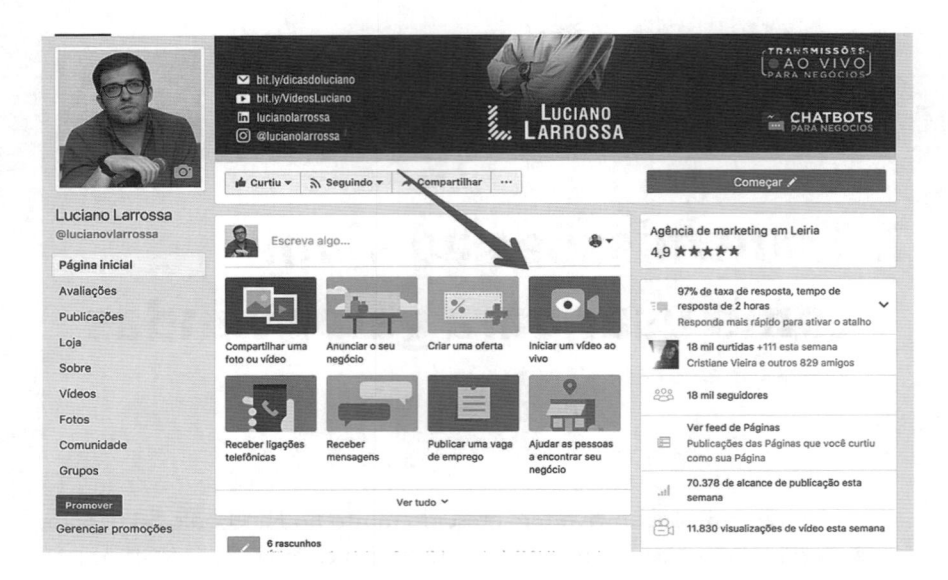

Ao fazer isso, vai abrir uma janela com a sua imagem e um campo de comentários do lado, caso esteja fazendo pelo computador. No caso de estar usando o celular, também aparece a sua imagem, mas a parte dos comentários só começa a surgir quando as primeiras pessoas começarem a comentar. Veja abaixo como fica:

Depois de apertar o botão de transmitir ao vivo, o Facebook vai fazer um teste na sua conexão de internet para ver se ela tem capacidade para fazer a transmissão. Após o teste, o Facebook começa a transmitir ao vivo para as pessoas que seguem a página. No entanto, há aqui alguns detalhes importantes:

- Apenas alguns usuários recebem a notificação avisando que a sua página está ao vivo. Porém, a maioria não vai receber.

- No início é normal que não receba muitas pessoas nas suas *lives*. Mas veja as suas transmissões como um programa de televisão. Se for consistente, fizer nos mesmos dias e no mesmo horário, mais rapidamente vai angariar um público. Consistência é a chave para começar a conquistar uma audiência.

- Não espere que muitas pessoas cheguem para começar a dar conteúdo. A partir do momento que estiver ao vivo, comece a falar sobre o tema da sua transmissão. Caso contrário, os poucos que já estiverem ao vivo vão abandonar a sua *live*.

- Tenha sempre muito cuidado com o som. O som é fundamental para que as pessoas compreendam a sua mensagem. Usar o microfone que está nos fones do celular muitas vezes é o suficiente.

- Durante a transmissão, tente fazer com que os usuários deixem comentários. Mais perguntas significa mais interação e, com mais interação, a mais pessoas vai chegar a sua transmissão.

- Enquanto estiver ao vivo, vá respondendo as perguntas que vão sendo deixadas. Lembre-se: as pessoas assistem mais transmissões ao vivo porque gostam de interagir com quem está ao vivo.

- Não tenha pressa em terminar a sua transmissão. Quanto mais tempo ficar na transmissão, mais tempo dá para que outras pessoas entrem. Demore o tempo que for necessário para compartilhar o seu conteúdo.

- Se for possível, deixe um aviso alertando quando vai fazer a sua próxima *live*. Isso vai permitir que algumas pessoas consigam estar preparadas para assistir à sua transmissão.

As transmissões no Facebook são poderosas, mas ainda apresentam algumas limitações. Não é possível, no momento em que escrevo este livro, por exemplo, compartilhar a tela do computador, convidar outras pessoas para a *live* ou inserir o seu logo na transmissão. No entanto, existe uma forma de contornar isso, usando *softwares* externos. O Wirecast ou o OBS são alguns exemplos de *softwares* que você pode usar para fazer isso. Enquanto o primeiro é pago e mais simples, o segundo é gratuito, mas um pouco mais complexo. Para começar, contudo, a transmissão nativa do próprio Facebook é mais do que suficiente.

# 8. Loja dentro do Facebook

Outra coisa que você pode usar no Facebook é a própria loja que a rede social fornece. Não é algo que possa substituir um *site*, mas pode dar uma bela ajuda para gerar vendas.

Se ainda não tem, você pode criar a loja de forma bem simples. Basta ir até Configurações e de depois selecionar a opção Editar Página:

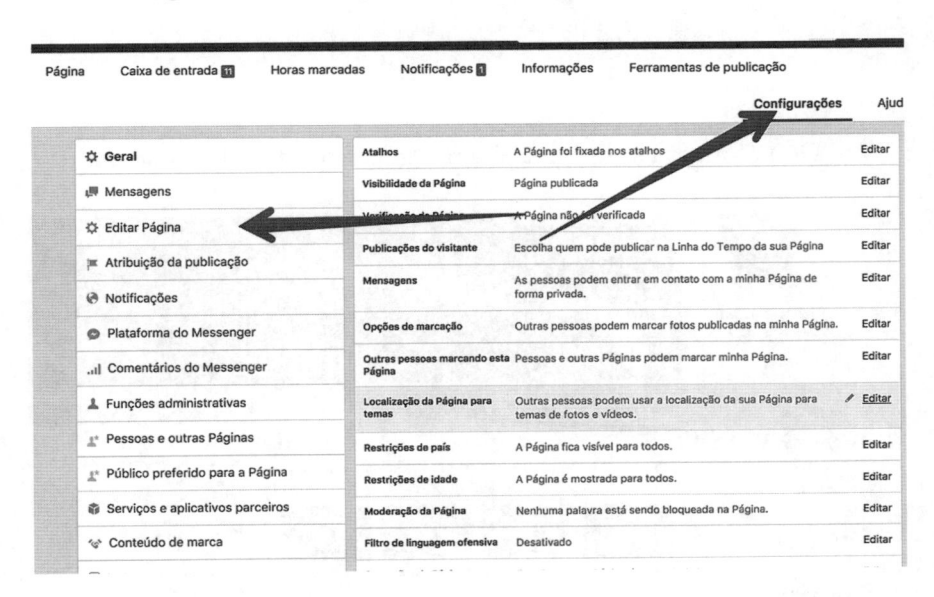

Agora desça a página um pouco e veja se nas guias tem a opção Loja. Se não tiver, clique em Adicionar uma guia e insira a opção Loja:

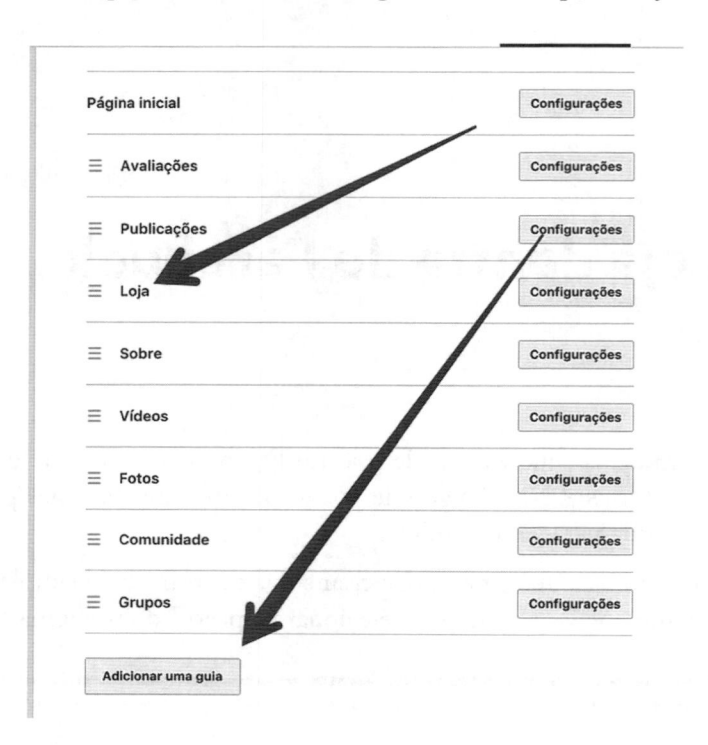

Desta forma, a sua página já terá a guia Loja do lado esquerdo.

Ao clicar aí, você vai ser direcionado para a sua Loja e pode adicionar produtos.

Ao adicionar um produto, você pode inserir imagens ou vídeos, preço, uma descrição e levar o usuário para um *site* ou para falar com você pelo Messenger.

Depois, basta divulgar os seus produtos ou esperar que os usuários vejam a sua loja quando visitarem a sua página.

Como disse: não veja a Loja como uma substituição para o seu *site*, mas sim como mais uma forma de mostrar os seus produtos ou serviços no Facebook.

# 9. *Chatbots*:
# o que são e para que servem

O conceito de *chatbots* não é algo novo, mas com a chegada desta funcionalidade no Facebook, usar o Messenger para fazer vendas se tornou muito mais fácil. Mas afinal, o que são *chatbots*? Sabe quando você liga para uma grande empresa e aparece aquela mensagem: *Se você quer saber mais sobre "x", pressione a tecla "1". Se você quer saber mais sobre "y", pressione a tecla "2", etc.?* Este tipo de atendimento permitiu a milhões de empresas aumentarem seu faturamento e conseguirem dar suporte aos seus clientes de forma muito mais eficaz. O que os *chatbots* fazem é permitir que você tenha esse tipo de atendimento na sua própria página do Facebook, por exemplo. Sabe aquela mensagem que você sempre recebe e sempre responde da mesma forma? Pois é, o *chatbot* passa a responder a essas mensagens de forma automática.

Com um atendimento automático e pronto para responder as dúvidas mais comuns de seus clientes, você consegue focar no seu negócio e aumentar suas vendas. Sei que neste momento você deve estar pensando: *"Ah, mas eu não quero deixar tudo automático!"* Na verdade, não precisa fazê--lo. A qualquer momento você e/ou o usuário podem parar essa automação e conversar ambos pelo Messenger do Facebook. A ideia do *chatbot* é eliminar aquelas tarefas repetitivas e permitir que você comece a falar com o potencial cliente apenas no momento em que é estritamente necessário.

O *chatbot* fica ligado à sua página do Facebook e tudo que seu cliente precisa fazer é clicar no botão "Enviar mensagem", seja na *Fan Page* ou no anúncio pago que você estiver fazendo (sim, ainda existe essa enorme possibilidade de anunciar o seu *chatbot* no Facebook, mas falaremos sobre isso mais à frente no livro).

O que o Facebook percebeu é que as pessoas conversam cada vez mais com as marcas por meio das mensagens. Ele viu no Messenger uma oportunidade de pequenos negócios venderem mais! É por isso que a maior rede social do mundo vem investindo fortemente para que os negócios tenham *chatbots* automatizados nas suas páginas. Outra coisa importante que preciso explicar é que existem várias formas diferentes de deixar seu atendimento automático. Uma bastante eficaz é construir um FAQ (da expressão em inglês *Frequently Asked Questions*, que pode ser traduzida por Perguntas Mais Frequentes) automático baseado nas perguntas que você responde repetidamente. Além de texto, o *bot* também permite que envie vídeos, áudios ou *links* como resposta.

## Bot como disparo de mensagens

Outra grande funcionalidade do *bot* é que ele pode fazer disparos para todas as pessoas que já entraram em contato com você através das mensagens da página. Um disparo é uma mensagem de texto, *link* ou qualquer outro formato que, neste caso, vai para todas as pessoas que já entraram em contato com a *Fan Page*. Tenho usado muito esta funcionalidade com a minha página e o resultado é muito bom. Veja alguns números:

| Post | Processed | Sent | Read (%) | Clicks / CTR | |
|---|---|---|---|---|---|
| Olá! :D Estou mandando esta m... | 31 Aug 2017 20:28 | 305 | 226 (80.14%) | 72 (25.53%) | |
| Link e Fundo Colorido nos Sto... | 22 Aug 2017 21:46 | 251 | 224 (91.43%) | 66 (26.94%) | |
| Mudanças no design do Facebook! | 15 Aug 2017 21:02 | 180 | 167 (94.89%) | 42 (23.86%) | |
| Facebook lança o Watch! Saiba... | 10 Aug 2017 17:55 | 143 | 134 (95.04%) | 41 (29.08%) | |
| Tutorial: Anúncios para o Mes... | 07 Aug 2017 19:36 | 120 | 114 (95.00%) | 34 (28.33%) | |

*Sent* é o número de pessoas que receberam as mensagens, *Read* o número de pessoas que leram a mensagem e *Clicks*, como a própria palavra explica, é o número de cliques. Em muitos casos, a taxa de abertura ultrapassou os 90%! Quem trabalha, por exemplo, com disparos de *emails*, sabe como estes números são fantásticos. Num disparo de *email*, geralmente, ter metade destes números já seria considerada uma *performance* acima da média. Sem dúvida alguma, independentemente do seu negócio, é algo que vale a pena usar!

## Como criar um *bot*

Infelizmente, o Facebook não tem qualquer ferramenta que permita criar o *bot*. Desta forma, você tem duas opções. A primeira é contratar um programador para fazê-lo. Apesar de criar um *bot* mais personalizado, um programador vai cobrar de você um valor bastante elevado e provavelmente você vai ficar dependente dele para futuras atualizações. A outra forma é usar ferramentas externas ao Facebook que permitem a criação de *bots*. No meu curso de Chatbots para Negócios, por exemplo, ensino a usar a ferramenta ManyChat. Em poucas horas você já terá o *bot* na sua página e qualquer modificação é muito simples e rápida de ser feita. E o preço a pagar mensalmente é muito barato, começando nos 10 dólares. É o ideal para testar e ver se o *bot* é realmente para você. Se quiser saber mais sobre o curso, pode ir até aqui: bit.ly/botsparanegocios.

Sei que o *bot* pode parecer, à primeira vista, algo um pouco complexo. Mas para entender perfeitamente como é que ele funciona, entre na minha página e tente enviar uma mensagem. Vai ver como o processo vai se desenrolar de forma completamente automática.

# 10. Stories: o formato de conteúdo do momento

Como referi logo no início do livro, o Snapchat trouxe para o mercado um formato completamente diferente de conteúdo: os Stories. Depois, como sabemos, o Facebook também passou a ter este formato de *post* disponível. Este tipo de conteúdo – que pode ser criado através de uma imagem ou vídeo – fica no ar durante apenas 24 horas. Após esse período, ele desaparece. Começou a ser utilizado pelos mais novos que viram nos Stories um formato interessante por vários motivos. O primeiro é o fato das publicações dos Stories não deixarem rastro. Ao fim de 24 horas, é como se nada tivesse acontecido.

O segundo motivo é que todas as respostas aos Stories são privadas. Se eu fizer Stories, o máximo que o leitor pode fazer é responder de forma privada para mim. Isso acaba por trazer muito mais privacidade a quem publica, pois não existem julgamentos públicos, algo que os mais novos detestam e que no Facebook acaba por acontecer muito.

Por último, o fato de durar 24 horas gera aquilo que no *marketing* chamamos de *gatilho mental da escassez*. O usuário sabe que os conteúdos só vão durar 24 horas e isso acaba por criar ansiedade, fazendo com que visite o aplicativo de forma mais frequente.

Os Stories aparecem no Facebook como círculos em cima das suas publicações, como mostro abaixo:

Eles também existem no Messenger, no WhatsApp e no Instagram. Na verdade, o Facebook começou a testar os Stories no próprio Insta e com bastante sucesso. Hoje em dia, os Stories do próprio Instagram continuam a fazer muito mais sucesso do que os do Facebook. Lá eles aparecem assim:

Depois de visualizar os Stories de alguém, você pode responder a eles ou continuar a ver os de outros amigos.

## Como você pode usar os Stories no seu negócio

Está certo que os Stories são um formato muito interessante, mas... como é que você pode usar este novo tipo de conteúdo para o seu negócio? Em primeiro lugar, uma das razões dos Stories fazerem tanto sucesso é porque eles servem para compartilhar um conteúdo mais descontraído e sem medo de julgamentos. Muitas empresas aproveitam os Stories para, por exemplo, mostrar como os seus produtos são desenvolvidos ou falar um pouco sobre o seu dia a dia. Mostrar os *bastidores* de um negócio é uma forma de criar empatia com o público.

Ficam aqui alguns exemplos:

- Se você tiver uma academia, use os Stories para dar dicas de exercícios ou nutrição.
- Se for dono de um restaurante, os pratos a serem preparados ou fale sobre os ingredientes que usa.
- Se tiver uma agência de *marketing*, fale de *cases* dos seus clientes e como ajudou a consegui-los.

Percebeu a ideia? Fale um pouco do seu negócio enquanto dá, ao mesmo tempo, conselhos que vão inspirar e ajudar quem segue você.

Outra das grandes vantagens dos Stories é que eles permitem uma proximidade muito maior. Se alguém gostou de algo seu, rapidamente responde elogiando através das mensagens e você pode criar um excelente canal de comunicação entre a sua empresa e o seu público. No Brasil, por exemplo, muitas pessoas fazem vendas através das *Direct Messages* do Instagram. As Direct são as mensagens do próprio Insta. Quando recebi a 2ª edição deste livro, fiz alguns Stories mostrando o livro por dentro e todo o conteúdo que a pessoa iria aprender. E, no final dos Stories, dizia o seguinte: *Quer comprar um destes livros? Envie-me um direct Message!* A partir daí as pessoas entravam em contato e fechávamos negócio por mensagem. Simples e eficaz.

Tal como o conteúdo normal do Facebook e Instagram, é necessário que você faça publicações constantes nos Stories. Caso não o faça, vai ter menos visualizações com o passar do tempo. Crie uma audiência também nos Stories e lembre-se de adaptar o conteúdo. Quem vê mais Stories do que *posts* no *Feed* é porque gosta de uma forma diferente. Lembre-se disso!

# 11. Como fazer promoções no Facebook

As promoções são uma das estratégias mais rápidas para os gestores de *Fan Pages* promoverem os seus produtos e gerarem interação com os seus fãs. Apesar das promoções serem bastante interessantes e de, por norma, gerarem bons resultados, elas são muitas vezes mal aproveitadas pelas páginas do Facebook.

Certamente você já deve ter visto promoções que ofereciam iPads em troca de *likes* na página ou em troca de compartilhamentos de imagens. Esta estratégia pode parecer inteligente (afinal de contas, garante muitos *likes* em pouco tempo...), mas a verdade é que os benefícios a longo prazo destas "promoções" são praticamente nulos. Em primeiro lugar, porque vai gerar fãs vazios que apenas estão interessados em ganhar o iPad ou qualquer outra oferta. Em segundo lugar, porque este tipo de iniciativa não traz qualquer benefício para a marca, que acaba por conseguir uma ligação com os fãs baseada no interesse e não naquilo que a marca pode oferecer na realidade. Já tive vários depoimentos de alunos que, antes do curso, faziam muitas promoções e conseguiram muitos fãs, mas acabaram por atrair clientes que só estavam interessados em ofertas, sem ter interesse em comprar. Pense bem antes de fazer promoções e no tipo de clientes que quer atrair para o seu negócio!

Antes de falarmos sobre estratégias para promoções e sobre as regras que devem ser seguidas, é importante esclarecer o que é uma promoção. Podemos definir promoção como:

*Uma competição ou prêmio que contempla um vencedor.*

As promoções podem ter vários objetivos. Vejamos alguns dos mais comuns:

- **Aumentar a interação com os fãs:** uma promoção pode servir para aumentar a interação que existe entre a marca e o fã. Isso pode acontecer através de um comentário ou de um *like*, por exemplo.

- **Angariar *emails*:** este é o tipo de promoções que eu prefiro, pois a empresa, além de recordar ao fã que a marca existe, ainda fica com o *email* para futuras comunicações da empresa.

- **Promover um produto:** imaginemos que a sua marca está *lançando* um produto. Uma promoção pode ser uma excelente forma de dar a conhecer o lançamento aos seus fãs.

- **Gerar *buzz* sobre a sua marca:** uma boa promoção pode também gerar *buzz* sobre a marca, fazendo com que os fãs falem sobre ela.

É de realçar, ainda, que existem dois tipos de promoções: sorteio ou disputa. No sorteio o fã concorre e depois será escolhido pela sorte. Poderá ser sorteado o produto da empresa e para o fã concorrer tem de dar o *email*, por exemplo. Depois basta ao gestor da *Fan Page* fazer o sorteio através dos *emails* angariados.

**Exemplo:** Preencha o seu *email* e concorra ao *ebook* Facebook para Negócios!

Já na disputa, o fã concorre através da realização de alguma tarefa. O exemplo mais comum são aquelas promoções em que o utilizador precisa ter a fotografia mais votada para conquistar o prêmio.

**Exemplo:** A fotografia com o nosso livro Facebook para Negócios que tiver mais votos recebe uma consultoria grátis!

# REGRAS DO FACEBOOK

Tal como em qualquer coisa que acontece dentro da rede social, o Facebook também tem as suas próprias regras para as promoções. Felizmente, essas mesmas regras têm ficado mais simples ao longo dos últimos anos. Ainda no início de 2013, o Facebook tinha como regra que todas as promoções só poderiam ser feitas por meio de um aplicativo. Esta obrigação acabava por ser uma objeção para os donos de páginas, que muitas vezes desistiam devido à falta de conhecimentos sobre como utilizar esses aplicativos. Hoje em dia, essa limitação já não existe. Felizmente essa lei mudou e ficou tudo mais simples.

Mas vamos analisar algumas das leis que existem atualmente no Facebook:

- As promoções devem ser administradas por meio de aplicativos ou nas próprias páginas do Facebook.

- As *timelines* pessoais não devem ser usadas para administrar promoções, ou seja, você não pode pedir algo do gênero: "Compartilhe na sua *timeline* para participar da promoção".

- A opção *like* pode ser vista como fator de desempate. Você pode fazer uma promoção e premiar o comentário que tiver mais *likes*, por exemplo.

## Qual a melhor escolha?

Apesar do Facebook agora permitir este tipo de promoções, eu aconselho o leitor a trabalhar "da forma antiga", ou seja, utilizando aplicativos para fazer promoções. Em primeiro lugar, porque promoções do gênero "dê um *like* e compartilhe" vão gerar fãs vazios. É muito fácil participar numa promoção em que o usuário é obrigado a deixar apenas um comentário. Já numa promoção em que é necessário ir para um aplicativo e deixar o nome e o *email*, só vão participar aqueles fãs que estão realmente interessados na marca.

Outro ponto negativo deste tipo de estratégia é a facilidade com que um fã é prejudicado. Vamos imaginar a seguinte situação:

*O Antônio (nome fictício) comenta uma imagem para conseguir participar na promoção. Entretanto, o Antônio está em primeiro lugar porque está a angariar o maior número de votos. Contudo, o Pedro está no segundo lugar e vai tentar prejudicar o Antônio. Para conseguir isso, ele pede a vários amigos para marcarem o comentário do Antônio como* spam. *Depois de um grande número de marcações negativas, o comentário do Antônio é excluído pelo Facebook e o Pedro passa a ser o líder. Insatisfeito com a situação, o Antônio faz uma reclamação na página da em-*

*presa (que não teve qualquer culpa direta na situação) e divulga o sucedido na sua conta pessoal do Facebook. O caso gera grande* buzz *nas redes sociais e a sua marca sai prejudicada, apesar de não ter qualquer culpa direta da situação.*

Este pequeno exemplo demonstra como é fácil este tipo de estratégia gerar problemas para a sua marca. Existem fatores externos que se tornam difíceis de ser controlados neste tipo de promoção.

Por último, é necessário realçar que este tipo de promoção não contempla a captura do *email*, o que prejudica a marca a longo prazo. É sempre bom ter um meio de contato alternativo para se comunicar com aquele fã. Até porque não podemos esquecer que o Facebook não é nosso. A qualquer momento as páginas podem deixar de fazer sucesso ou o Facebook pode excluir a sua página sem aviso prévio. Daí ser tão importante você ter outra forma de contato com esse cliente. E eu falei aqui apenas no *email*. Você poderá sempre pedir o número de telefone ou o endereço desse cliente, por exemplo.

## Resumo desta primeira parte do livro

Relativamente ao conteúdo não pago, o que apresentamos até aqui é praticamente tudo aquilo que você precisa saber. Tem que preencher bem a sua *Fan Page*, ter uma estratégia de conteúdo, saber analisar as estatísticas e saber o que publicar.

Mas como venho dizendo até aqui, tudo isto é muito pouco. É muito pouco para quem ambiciona aumentar o faturamento da sua empresa utilizando o Facebook. Até aqui estávamos dando os primeiros passos. Construímos a nossa base. Agora, quando entrarmos na parte dos anúncios do Facebook, é que você vai sentir todo o poder da maior rede social do mundo.

Durante as próximas linhas, aconselho que feche outros *sites* que tenha abertos, aplicativos que esteja usando e, se possível, coloque o seu celular em modo avião. São muitos termos técnicos, muitas estratégias e muito para aprender. Preste muita atenção, pois acredito que você nunca teve à sua frente uma oportunidade tão grande de mudar o rumo dos seus negócios.

Vamos lá?

# Como começar a ganhar dinheiro com o Facebook

Parte 2

## 12. Os primeiros passos nos anúncios

Geralmente, quando falo em anúncios no Facebook nas minhas formações, tanto presenciais quanto *online*, a primeira reação das pessoas é negativa.

*Mas, afinal, o Facebook não era gratuito?*

Não, não é. E quem disser o contrário, só pode estar, de forma indireta, mentindo. Caso queira gerar retorno com o Facebook, você vai ter que investir. Infelizmente, muitos empresários ainda consideram que investir em publicidade é o mesmo que jogar dinheiro no lixo. Obviamente que o investimento em anúncios não é garantia de retorno. Caso assim fosse, o Facebook seria uma rede repleta de anúncios. O sucesso nos anúncios – e o seu consequente retorno – está dependente do seu conhecimento, daquilo que souber fazer com eles e da sua capacidade de gerar resultados.

Os anúncios no Facebook começaram a ter mais sucesso no início de 2013, quando o Facebook diminuiu o alcance das *Fan Pages*. Antigamente, fazer uma publicação sem investir um único centavo gerava milhares de compartilhamentos e comentários. Hoje esse número decresceu bastante – apesar de ainda ser a rede social que mais alcance gera – e os donos das *Fan Pages* viram-se obrigados a investir em *ads* para atingir mais pessoas.

Antes de se criticar o Facebook por este diminuir o alcance, vamos refletir sobre como funciona esta rede social. A cada minuto são compartilhados centenas de *posts* na sua *timeline*. Imagine se, por acaso, não existisse um algoritmo como o *Ranking* para controlar todo esse conteúdo. Você receberia tantas publicações que não teria tempo sequer de olhar para elas. Então o *Ranking* é uma forma do Facebook controlar todo esse conteúdo e de fazer chegar ao usuário os conteúdos que são realmente mais relevantes e ignorar os menos interessantes.

Não vamos ser hipócritas: este algoritmo beneficia igualmente o próprio Facebook. Dá a ele maior controle sobre o alcance das páginas e permite que cobre por esse mesmo alcance. Porém, não podemos esquecer que estamos jogando um jogo na "casa" do Facebook e nada é mais justo do que ele ter o controle das regras.

Agora cabe ao leitor, enquanto empresário, saber jogar o jogo e, mesmo assim, conseguir gerar resultados para o seu negócio. Por esse motivo, o meu primeiro conselho é que você mude a sua mentalidade. Tenha noção das regras e siga em frente.

## FORMATOS DE ANÚNCIOS E COBRANÇA

Antes de falarmos sobre os tipos de anúncios, é importante perceber como funciona a dinâmica dos anúncios no Facebook. Dentro do Facebook existem espaços previamente definidos para os seus anúncios aparecerem. São eles o *Feed* de Notícias do computador, *Feed* de Notícias do celular, a Coluna direita do computador o *Feed* do Instagram, os Stories do Instagram, a Página inicial do Messenger, as Mensagens do Messenger, os vídeos sugeridos e os Instant Articles. Vejamos alguns exemplos abaixo. Repare que todos eles têm *patrocinado* no topo:

## Desktop News Feed

Frederico Carvalho, Carlos Ramos e Jessé Rodrigues gostam de Outgrow.

**Outgrow**
Patrocinado

👍 Gostar da Página

Did you know - VenturePact generated 11,592 leads with a single calculator.

Interactive content such as calculators and quizzes generate a ton of leads AND give you in-depth information about those leads. Start creating interactive experiences with Outgrow. Try for Free!

OUTGROW

VenturePact generated 11,592 leads with a single calculator

**Lead gen has evolved! Try the new way with interactive calculators and quizzes**
Start Outgrow Free Trial! No credit card required

OUTGROW.CO

Regista-te

Carlos Ramos e 982 outras pessoas   3 comentários  1 partilha

👍 Gosto    💬 Comentar    ➤ Partilhar

Facebook para Negócios

# Coluna direita

# Feed Mobile

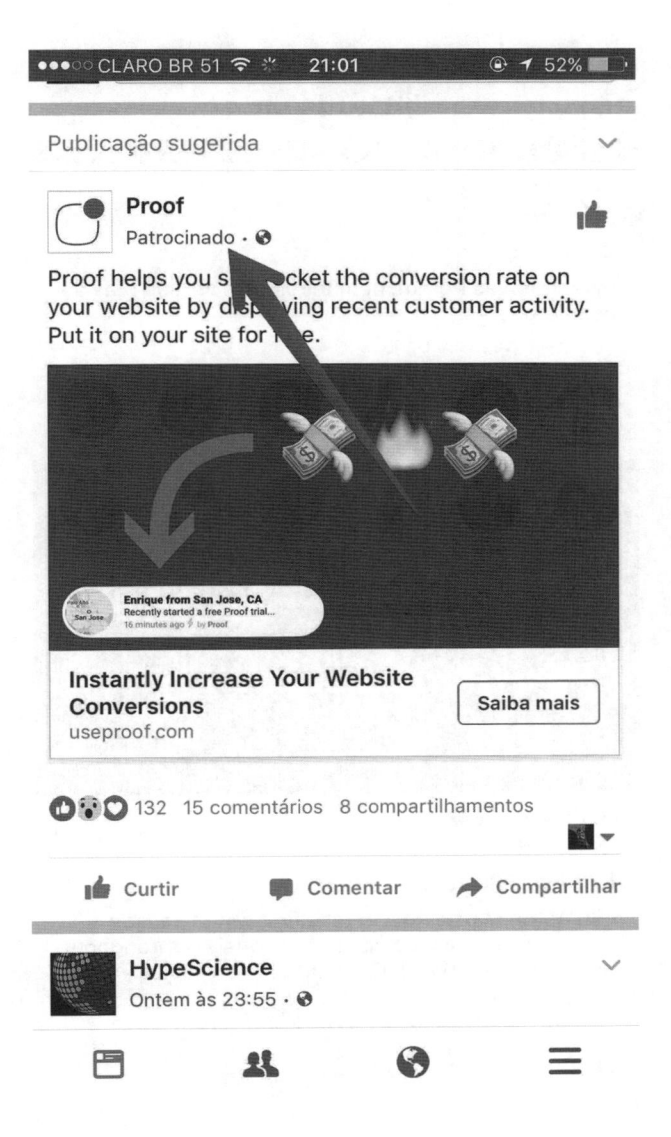

Facebook para Negócios

# Instagram Feed

Os primeiros passos nos anúncios

## Instagram Stories

## Vídeos sugeridos

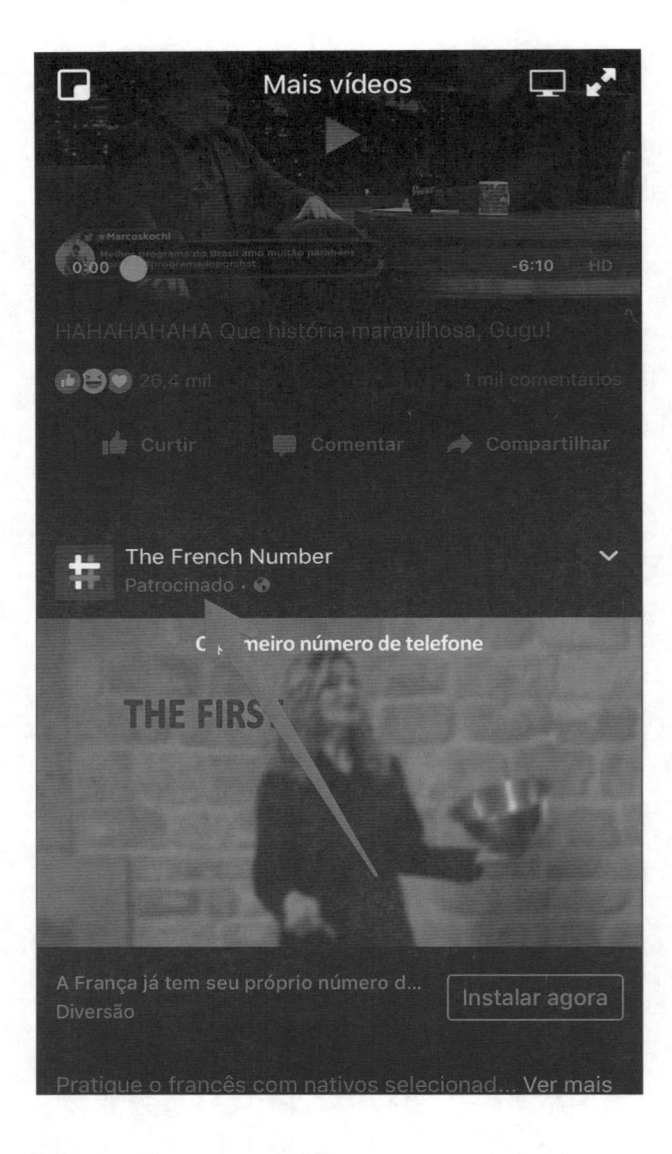

E a lista não fica por aqui. No momento que escrevemos este livro, o Facebook já tem nos planos incluir anúncios nos Status do WhatsApp e criar contas *business* no WhatsApp.

Mas qual o motivo do Facebook apostar em tantos espaços para anúncios? Sei que você pode pensar que a resposta é óbvia: é para ganhar mais dinheiro! Sim, claro. Mas se o objetivo fosse apenas ganhar dinheiro, bastaria inserir mais anúncios no *feed* e o problema estaria resolvido. O cerne da questão é que o Facebook tem um limite de anúncios que consegue apresentar para os utilizadores até que esses mesmos anúncios comecem a estragar a experiência do usuário. Se, cada vez que entrasse no Facebook, você recebesse só anúncios, certamente deixaria de usar a plataforma, certo? Mas, por outro lado, o Facebook recebe cada vez mais anunciantes. Ele acaba por ter um problema: por um lado, não pode apresentar mais anúncios; por outro, tem cada vez mais anunciantes. A forma de contornar isso é criando novos locais para que apareçam anúncios. Começou pela lateral, depois para o *feed* e hoje temos anúncios nos Stories e no Messenger. Desta forma, ele consegue distribuir os anunciantes sem estragar a experiência do usuário.

Outra dúvida comum é saber como o Facebook cobra pelos seus anúncios. Os preços dos *ads* são baseados num sistema de leilão, no qual os anúncios competem entre si com base na sua licitação e no desempenho que estão tendo. Isto quer dizer que, quanto melhor for a *performance* do seu anúncio (mais cliques, mais conversões, etc.), menor será o preço pago por cada ação do utilizador. Um anúncio com uma má imagem ou com um texto que não seja apelativo pode custar 5 ou 10 vezes mais do que o mesmo anúncio com uma imagem e com um texto melhor.

Os anúncios são cobrados por cada ação que o utilizador fizer (cliques, visualizações no vídeo, etc.) ou então por cada mil impressões que o seu anúncio fizer. Essa mesma cobrança vai estar dependente do objetivo do seu anúncio, que é sobre o que vamos falar de seguida.

## LEILÃO DO FACEBOOK

Ao apresentar um anúncio, o Facebook tenta equilibrar duas coisas: entregar valor aos anunciantes e dar uma boa experiência ao usuário. Para garantir isso, os anúncios funcionam num formato de leilão e o anúncio que ganhar esse leilão aparece ao usuário.

Todos os dias acontecem milhões de leilões e são apenas 3 fatores que definem a vitória num leilão:

- Licitação do anunciante: quem pagar mais, tende a aparecer mais. O valor que você vai investir pode ser definido automaticamente pelo

Facebook ou por você, como vamos ver mais à frente. Neste ponto, outro detalhe a ter em conta é a concorrência. Se mais pessoas concorrem com você na licitação, o preço pelo espaço é mais caro.

- Qualidade e relevância do anúncio: se o anúncio que você acabou de criar está sendo interessante para a pessoa que o recebeu, o Facebook entende que isso está sendo bom para o usuário e exibe o anúncio a um custo mais baixo. Se o contrário acontece, o preço para atingir cada usuário aumenta.

- Conclusões da meta: como vamos ver mais à frente, quando você cria um anúncio tem que definir um objetivo. Se esse objetivo está sendo atingido, o Facebook entende que você está entregando o anúncio certo à audiência certa. Se não está, ele entende o oposto.

Para um anúncio ser poderoso e obter resultados interessantes, tem que acertar nestes 3 pontos. Por este motivo é que, muitas vezes, com o mesmo valor investido por dia você acaba por atingir menos pessoas.

## TIPOS DE ANÚNCIOS

Um dos pormenores que devemos ter em conta é que existem vários objetivos de campanha dentro do Facebook. No momento em que escrevo este livro, o Facebook conta com 12 tipos diferentes de possibilidades de campanhas:

| Qual é o seu objetivo de marketing? | | |
|---|---|---|
| Reconhecimento | Consideração | Conversão |
| Reconhecimento da marca | Tráfego | Conversões |
| Alcance | Envolvimento | Vendas do catálogo |
| | Instalações do aplicativo | Visitas ao estabelecimento |
| | Visualizações do vídeo | |
| | Geração de cadastros | |
| | Mensagens | |

Apesar de na imagem você só ver 10 objetivos, alerto que o objetivo Interação depois se divide em 3 subtipos, o que faz com que o total sejam 12.

Vejamos em que consiste cada um deles:

- **Reconhecimento da marca:** aqui, o Facebook vai entregar o seu anúncio para pessoas com maior probabilidade de se interessar pela sua marca.

- **Alcance:** aqui o Facebook vai tentar alcançar o máximo de pessoas possível pelo menos uma vez.

- **Tráfego:** tal como o próprio nome indica, o objetivo é enviar pessoas para o seu *site*. O Facebook vai apresentar o anúncio para os usuários que têm maiores possibilidades de clicar no *link* e visitar o seu *site*.

- **Envolvimento:** há poucos meses, o Facebook dividiu o objetivo de Envolvimento em 3 partes: Envolvimento com a publicação, Curtidas na Página e Participações no evento. Quando criar um anúncio, você tem que selecionar uma delas. Na parte de Envolvimento com a publicação é para aumentar o número de *likes*, comentários e compartilhamentos de uma publicação. Ou seja, ele entrega a quem geralmente interage com *posts*. Em Curtidas na Página, é para aumentar as curtidas da sua Página. E o objetivo Participações no evento é, obviamente, para aumentar o número de respostas em Eventos do Facebook.

- **Instalações do aplicativo:** para obter mais instalações do seu aplicativo móvel.

- **Visualizações do vídeo:** o nome já fala por si. Aqui é para quando você quer aumentar o número de visualizações dos seus vídeos.

- **Geração de cadastros:** o Facebook dá a possibilidade de fazer anúncios para gerar *leads* ao seu negócio sem que para isso você tenha que ter um *site*! Neste formato, ele abre um formulário após o usuário clicar no *link*. Ideal para quem quer capturar contatos, mas não tem um *site*.

- **Conversões:** este objetivo é usado quando você pretende ter alguma conversão no seu *site*. Conversões podem ser *leads*, vendas, adicionar ao carrinho, etc.

- **Vendas do catálogo de produtos:** utilizado pelos grandes *e-commerces*, pois permite que você anuncie grandes listas de produtos de forma dinâmica.

- **Visitas ao estabelecimento:** aqui o objetivo é anunciar para pessoas que fisicamente estejam passando perto da sua loja.

*Mas, Luciano, qual das opções devo utilizar?*

Escolher o tipo de objetivo depende muito daquilo que você pretende com um anúncio. Vejamos alguns exemplos práticos e de quais opções deve utilizar:

- **Quero levar pessoas para o meu *site* e apenas aumentar as visitas:** escolha a opção Tráfego.

- **Quero levar as pessoas para o meu *site* e capturar *leads*:** Anuncie com o objetivo Conversões.

- **Quero apenas aumentar o meu *branding*:** Envolvimento é a melhor escolha. Se você usar o vídeo para aumentar o *branding*, escolha a opção Visualizações do vídeo.

- **Quero aumentar o número de fãs:** anuncie com objetivo Envolvimento e depois selecione Curtidas na Página.

- **Tenho um negócio pequeno, não tenho *site* e quero angariar mais contatos:** anuncie com o objetivo Geração de cadastros.

- **Tenho um aplicativo móvel e quero gerar mais instalações:** anuncie com o objetivo Instalações do aplicativo.

E por aí vai. Conseguiu entender a lógica? Para cada meta do seu negócio, o Facebook tem uma solução diferente. Em alguns casos até pode existir mais do que uma. É tudo uma questão de testar e de ver qual gera melhores resultados.

Estes formatos de objetivos servem para o Facebook entender o que você pretende com o seu anúncio. Ao definir corretamente o objetivo, você está ajudando o Facebook a entregar o seu anúncio para o público certo. Imaginemos que você pretende aumentar as visualizações do seu vídeo. Ao definir o objetivo Visualizações do vídeo, você está dando a seguinte ordem: *Facebook, encontre, dentro da minha segmentação e dentro da sua base de usuá-*

*rios, aqueles que geralmente assistem mais a vídeos.* O motivo dos anúncios de Facebook funcionarem tão bem é que eles têm a sua própria inteligência. O Facebook aprende com o comportamento dos usuários e entrega aquilo que eles mais gostam de consumir.

## O BOTÃO PROIBIDO DO FACEBOOK

O Facebook está sempre testando novas formas de rentabilização e de ajudar os seus anunciantes a atingir o seu público. E numa tentativa de facilitar a vida a quem anuncia, o Facebook criou um botão que fica sempre muito próximo a cada publicação sua. Estou falando do botão "Impulsionar publicação".

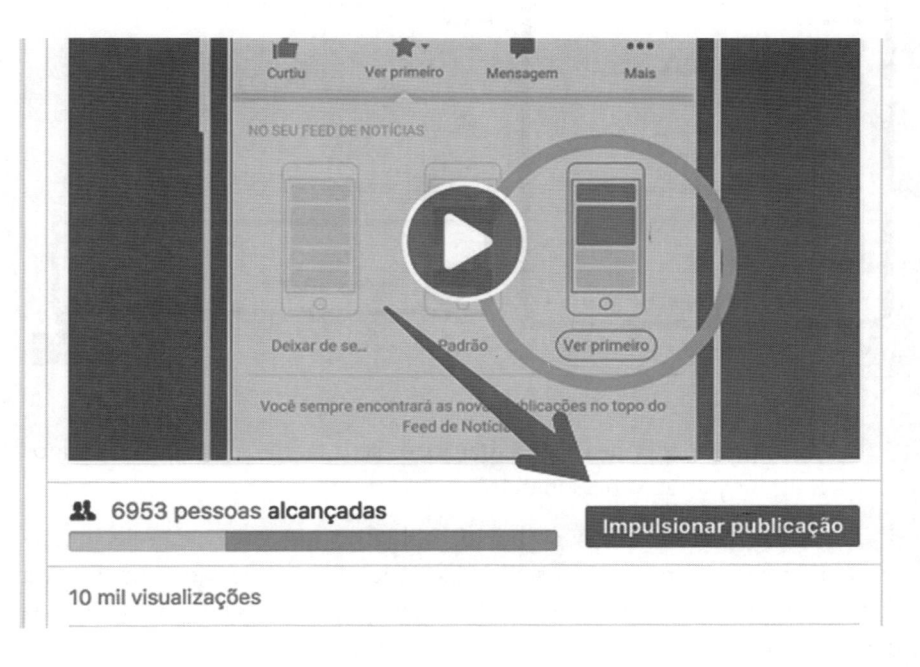

O botão que você está vendo na imagem acima permite que, em poucos segundos, a sua publicação apareça a um maior número de pessoas. No entanto, essa não é uma opção muito inteligente...

Uma das grandes diferenças do Facebook para qualquer outro meio de comunicação é que a sua capacidade de segmentação é extremamente elevada. Com o Facebook, você consegue anunciar para quem está voltando de férias, para quem acabou de ter um filho ou até para quem está vivendo na rua x. No entanto, o botão "Impulsionar" vai contra tudo isso. Tal como o próprio nome indica, o que ele faz é *impulsionar* o seu *post*, fazendo com que ele chegue a mais pessoas, sem grandes segmentações ou estratégia. Apenas chega a mais pessoas, ponto.

Repare como é a segmentação do botão "Impulsionar publicação":

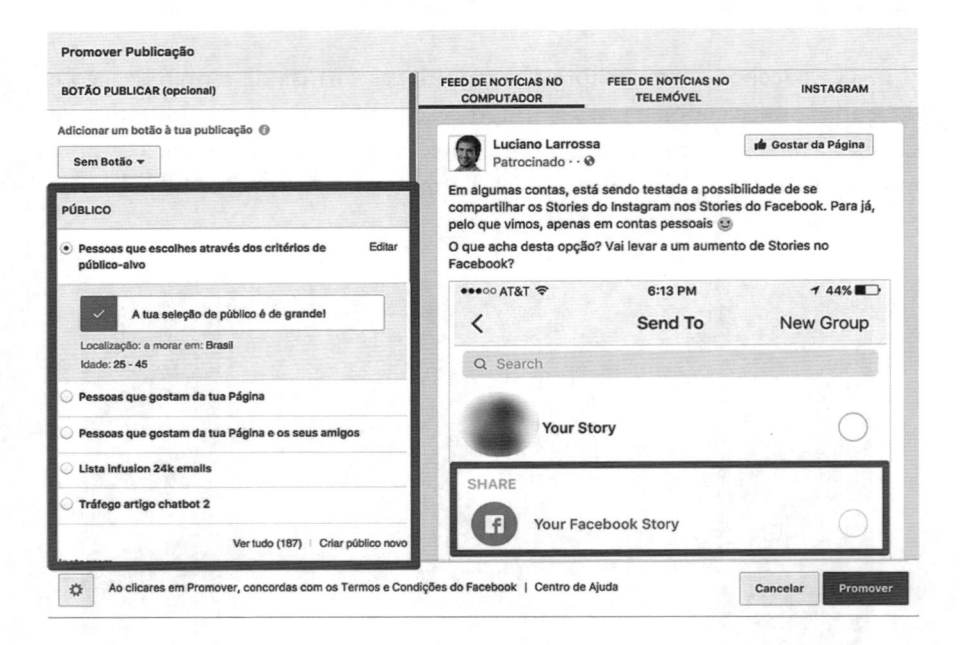

Ele apresenta pouca segmentação: os seus fãs, os seus fãs e os amigos deles e alguns públicos personalizados.

Além disso, ao clicar no botão, o objetivo que você está selecionando é o de Envolvimento. Ou seja, o Facebook vai entregar o anúncio para aqueles usuários que, geralmente, dão *likes* em *posts* e que comentam, mas não significa que comprem recorrentemente na internet, por exemplo.

Será que é isso que você precisa quando pretende, por exemplo, aumentar vendas? Ou quando precisa gerar *leads*? Não! Nesses casos você quer conversões.

Não digo que o "Impulsionar publicação" não possa gerar resultados. Ele gera. Porém, esses resultados poderiam ser bem melhores se você usasse todas as possibilidades de segmentação que o Facebook oferece. Por isso, siga o meu conselho: só use o botão "Impulsionar publicação" se não tiver outra alternativa. Caso contrário, estará jogando dinheiro no lixo. Existem apenas algumas situações em que recomendo usar o botão de Impulsionar publicação:

- Se tiver pouco tempo para criar um anúncio e quiser começá-lo o quanto antes.
- Se tiver um público extremamente pequeno e quiser gerar interação rapidamente.
- Se quiser apenas ver como funcionam os anúncios do Facebook e fazer os seus primeiros testes.

## OS DOIS LOCAIS ONDE VOCÊ PODE CRIAR ANÚNCIOS NO FACEBOOK

No Facebook existem dois locais em que você pode começar a criar os seus anúncios: no Gerenciador de Anúncios do Facebook ou no Power Editor. Ambos trazem vantagens e desvantagens. Vejamos alguma delas:

- **Gerenciador de Anúncios do Facebook:** mais fácil de dar os primeiros passos; permite um controle, à primeira vista, mais simples do processo de criação da campanha; disponível em poucos cliques.
- *Power Editor*: mais complexo; utilizado principalmente por profissionais; grande parte das novidades são disponibilizadas no Power Editor primeiro;

Vamos falar primeiro sobre o Gerenciador de Anúncios do Facebook e mais à frente exploraremos mais a fundo o Power Editor.

## GERENCIADOR DE ANÚNCIOS DO FACEBOOK

*Nota: para entender perfeitamente os próximos passos, aconselho que faça login na sua conta do Facebook e siga passo a passo o que vou explicar em seguida.*

Quando o Facebook começou a disponibilizar os seus primeiros anúncios, esse era o único local onde se podiam criar anúncios. Nos dias de hoje continua a ser a forma mais usada e também a mais simples para a criação de campanhas. Acredito que, em algum momento, você já tenha clicado em algum botão que dá acesso a este painel. A forma mais simples de acessá-lo é ir ao canto superior direito da sua conta do Facebook e clicar na seta. Veja na imagem abaixo como pode fazer:

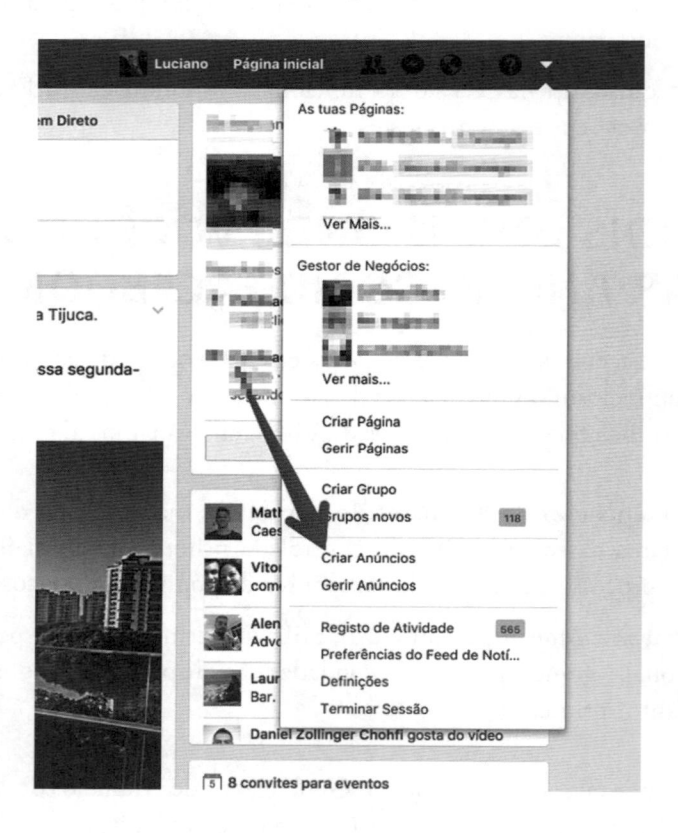

Após clicar nesse botão, vai direto a um painel em que o Facebook pergunta qual o objetivo da sua campanha. Lembra-se de termos falado sobre eles anteriormente? Quando falamos sobre eles, enumeramos 12 objetivos diferentes.

Para darmos como exemplo aqui no livro, vamos escolher a opção "Tráfego" e seguir em frente.

## Os primeiros passos nos anúncios

| Reconhecimento | Consideração | Conversão |
|---|---|---|
| 📢 Reconhecimento da marca | ▶ Tráfego | ⊕ Conversões |
| ✳ Alcance | 👥 Envolvimento | 🛒 Vendas do catálogo |
| | 📦 Instalações do aplicativo | 🏪 Visitas ao estabelecimento |
| | ▶◀ Visualizações do vídeo | |
| | ▽ Geração de cadastros | |

Agora, chegamos a um ponto muito importante relativo à publicidade no Facebook que você precisa de entender. Cada campanha que você cria no Facebook está divida em 3 fases:

- **Campanha:** neste passo, você define o nome da sua campanha e o objetivo.
- **Conjunto de anúncios:** nesta parte você define o orçamento do seu anúncio, a segmentação, a data e onde ele vai aparecer no Facebook.
- **Anúncio:** aqui você trabalha toda a parte do seu anúncio como a imagem, o texto e os botões de *Call to Action*.

Quando começar a criar a campanha, uma coisa obrigatória é definir um nome para a sua campanha. É importante que defina um nome que permita saber a qual produto se refere essa campanha. O nome serve, apenas, para identificação interna e não será exibido para os usuários do Facebook que visualizarem o seu anúncio.

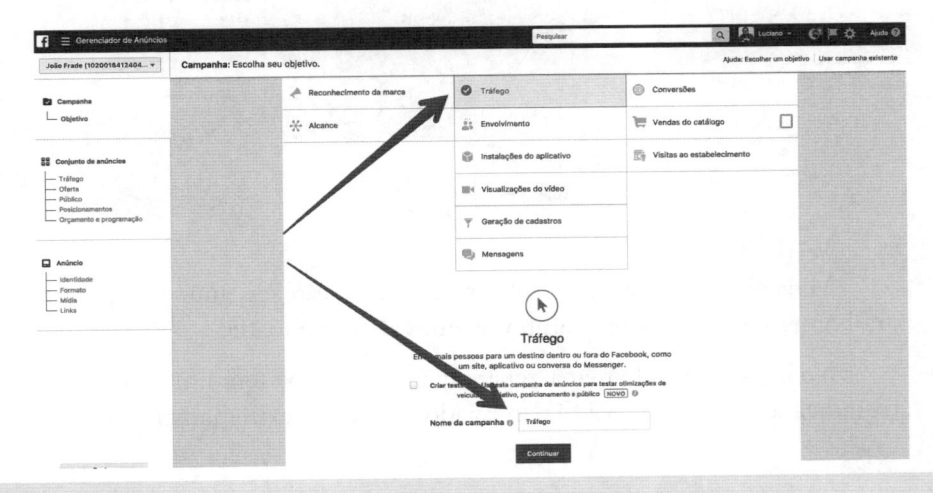

Se estiver a fazer o seu primeiro anúncio, no passo seguinte o Facebook vai pedir para criar a sua conta de anúncios. Cada conta pessoal do Facebook tem acesso a uma única conta de anúncios, sendo que essa mesma conta pode estar ligadas a todas as *Fan Pages* que gerir.

***Exemplo: a minha conta pessoal do Facebook Luciano Larrossa tem agregada a si uma conta de anúncios. Porém, ela tem várias Fan Pages associadas a essa conta pessoal e, consequentemente, a essa conta de anúncios. Se quiser ter mais do que uma conta de anúncios, recomendo que pesquise pelo Business do Facebook. Não iremos falar sobre ele aqui por fugir da proposta deste livro, mas, quando estiver num nível mais avançado, recomendo que pesquise por ele.***

Por enquanto, o Facebook vai apenas perguntar pelo nome da conta de anúncios e pelo fuso horário. Mais à frente, vamos falar sobre formas de pagamentos e quando (e como) o Facebook vai cobrar pelos seus anúncios. Por ora, vamos seguir na criação da nossa primeira campanha.

O passo seguinte é a criação do seu Conjunto de Anúncios. Escolher o país, a cidade ou a rua onde o seu anúncio vai aparecer é um dos primeiros passos. No caso da imagem abaixo, escolhi a Rua Rosa dos Ventos, em São Paulo. Repare como aparece um mapa logo abaixo mostrando a minha segmentação e o raio, que é quantos quilômetros à volta dessa rua o meu anúncio vai aparecer.

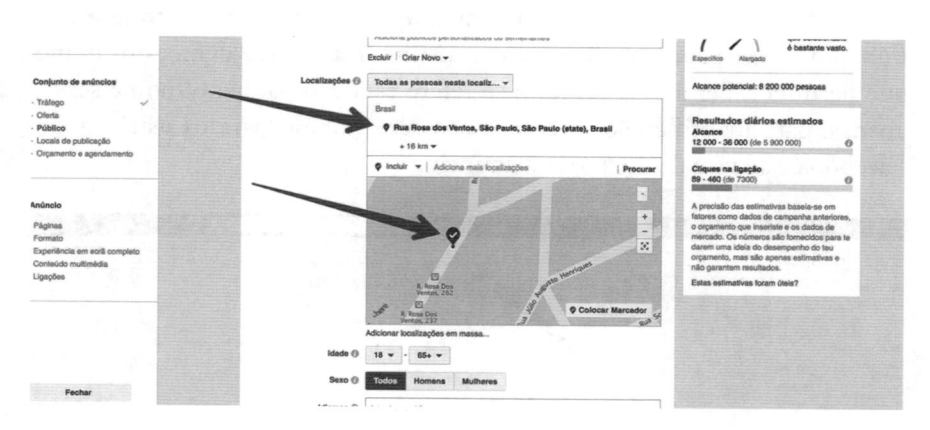

Mais abaixo, você pode definir se quer que o seu anúncio apareça para homens, mulheres, para ambos e ainda definir a idade.

No lado direito do mapa, repare que o Facebook tem um *termômetro* que indica se o seu público está demasiado restrito ou extremamente amplo.

Se ele se mantiver no verde, significa que – na maioria das vezes – o seu público está com o tamanho ideal.

Logo abaixo, mostra quantas pessoas potenciais o seu anúncio pode atingir. Esse alcance vai estar sempre dependente de quanto você investir.

Por baixo do mapa, ficam talvez as duas funcionalidades de segmentação mais utilizadas: o gênero e a faixa etária. Quando anunciar, pense bem se o seu produto é mais para homens ou mulheres ou em qual faixa etária ele está enquadrado.

Na parte seguinte começamos a entrar na parte mais importante da segmentação. Existem, essencialmente, três grandes opções de segmentação que você pode usar: *Dados demográficos*, *Interesses* e *Comportamentos*. A quarta opção, *Mais Categorias*, deixemos de lado, pois a maioria das suas opções só funciona nos Estados Unidos.

| Definição do público-alvo detalhada | INCLUIR pessoas que cumprem pelo menos UM dos seguintes |
|---|---|
| | Adiciona dados demográficos, interesses e com... \| Sugestões \| Procurar |
| | ▶ Dados demográficos |
| | ▶ Interesses |
| | ▶ Comportamentos |
| | ▶ Mais categorias |

Vamos explorar cada uma destas opções.

Comecemos pelos *Dados Demográficos*. Confira algumas segmentações que você pode fazer nesta parte:

- Pode anunciar para pessoas que estão casadas, solteiras, noivas, em união estável, etc.

- Pode anunciar apenas para pessoas que têm uma licenciatura, mestrado ou doutorado.

- Pode anunciar para pessoas de acordo com o cargo que elas representam (CEOs, diretores comerciais, etc).

- Pode anunciar para pessoas que têm filhos dos 3 aos 5 anos, dos 6 aos 8, dos 8 aos 12, dos 13 aos 18, etc.

- Pode anunciar para pessoas que estejam longe da sua cidade natal, longe da família, numa nova relação ou até mesmo mantendo uma relação à distância.

Veja a seguir como selecionar:

Os primeiros passos nos anúncios

Já imaginou a possibilidade de segmentações que você tem aqui? O seu público são apenas pessoas que estão casadas? Faça anúncios para elas. O seu produto só é comprado por pais que têm filhos dos 6 aos 12 anos? Faça anúncios para eles! Quer atingir os CEOs das grandes empresas? Segmente por cargo! Na parte dos *Dados Demográficos*, é tudo aquilo que o usuário preencheu no perfil.

Repare no meu caso:

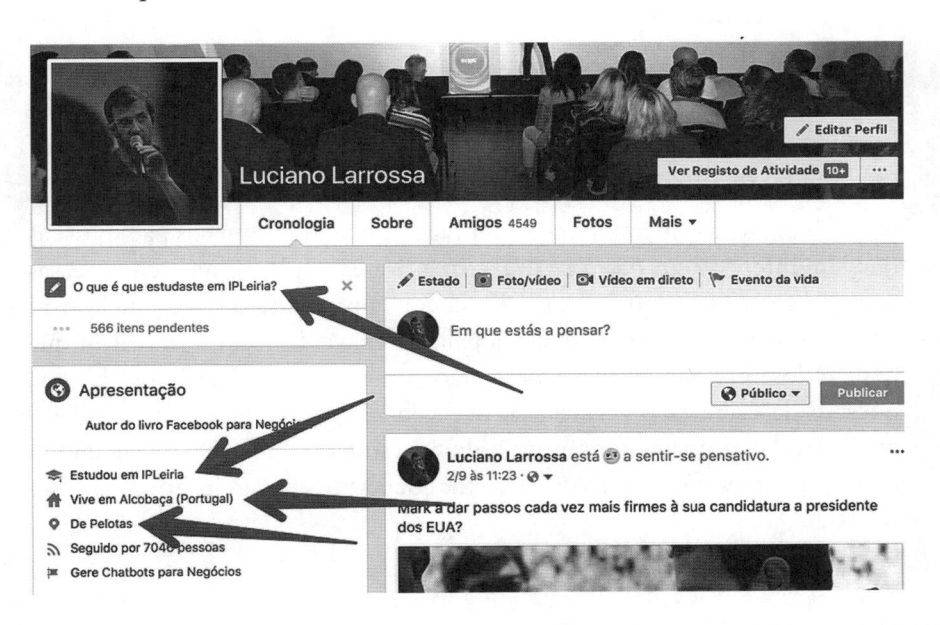

175

Aqui eu informo que estudei no IPLeiria, que vivi em Alcobaça e que nasci em Pelotas, no Brasil. Repare que, acima, o Facebook me pergunta o que é que eu estudei no IPLeiria. Ele quer mais informações sobre mim para que, por um lado, os anunciantes tenham mais eficácia nos seus anúncios e, por outro, enquanto usuário, receba anúncios que me interessam.

Abaixo dos *Dados Demográficos* temos os *Interesses*. Tal como o próprio nome indica, os *Interesses* são tudo aquilo em que o usuário demonstra ter interesse no Facebook.

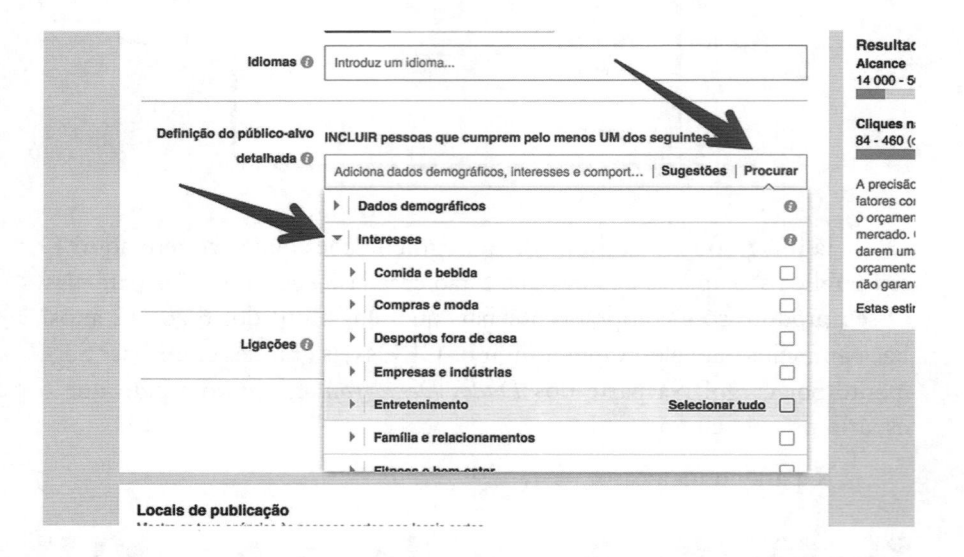

Os *Interesses* têm como base ações que você demonstrou no Facebook. Páginas que curtiu, publicações que compartilhou ou palavras que escreveu no *chat*.

Vamos imaginar que você quer fazer um anúncio apenas para pessoas que têm interesse em *Facebook Marketing*, por exemplo. Basta escrever essas duas palavras neste campo que o Facebook apresentará o seu anúncio para pessoas que tenham interesse nessa palavra-chave. É necessário realçar que nem todos os tipos de interesses estão disponíveis no Facebook. É uma questão de escrever e verificar se o Facebook apresenta algum resultado compatível. Conforme forem surgindo os resultados, o Facebook vai dando novas sugestões. Veja abaixo as sugestões que aparecem ao inserir a *keyword Marketing*.

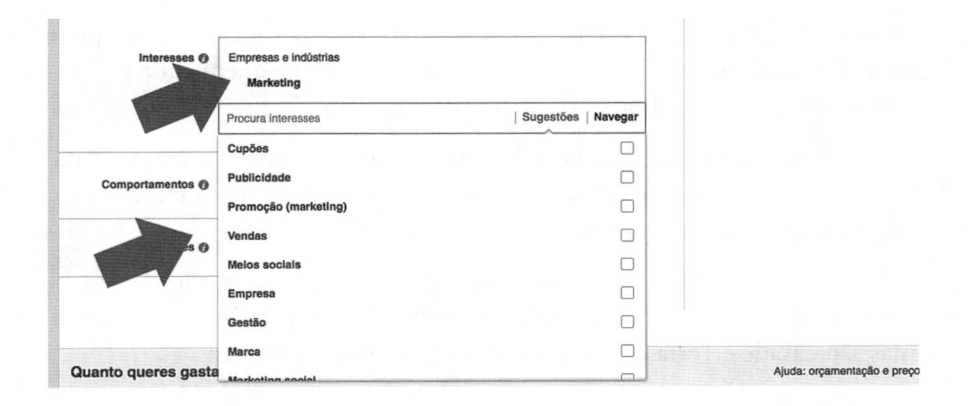

Tenha em atenção que, conforme for adicionando mais interesses, o Facebook funciona num formato de "ou" e não através de "e". Para entender melhor, vamos voltar ao exemplo da *keyword Marketing*. Vamos imaginar que selecionamos essa palavra e também a *keyword* Publicidade. Ao usarmos ambas (*marketing* e publicidade), o Facebook vai procurar por usuários que gostam de *Marketing* **ou** de Publicidade, o que aumenta a nossa base potencial de alcance. Conforme vai adicionando mais *keywords*, mais a sua base vai crescendo e mais amplo o seu público vai ficando.

Em seguida temos a parte do *Comportamento*. Esta é mais uma opção excelente e que deve ser explorada em produtos específicos. Nesta opção você consegue:

- Anunciar para usuários que estão utilizando o Chrome, o Firefox, o Opera, etc.
- Anunciar para usuários conforme o seu sistema operacional (Mac OS X ou Windows).
- Anunciar para usuários que são emigrantes.
- Anunciar para usuários que estão utilizando determinado modelo de *smartphone*.
- Anunciar para pessoas que estão viajando.
- E muito mais.

Mais uma vez: pense nas várias possibilidades de segmentação que são possíveis aqui. Você vende um produto que apenas pode ser consumido por portugueses que estão na França? Através do Facebook você pode anunciar para esse público! Vende capas para celulares e quer vender apenas para os usuários do iPhone? Também pode fazê-lo!

Repare também que, ao selecionar algumas destas opções, o Facebook cria as opões *Excluir pessoas* e *Limitar público*. Para entender como funciona cada uma delas, vou dar alguns exemplos abaixo.

Imagine que você pretende segmentar para os interessados em *Marketing* no Facebook, mas pretende remover todos os que têm este interesse mas são casados. Teria que selecionar a opção *Excluir pessoas*:

E depois selecionar a segmentação que vai remover (neste caso os Casados).

Ficaria assim:

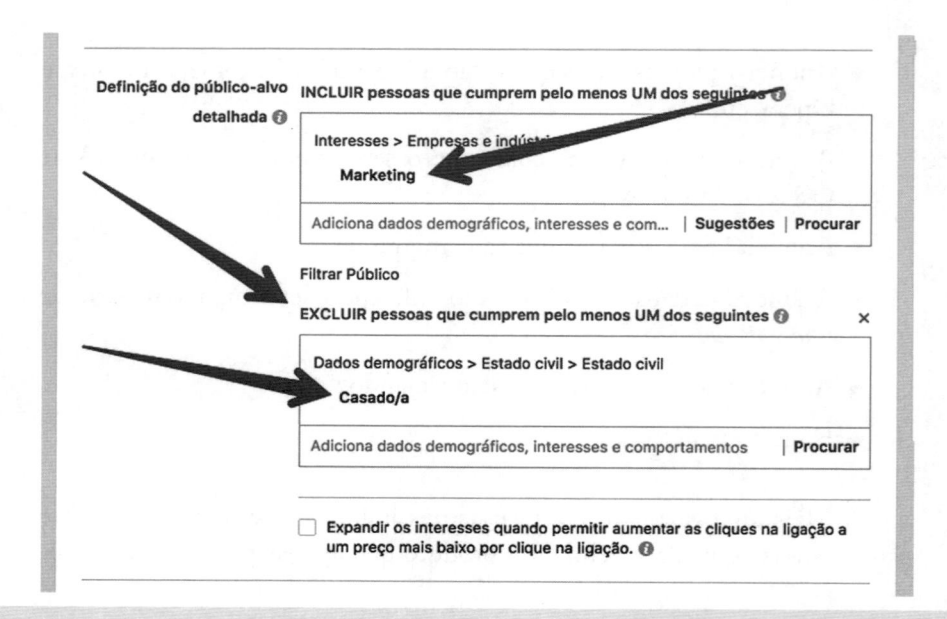

## Os primeiros passos nos anúncios

O que você está dizendo ao Facebook é muito simples: *"Facebook, encontre todos os usuários com interesse em Marketing, mas exclua todos os que estão dentro desta segmentação que são casados!"*.

Já a opção de *Limitar público* vai combinar interesses. Usemos novamente o exemplo do *Marketing* e dos Casados. Aqui, você vai dizer ao Facebook o seguinte: *"Facebook, encontre todos os usuários com interesse em Marketing e que sejam casados!"*. Aqui você junta sempre duas condições e elas têm que ocorrer simultaneamente para que o seu anúncio apareça.

Você pode inserir, tanto em uma como em outra, quantas segmentações quiser.

Por último, na parte das segmentações, você pode escolher se quer apresentar o seu anúncio apenas para os seus fãs, para os amigos dos fãs ou excluir as pessoas que curtem a sua página, como mostro acima. Nos dois menus logo abaixo, o mesmo acontece para os "Aplicativos" e para os "Eventos".

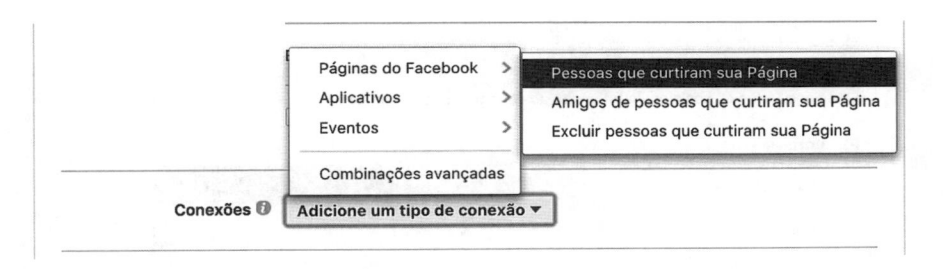

Tenha em atenção que estas opções estão ligadas às anteriores. Ou seja, vamos imaginar que você faz a segmentação por interesses e que escolhe a palavra *Marketing*. Depois, se for selecionar a opção "Pessoas que curtem sua Página", o seu anúncio vai aparecer para todos os seus fãs que gostam de Marketing, tornando o seu público extremamente restrito.

*Nota: Mas, Luciano, como é que o Facebook sabe todos estes dados? É bem simples. Cada vez que você cria um perfil, dá informações ao Facebook de quem você é e do que mais gosta, dos seus cargos e até mesmo se está casado ou solteiro. Cada vez que você compartilha uma publicação, o Facebook analisa o seu conteúdo e percebe os seus interesses. Cada vez que escreve uma palavra no chat, o Facebook entende que você tem interesse em anúncios relacionados com essa palavra. E por aí adiante. A partir daquilo que você preenche e publica, o Facebook apresenta anúncios relacionados com essas ações.*

Logo abaixo, está a parte dos *Posicionamentos*. Lembra-se de ter mostrado que existem vários locais onde os seus anúncios podem aparecer, como o computador, o celular ou os Stories do Instagram? É aqui que definimos essa parte.

O Facebook dá duas opções: *Posicionamentos automáticos* e *Editar posicionamentos*. Se deixar a primeira opção selecionada, o Facebook vai entregar o seu anúncio para todos os locais disponíveis. Se selecionar a segunda, você mesmo vai escolher onde o seu anúncio vai aparecer.

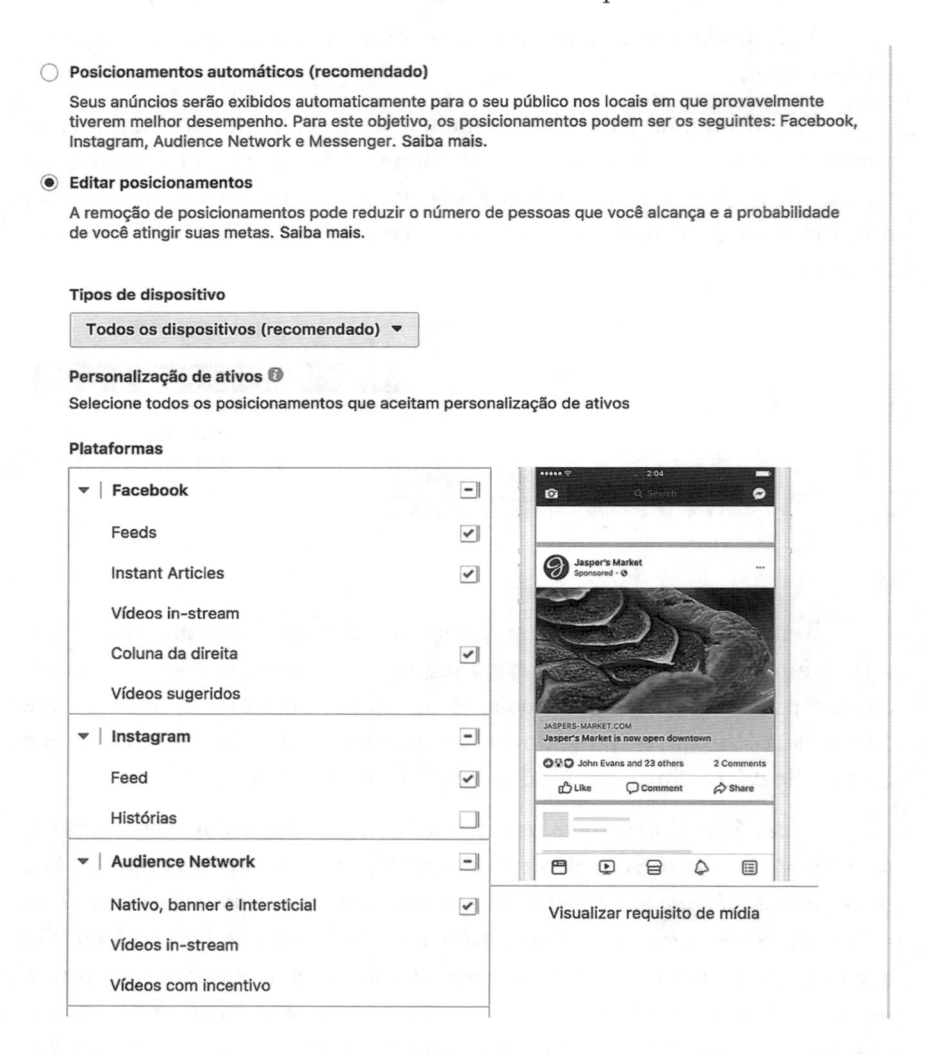

○ **Posicionamentos automáticos (recomendado)**
Seus anúncios serão exibidos automaticamente para o seu público nos locais em que provavelmente tiverem melhor desempenho. Para este objetivo, os posicionamentos podem ser os seguintes: Facebook, Instagram, Audience Network e Messenger. Saiba mais.

◉ **Editar posicionamentos**
A remoção de posicionamentos pode reduzir o número de pessoas que você alcança e a probabilidade de você atingir suas metas. Saiba mais.

**Tipos de dispositivo**

Todos os dispositivos (recomendado) ▼

**Personalização de ativos** ⓘ
Selecione todos os posicionamentos que aceitam personalização de ativos

**Plataformas**

▼ | Facebook                                    [−]
    Feeds                              ☑
    Instant Articles                   ☑
    Vídeos in-stream
    Coluna da direita                  ☑
    Vídeos sugeridos

▼ | Instagram                                   [−]
    Feed                               ☑
    Histórias                          ☐

▼ | Audience Network                            [−]
    Nativo, banner e Intersticial      ☑
    Vídeos in-stream
    Vídeos com incentivo

Visualizar requisito de mídia

A que eu recomendo? A segunda opção. Estas são as razões:

- Cada local de publicação tem tamanhos específicos. Por exemplo, no computador a quantidade de texto que cabe no título é diferente do celular. Isso faz com que uma boa parte do seu título desapareça no celular, se usar o mesmo número de palavras que usa no computador.

- Os tamanhos das imagens são diferentes em cada plataforma. Um anúncio com um *link* no Instagram pode ter uma imagem de 1200x1200 *pixels*. Já no Facebook, o ideal é 1200x628.

- Se inserir um *link* na descrição do anúncio que aparece no Facebook esse *link* é clicável. Já no Instagram isso não acontece.

- Ao deixar todos os locais selecionados e se você tiver um orçamento curto, pode ser que os seus anúncios não apareçam.

Estes são apenas alguns dos motivos. O meu conselho é que analise os Posicionamentos onde costuma ter mais sucesso e deixe apenas esses selecionados.

## ORÇAMENTO E PROGRAMAÇÃO

Agora chegamos à parte em que a maioria das pessoas tem dúvidas: a parte do orçamento.

A opção predefinida do Facebook é o *Orçamento diário*. Tal como o próprio nome indica, se selecionar esta opção, você vai definir quanto quer gastar por dia com os seus anúncios. Logo abaixo o Facebook dá duas opções: *Veicular meu conjunto de anúncios continuamente a partir de hoje* ou *Definir uma data de início e de término*. Eu aconselho sempre que defina as datas de início e fim. Além de dar mais controle relativamente às suas campanhas, também ajuda o Facebook a entregar melhor o seu anúncio durante o período de tempo definido.

Além do *Orçamento diário*, tem também a opção de *Orçamento vitalício*.

**Orçamento e programação**
Defina quanto você gostaria de gastar e quando gostaria que seus anúncios fossem exibidos.

| | | |
|---|---|---|
| Orçamento | Orçamento vitalício ⇅ | € 350,00 |
| | | € 350,00 EUR |
| Programação | Início 🗓 5/12/2017 | ⏲ 19:30 |
| | Término 🗓 5/1/2018 | ⏲ 19:30 |
| | (Horário de Lisboa) | |

Seu anúncio será veiculado até **Sexta, 5 de janeiro de 2018**.
Você gastará até **€ 350,00** no total.

Mostrar opções avançadas ▾

Ao selecionar esta opção, você define um valor para toda a duração da campanha e uma data. Depois o Facebook vai entregando esse mesmo anúncio durante o período definido.

*Nota: O grande problema do Orçamento vitalício é que o Facebook não entrega o seu anúncio de forma regular. Um dia ele gasta muito, noutro dia, pouco. Com o Orçamento diário você sabe quanto vai gastar por dia.*

Repare que o termômetro que fica do lado direito vai sendo modificado conforme você sobe ou desce o seu orçamento. Isso significa que quanto mais investir, mais pessoas vai alcançar.

Se reparar, um pouco mais abaixo tem a opção de *Mostrar opções avançadas*. Aqui:

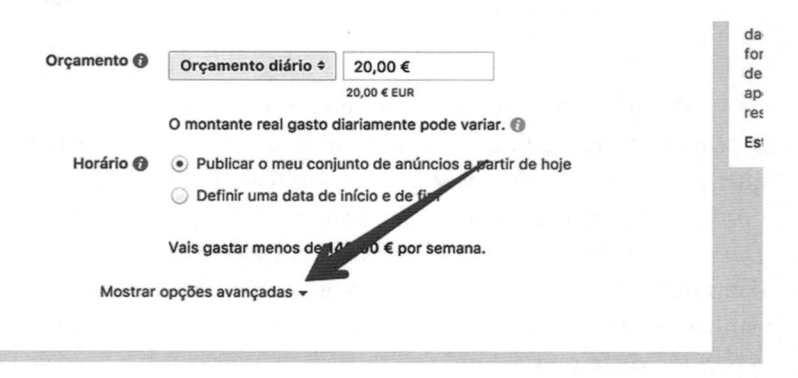

| | | |
|---|---|---|
| Orçamento | Orçamento diário ⇅ | 20,00 € |
| | | 20,00 € EUR |

O montante real gasto diariamente pode variar.

Horário ● Publicar o meu conjunto de anúncios a partir de hoje
○ Definir uma data de início e de fim

Vais gastar menos de 140,00 € por semana.

Mostrar opções avançadas ▾

Ao clicar aí, vão aparecer outras opções. A primeira é a *Otimização para veiculação de anúncio*. Ao clicar nela, vai aparecer um menu suspenso com várias opções. Elas vão aparecer conforme o objetivo que você definiu inicialmente, por isso não vou falar aqui de forma pormenorizada em cada uma dessas opções.

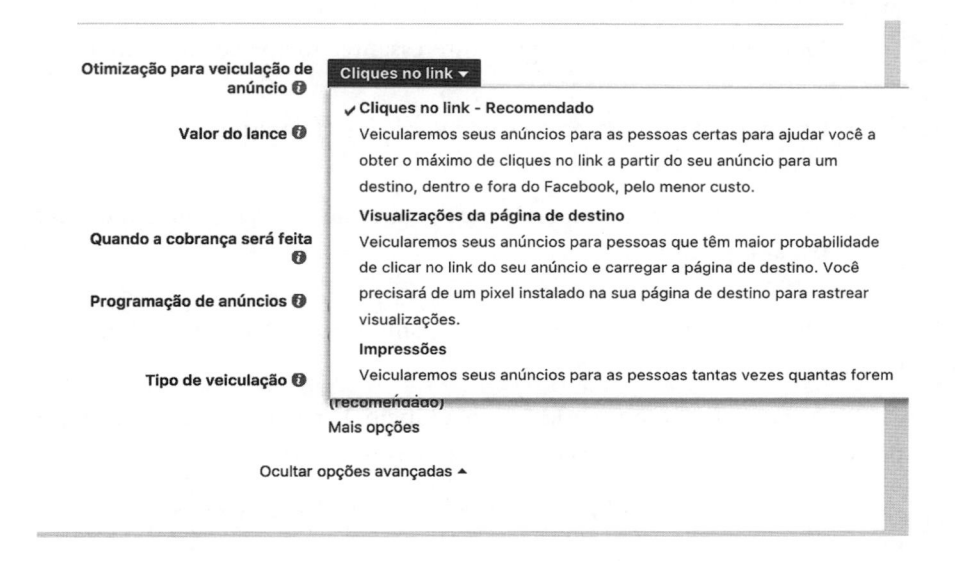

```
Otimização para veiculação de        Cliques no link ▼
                       anúncio ⓘ
                                     ✓ Cliques no link - Recomendado
                Valor do lance ⓘ       Veicularemos seus anúncios para as pessoas certas para ajudar você a
                                       obter o máximo de cliques no link a partir do seu anúncio para um
                                       destino, dentro e fora do Facebook, pelo menor custo.
                                     Visualizações da página de destino
    Quando a cobrança será feita       Veicularemos seus anúncios para pessoas que têm maior probabilidade
                              ⓘ       de clicar no link do seu anúncio e carregar a página de destino. Você
       Programação de anúncios ⓘ       precisará de um pixel instalado na sua página de destino para rastrear
                                       visualizações.
                                     Impressões
             Tipo de veiculação ⓘ       Veicularemos seus anúncios para as pessoas tantas vezes quantas forem
                                     (recomendado)
                                     Mais opções

                 Ocultar opções avançadas ▲
```

Por norma, a primeira opção do menu é a mais acertada, mas vale sempre a pena fazer testes.

Abaixo, tem a opção de *Estratégia de lance*. Como explicamos anteriormente, os anúncios de Facebook funcionam num sistema de leilão. E um dos pontos do leilão é o valor que você investe. Esse valor pode ser definido automaticamente pelo Facebook (que vai procurar sempre o melhor preço possível) ou por você (se selecionar a opção *Defina um limite de lance*). Recomendo que deixe sempre o Facebook escolher de forma automática.

```
Estratégia de lance ⓘ    Menor custo - Obtenha o máximo de cliques no link para o seu
                         orçamento ⓘ
                         ☐ Defina um limite de lance
```

Você definir um limite de lance pode ser perigoso, pois, caso defina um preço baixo demais, pode fazer com que o seu anúncio nem sequer apareça.

*Exemplo: Vamos imaginar que você define que vai pagar como preço máximo 1 real por clique no seu anúncio. Se o anúncio estiver pagando acima dos seus concorrentes, será sempre o primeiro a aparecer para os usuários do Facebook. Se, por outro lado, o preço que você definiu for muito abaixo, ele pode aparecer poucas vezes ou, em alguns casos, nem mesmo aparecer. Tudo vai depender do valor que a concorrência estiver pagando.*

Definir um custo por clique é interessante em apenas duas situações:

- Quando você começar a fazer *retargeting* (falaremos sobre ele mais à frente).
- Quando tiver mais experiência e souber qual o valor certo que deve pagar por clique.

Depois de finalizar a parte do Conjunto de Anúncios, clique em Continuar.

A parte seguinte é a criação do anúncio. E na criação do anúncio, as principais dúvidas estão relacionadas com as imagens.

*Luciano, devo optar por inserir apenas uma imagem ou várias no meu anúncio?*

Em primeiro lugar, é necessário esclarecer como funciona o sistema das várias imagens. Quando você faz uma campanha no Facebook, pode carregar quantos anúncios quiser. Esta é uma forma de testar e perceber qual dos anúncios está gerando melhores resultados. Depois, você pode ir pausando os que geram piores resultados e continuar só com os que estão trazendo um melhor retorno.

Com o tempo, vai ver que alguns pormenores – como a cor ou o próprio texto – provocam imensa diferença nas suas conversões. Mais à frente vou dar alguns conselhos sobre imagens e indicar alguns *sites* que você pode usar para criar imagens facilmente.

Recomendo que, para cada conjunto de anúncios, teste pelo menos 3 anúncios com imagens diferentes. Este será um número suficiente para fazer vários testes e perceber quais imagens funcionam melhor. Aliás, este é o número de imagens aconselhado pelos gestores de contas do próprio Facebook, que em várias reuniões ao longo dos anos me aconselharam sempre a criar 3 imagens para cada conjunto de anúncios.

Na parte do *Formato do anúncio*, o Facebook dá algumas opções bem distintas. Atenção que as opções podem variar conforme o objetivo que você definir da campanha.

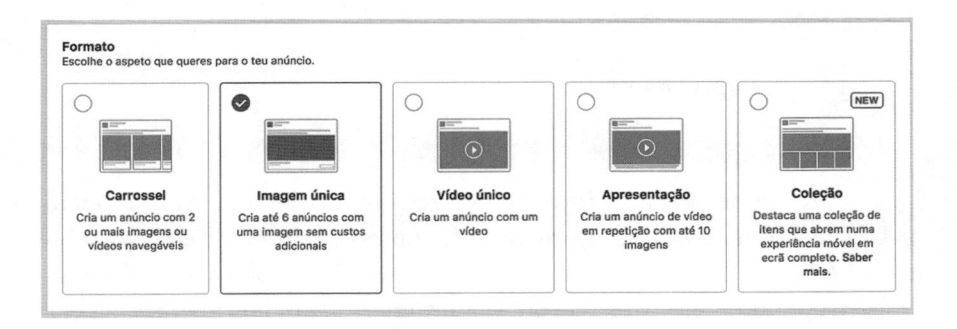

**Formato**
Escolhe o aspeto que queres para o teu anúncio.

| Carrossel | Imagem única | Vídeo único | Apresentação | Coleção [NEW] |
|---|---|---|---|---|
| Cria um anúncio com 2 ou mais imagens ou vídeos navegáveis | Cria até 6 anúncios com uma imagem sem custos adicionais | Cria um anúncio com um vídeo | Cria um anúncio de vídeo em repetição com até 10 imagens | Destaca uma coleção de itens que abrem numa experiência móvel em ecrã completo. Saber mais. |

Caso selecione o objetivo Tráfego, as opções são estas:

- Carrossel: cria um anúncio com duas ou mais imagens. Neste formato de anúncio, o usuário vai visualizar várias imagens para saber mais informações sobre o produto.

- Imagem única: uma única imagem. Porém, você pode selecionar até 6 imagens para fazer testes. As imagens serão diferentes, mas o texto que as acompanha será o mesmo.

- Vídeo único: como o próprio nome diz, um anúncio de vídeo.

- Apresentação multimídia: neste formato você pode criar uma apresentação estilo *slides*. Normalmente não é muito usada.

- Coleção: nesta opção, quando o usuário clica no anúncio aparecem várias outras opções embaixo da imagem com outros produtos complementares ao que foi apresentado. Só funciona no celular e foi lançada há pouco tempo.

Se você está começando a fazer anúncios, recomendo que simplifique e comece por usar os formatos mais simples como a *Imagem única* e o *Vídeo único*.

Mais abaixo, aparece a opção das *Imagens*.

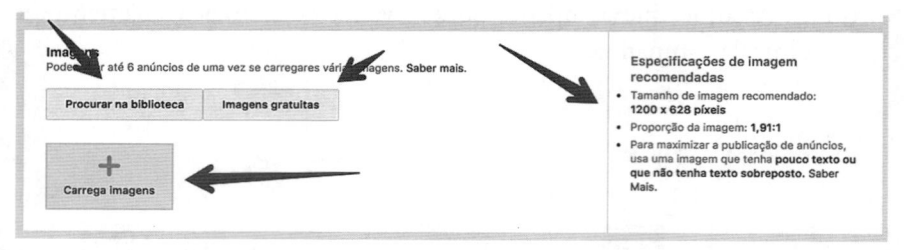

Você pode usar uma imagem do seu computador, usar uma imagem que já tenha utilizado anteriormente (na opção *Procurar na biblioteca*) ou usar o *Banco de imagens gratuito*. Nesta última, o Facebook fornece algumas imagens gratuitas em parceria com o Shutterstock, um dos maiores bancos de imagens do mundo.

Do lado direito o Facebook dá algumas indicações importantes, tais como o tamanho da imagem, a proporção e um aviso importante sobre o tamanho do texto.

*Nota: Quanto mais texto você usar na sua imagem, mais caro vai ficar o seu anúncio. Por isso, use a menor quantidade possível de texto na imagem. Se usar em demasia, corre mesmo o risco do Facebook nem permitir que o seu anúncio seja exibido.*

Depois, o Facebook pede para preencher alguns campos como o título, a descrição ou o *link* do *site*, caso vá levar pessoas para o seu *site*.

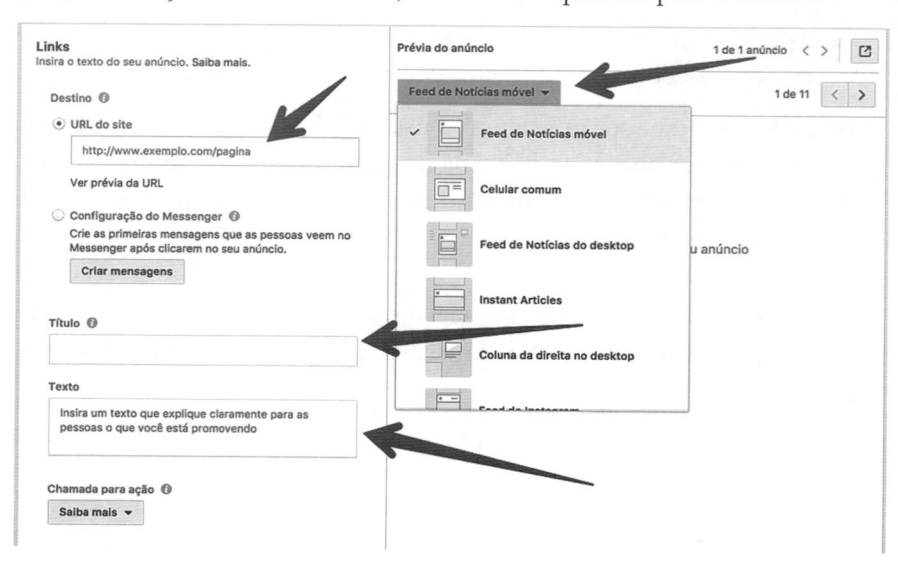

Do lado direito ele fornece um *preview*, para ver como o anúncio vai ficar nas diferentes localizações. Veja cada uma delas com cuidado para ver se está como você pretende.

Existem, ainda, mais duas coisas que são possíveis de se fazer no anúncio. A primeira é adicionar um botão, que vai aparecer no canto inferior direito do anúncio. Para "criar" esse botão, basta selecionar a opção *Chamada para ação* que está no lado esquerdo.

Ao selecionar, o Facebook fornece várias opções, tais como *Comprar agora*, *Reservar agora*, entre outras. Escolha aquela que melhor se adéqua ao seu produto.

Outra funcionalidade que você pode aproveitar a seu favor é o texto que fica abaixo do título. Por norma, o Facebook não deixa essa possibilidade visível, mas você pode acioná-la muito facilmente. Basta clicar em *Mostrar opções avançadas*.

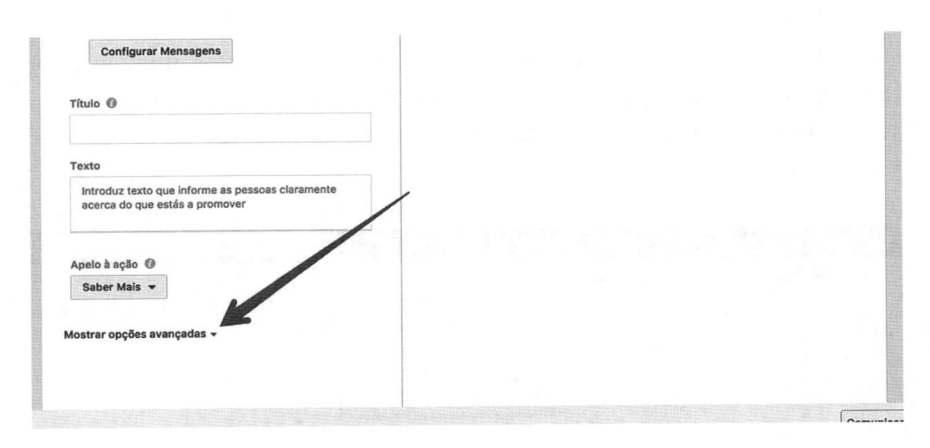

Depois disso, vai aparecer um campo para escrever o conteúdo que fica abaixo da imagem.

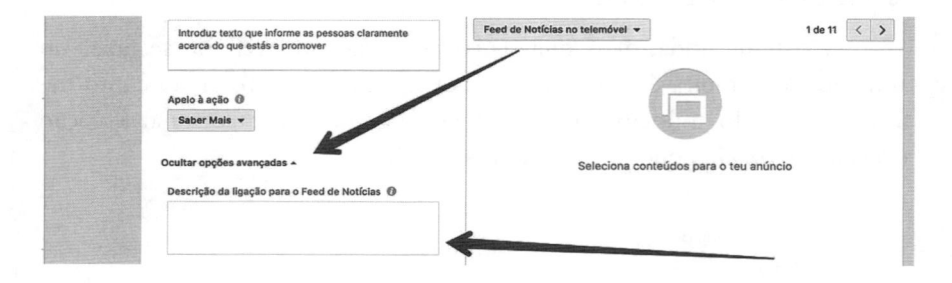

Atenção que este texto abaixo do título só vai aparecer nos anúncios que forem exibidos no *Feed* de Notícias do computador.

Agora basta clicar em *Confirmar* e, caso esteja criando o seu primeiro anúncio, o Facebook vai abrir uma janela perguntando pelo método de pagamento que você quer utilizar. Nesse caso, existem várias opções de acordo com o país onde estiver criando o anúncio. Por norma, as formas de pagamento por cartão de crédito e Paypal funcionam em qualquer país. Basta inserir os dados de um desses métodos de pagamento para o Facebook avançar com o seu anúncio.

E não se preocupe: o Facebook não vai cobrar, nos próximos minutos, nada no seu cartão de crédito ou conta Paypal. Muitas pessoas ficam assustadas ou deixam de anunciar pelo medo de fornecerem os seus dados para pagamento. Não se preocupe. O Facebook é uma entidade segura e o risco de isso acontecer é quase zero.

*E quando o Facebook vai cobrar o valor gasto em anúncios?*

O Facebook tem duas formas de fazer a cobrança dos anúncios: por data ou por limite de gastos. Para você saber qual é a próxima data ou limite, terá que ir à sua conta de anúncios novamente. Basta ir aos 3 traços que estão no canto superior esquerdo:

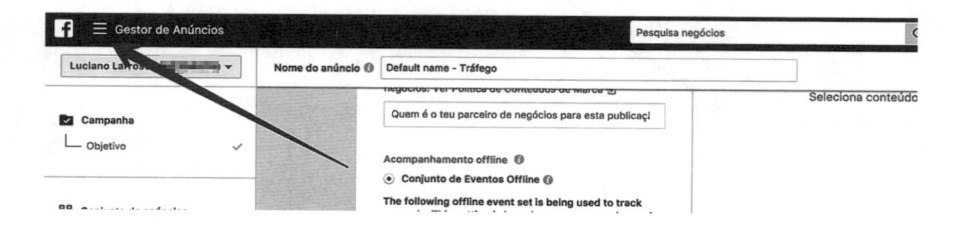

## Os primeiros passos nos anúncios

Depois selecione *Todas as ferramentas* e em seguida *Configurações*:

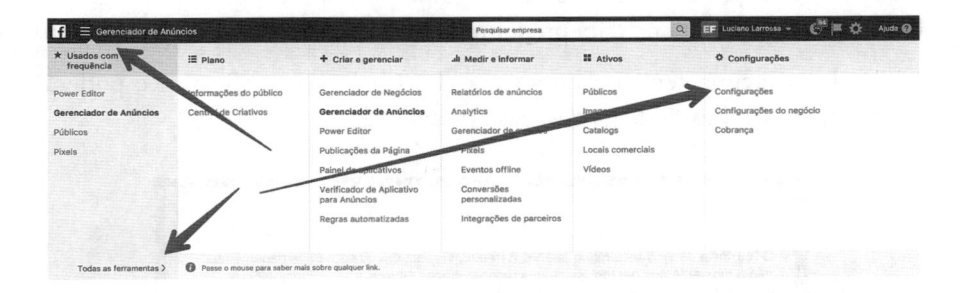

Depois selecione a opção *Configurações de pagamento*.

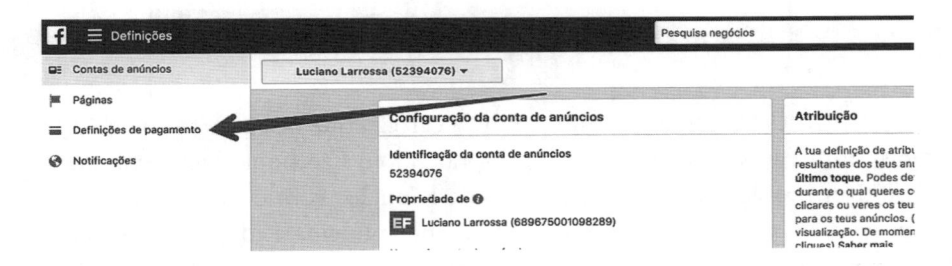

Agora você já vai saber quando vai ser cobrada a próxima fatura.

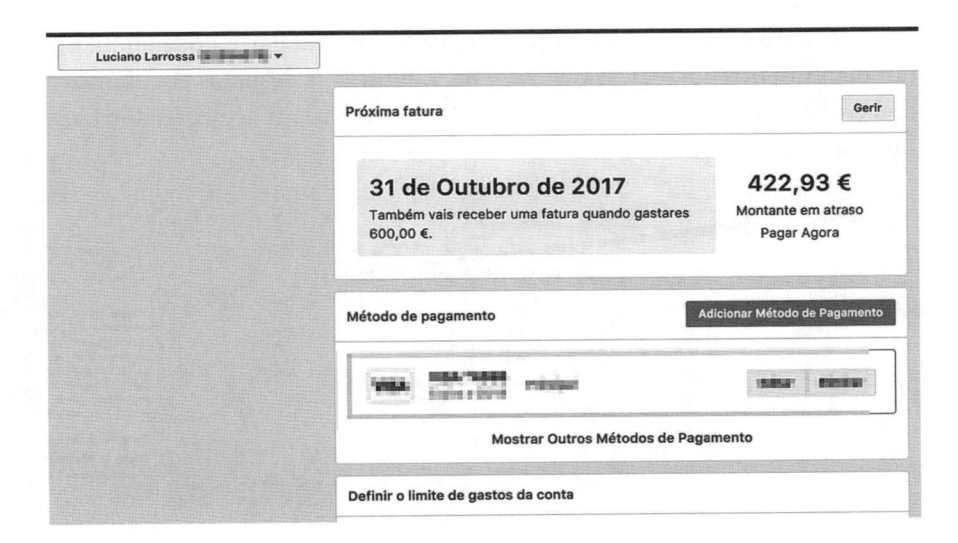

Caso gaste o valor limite – que neste caso é 600€ – o Facebook vai fazer a cobrança para o método de pagamento definido ou então essa cobrança só vai ser feita na data predefinida, que neste caso foi 31 de outubro.

Logo acima tem um botão que diz *Gerir*. Basta clicar aí e poderá aumentar o seu limite de gastos, caso pretenda.

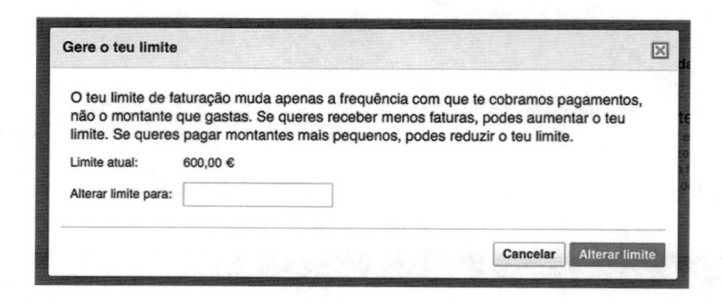

Antes de alterar o limite, tenha a certeza que o seu cartão de crédito ou conta Paypal podem pagar o valor quando o Facebook fizer a cobrança. Se tiver problemas com pagamentos de anúncios com o Facebook, o mais provável é que eles encerrem a sua conta de anúncios. E depois de ter a sua conta bloqueada é muito difícil – para não dizer impossível – conseguir recuperá-la. Evite essa situação a todo custo, pois como temos alertado neste livro, fazer anúncios é vital para ter sucesso no Facebook.

E para encerrarmos esta parte mais técnica da parte dos anúncios é também importante realçar que você pode faturar as despesas em anúncios de Facebook no nome da sua empresa. Para isso basta ir ao separador *Contas de anúncios* e preencher com os dados da sua empresa.

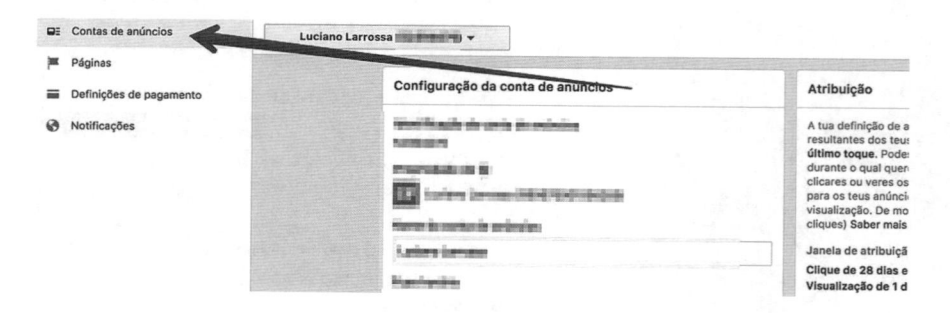

Quando fizer cada pagamento, o Facebook vai gerar um PDF onde vão constar os seus gastos e todos os dados de faturamento da sua empresa.

# REGRAS DOS ANÚNCIOS

Tal como em qualquer *media online*, o Facebook também tem as suas próprias regras para os anúncios. É muito importante que você fique por dentro de todas as diretrizes de anúncios do Facebook, caso contrário a sua conta de anúncios pode ser excluída em poucos dias ou até mesmo horas!

Durante as próximas linhas só vou mostrar a você quais as regras principais e que geralmente afetam a maioria dos negócios. Se quiser saber mais sobre todas as regras – e aconselho que o faça – vá até ao URL oficial do Facebook: https://www.Facebook.com/policies/ads/.

Vejamos algumas das principais regras:

- Em meados de 2016, o Facebook retirou uma regra muito polêmica. Até então, as imagens nos anúncios não podiam ter mais de 20% de texto. No entanto, o Facebook removeu essa regra e você já pode fazer anúncios com imagens que tenham mais de 20% de texto. O Facebook tem uma outra regra: quanto mais texto a sua imagem tiver, mais caro vai ficar o seu anúncio. Por isso pense bem antes de deixar a sua imagem repleta de texto! Para verificar se a sua imagem tem mais de 20% de texto, utilize esta ferramenta: https://www.Facebook.com/ads/tools/text_overlay.

- Antes de irem para o ar, os seus anúncios vão ser sempre revisados, primeiro por um *robot* e depois por um membro da equipe do Facebook.

- Anúncios relacionados com álcool não podem ser exibidos a públicos com menos de 18 anos (no caso de Portugal e Brasil).

- Anúncios relacionados com drogas, tabaco, armas, munições, explosivos, serviços para adultos ou suplementos que o Facebook considerar inseguros são estritamente proibidos.

- Imagens com algum tipo de nudez. Atenção que neste ponto o Facebook não é muito claro, por isso aconselho que tenha bastante cuidado com esta parte. Muitas vezes, uma fotografia de uma mulher de saia é considerada "nudez" pelo Facebook.

- Afirmações que descrevam uma pessoa não são permitidas (Por exemplo: "Você é cristão?" ou "Compre este suéter, João").

- Práticas enganosas, tais como promessas de dinheiro fácil são proibidas.
- Páginas de destino que não permitam que o usuário saia são proibidas.
- Imagens que retratem uma funcionalidade inexistente, tal como um *play* de vídeo num anúncio de imagem também não são aceitas.
- Imagens do estilo "antes e depois" não são aprovadas.
- Jogos de apostas *online* ou jogos de perícia são proibidos.

Desrespeitar qualquer uma destas regras pode fazer com que você fique sem a sua conta de anúncios. Por isso, nunca é demais avisar: faça os seus anúncios com o máximo cuidado possível.

## DICAS PARA BOAS CONVERSÕES

O que nós vimos acima é apenas a parte teórica relativamente à criação de publicidade. São os mínimos que um anunciante deve fazer para conseguir colocar a sua campanha no ar. Contudo, existem muitos passos a seguir para a criação da campanha. Criar um anúncio é apenas o primeiro passo num mundo imenso e concorrido que é o Facebook Ads.

Foi para ajudar o leitor na criação e conversão dos anúncios que preparei os próximos parágrafos, nos quais vou partilhar com você algumas das principais estratégias para ser bem-sucedido na criação de publicidade no Facebook. São dicas que têm melhorado os meus resultados, os dos meus clientes e de muitos alunos dos meus cursos. Porém, quero deixar um aviso: tal como em tudo na vida, não existem regras inquebráveis. Durante os próximos parágrafos vou mostrar várias estratégias que funcionam em grande parte dos negócios. No entanto, podem não funcionar no seu. É normal. Mas o meu conselho é que faça sempre os testes. *Pegue* algumas destas dicas e faça testes. Confira se, no seu caso, elas geram bons resultados.

Esta é, talvez, uma das partes mais importantes deste livro. Por isso, pare tudo o que está fazendo e preste atenção às próximas linhas. Elas podem fazer você poupar milhares de reais. E não estou, de maneira alguma, exagerando.

- **O local para onde você encaminha o usuário é tão importante como a publicidade:** quando alguns alunos chegam ao meu curso *online*, uma das suas maiores frustrações é o fato de não conseguirem resultados com anúncios no Facebook. E com isso acabam por culpar o próprio Facebook, afirmando que ele não funciona. No entanto, após analisar muitos dos casos, vejo que o grande problema está no *site* para onde são encaminhados os usuários provenientes do Facebook. Ou seja: o anunciante acaba por culpar o Facebook quando, na verdade, a página do *site* não está pronta para converter. Antes de anunciar, tenha a certeza de que o seu *site* tem todas as condições para gerar vendas, *leads* ou qualquer outro que seja o seu objetivo.

- **Não anuncie para a *homepage* do seu *site*:** este é um erro comum que ainda muitos anunciantes cometem. Anunciar para a *homepage* vai dar um leque muito grande de possibilidades ao seu potencial cliente, o que vai fazer com que ele se perca no seu *site*. Se quiser gerar vendas, mande o usuário do Facebook para uma página de um produto ou, na pior das hipóteses, para uma categoria do seu *site*!

- **Experiência é tudo:** por mais dicas que transmita durante este livro, nada substitui a sua experiência enquanto criador e gestor de anúncios no Facebook. Durante o percurso você irá aprender aquilo que o seu público quer, os gatilhos para os levar a clicar, o tipo de imagens que eles mais gostam, etc. Isso só pode ser descoberto por você, daí ser tão importante adquirir experiência.

- **Adquira o hábito de testar:** eu demorei para adquirir este hábito, mas agora não vivo sem ele. Em todos os anúncios que fizer, realize testes. Teste várias imagens, teste vários textos ou até as várias localizações do Facebook. Existem anúncios que funcionam melhor na lateral do Facebook, outros que têm melhor *performance* com imagens de mulheres, outros que funcionam melhor no fim de semana, etc. No mundo do Facebook Ads, existe uma certeza universal: sem testes é impossível otimizar uma campanha.

- **Quanto menos passos o usuário der, melhor:** na internet e em todo o mundo publicitário, menos passos significam mais conversões. Garanta que, quando estiver anunciando, o seu visitante precise dar o menor número de passos possíveis para concluir o objetivo final. Se quiser vender diretamente um produto, por exemplo, é determinante que o número de passos para a visita concluir essa compra sejam os mínimos possíveis.

- **Tudo o que pode ser criado, pode ser medido:** um dos principais vícios que eu tenho em Facebook Ads é a vontade de medir tudo aquilo que publico. Tento sempre perceber quantas conversões o anúncio teve, onde as pessoas clicaram, a idade das pessoas que clicaram, se foram mais homens ou mulheres, entre outros fatores. Este hábito tem permitido conseguir melhores resultados com um menor investimento. Se você quer ser bem-sucedido em Facebook Ads, aconselho que adquira este hábito o quanto antes.

- *Calls to action* **ajudam muito:** como já referimos acima, pedir para os fãs terem uma ação ajuda a aumentar a taxa de cliques e a interação. E, como também já vimos, quanto melhores forem os seus resultados, menos você pagará pelos seus anúncios. Por esse motivo, aconselho sempre que nos anúncios utilize chamadas para a ação. "Clique aqui para comprar o seu produto" ou "Só até hoje: clique na imagem e compre o nosso *smartphone* com 30% de desconto".

- *Calls to action* **ajudam muito (2):** outro dos motivos para incentivar o leitor a usar chamadas de ação é que uma boa parte dos usuários não tem a noção de que, para comprar o produto, necessitam clicar num *link* para visitar o *site*. Parece mentira, mas acontece bem mais vezes do que você imagina. Não é incomum receber comentários nos anúncios, tais como "Adorei! Onde posso comprar?" ou "Gostei, mas quanto custa?". *Calls to Action* ajudam a evitar este tipo de dúvidas.

- **A sua imagem é o primeiro ponto de contato:** grande parte do segredo do sucesso do anúncio está na imagem. Arrisco dizer que, a par de um bom texto e de uma boa segmentação, a imagem é o terceiro fator decisivo para uma boa campanha em Facebook Ads. Uma boa imagem necessita ter, em primeiro lugar, uma ligação com o texto. Se o texto fala em "A", a imagem não pode falar em "B". Em segundo lugar, a imagem deve ser bastante nítida, de forma a que o usuário consiga ter perfeita noção do que ela significa. Obviamente, nenhuma destas dicas dispensa a realização de testes.

- **Utilização do logotipo:** outro erro muito comum relacionado com as imagens é a utilização do logotipo da empresa em publicidades para angariar fãs. A pouca ou nenhuma ligação dos usuários que veem o anúncio com o logotipo diminui a quantidade de cliques. A não ser que a sua empresa seja a Coca-Cola, essa não é uma boa opção.

- **A taxa de cliques não é tudo:** mais à frente, quando analisarmos as estatísticas do Facebook Ads, você verá que existe uma métrica denominada taxa de cliques, o CTR. Esta métrica é importante, pois se o seu anúncio está conseguindo muitos cliques é sinal de que ele está chamando a atenção do usuário. Contudo, esta não deve ser a métrica mais importante. A preocupação deve estar no seu objetivo final (venda, *lead*, etc). Muitas vezes os públicos que têm uma boa taxa de cliques não são aqueles que convertem melhor.

- **Foque-se nos fãs e irá pagar menos:** uma das vantagens em construir uma comunidade à volta da sua *Fan Page* é que, quando fizer publicidade para esses fãs, irá pagar menos por cliques e conversões. Experimente fazer anúncios apenas para os seus fãs. Verá que compensa e a taxa de conversão é bem maior, visto que esses fãs já conhecem a sua marca.

- **Combine vários tipos de anúncios:** não existe um tipo de anúncio melhor do que outro. Numa situação, fazer anúncios de *links* é a melhor opção; em outros casos o vídeo funciona melhor. Mais uma vez: faça testes de forma a perceber qual o melhor tipo de anúncio para o seu público e para aquela situação.

- **Utilize o Pixel de conversão:** para perceber o retorno da sua publicidade no Facebook é essencial que você utilize o Pixel de Conversão. Sem analisar o retorno, jamais saberá se está no caminho certo. Mais à frente vou ensinar como criar e instalar o Pixel para medir as suas conversões.

- **Troque de anúncio ao fim de alguns dias:** os anúncios tendem a ter piores resultados com o passar dos dias. Normalmente, pauso as minhas campanhas ao fim de alguns dias e começo campanhas novas. Fique sempre atento e, quando as métricas daquele anúncio começarem a piorar, troque por outro.

- **Comece pelo que está mais próximo:** dentro de algumas páginas vou falar com você sobre como fazer anúncios para quem já visitou o seu *site*, está na sua lista de *emails* ou interagiu com a sua página. Anúncios para quem já realizou uma ação de relacionamento com a sua empresa tendem a ser mais eficazes e a terem um custo menor por ação.

- **Vá com calma:** quando alguém começa a ter bons resultados com campanhas no Facebook, a tendência é duplicar ou triplicar o valor investido. Vá com calma. O Facebook entrega os anúncios às pessoas certas utilizando o seu próprio algoritmo inteligente. Se duplicar ou triplicar o valor da campanha, ele começa a entregar sem grande critério e os seus resultados vão piorar. Vá aumentando, no máximo 25% do valor, e deixe a campanha rodar durante alguns dias antes de ativar esse valor novamente.

- **Se possível, faça testes com várias páginas de destino:** como disse anteriormente, as páginas para onde encaminha os utilizadores após os anúncios é fundamental. Para que tenha a certeza de que está a utilizar a melhor versão possível da sua página, o meu conselho é que faça testes. Por norma testo sempre 3 páginas de destino diferentes com os meus clientes e é isso que aconselho aos meus alunos.

- **Faça anúncios que não parecem anúncios:** em muitos casos, fazer anúncios que pareçam conteúdo pode ser uma boa opção. Utilizar imagens com botões, setas ou algo que pareça comercial, por vezes, gera piores resultados do que fazer um anúncio de imagem que tem um formato de conteúdo e que seja percebido pelo usuário como tal.

- **Teste encaminhar os usuários para meios alternativos:** por norma, os anunciantes querem encaminhar os usuários para o site. Fazem um anúncio e a única opção de compra é no *site*. Porém, em alguns casos, encaminhar para meios alternativos, como o telefone, Messenger ou WhatsApp pode ser uma boa fonte de vendas. Se estivermos a falar em negócios locais, estes meios de contato tendem a gerar muito resultado!

Acredito que, ao aplicar algumas das dicas que falamos acima, estará mais próximo de ser bem-sucedido nas suas próximas campanhas. Apesar de ter aqui um bom guia para fazer publicidade no Facebook, não deixe de lado os testes e melhore constantemente as suas capacidades enquanto anunciante no Facebook.

## ALGUNS CONSELHOS NA HORA DE ANUNCIAR NO INSTAGRAM

Apesar de ser possível anunciar para o Facebook e o Instagram a partir do mesmo painel de anúncios, a verdade é que os usuários de ambas as redes sociais têm comportamentos diferentes e isso deve ser levado em consideração quando você cria os seus anúncios.

Em primeiro lugar, é necessário entender que os usuários do Instagram têm uma experiência exclusiva através do celular. Ou seja, vídeos com som ou anúncios que levem para páginas que demorem a carregar, podem não dar um bom resultado. Além disso, lembre-se que o usuário pode estar ligado ao 3G e a sua ligação de internet não ser muito boa, por exemplo. Todos estes detalhes, na hora de investir em anúncios, contam.

Sabia que, segundo o Facebook, 80% dos vídeos no celular são consumidos sem som? Por isso, se o seu vídeo não tiver legendas ou não for possível entender o seu conteúdo sem ativar o som, provavelmente ele não vai ter muito sucesso no Instagram.

Outro detalhe importante no Instagram: a interação dos anúncios geralmente é maior. Os usuários do Instagram geralmente reagem mais às publicações, comentando mais e dando *corações*. Porém, isso nem sempre se traduz em vendas ou capturas de contatos. Se o seu anúncio está tendo mais interação no Instagram do que no Facebook, por exemplo, não se deixe levar pelo ego: analise sempre se o seu objetivo final com o anúncio está sendo cumprido. Mais interações nem sempre representam mais vendas ou captura de contatos.

# 13. Outras funcionalidades do gerenciador de anúncios

O Facebook hoje em dia nos dá várias possibilidades para atingirmos a nossa audiência. A maior rede social do mundo é muito mais do que apenas uma plataforma de criação de anúncios: ela é uma autêntica máquina de analisar dados e permitir que os anunciantes tenham resultado com eles. Só que a maioria dos anunciantes não faz ideia deste poder. Ficam no básico. Nesta parte, vou mostrar algumas opções que provavelmente você nunca ouviu falar e que podem fazer a diferença no seu negócio.

Para ter acesso a todas elas, terá que voltar aos 3 traços que ficam no canto superior esquerdo. Aqui:

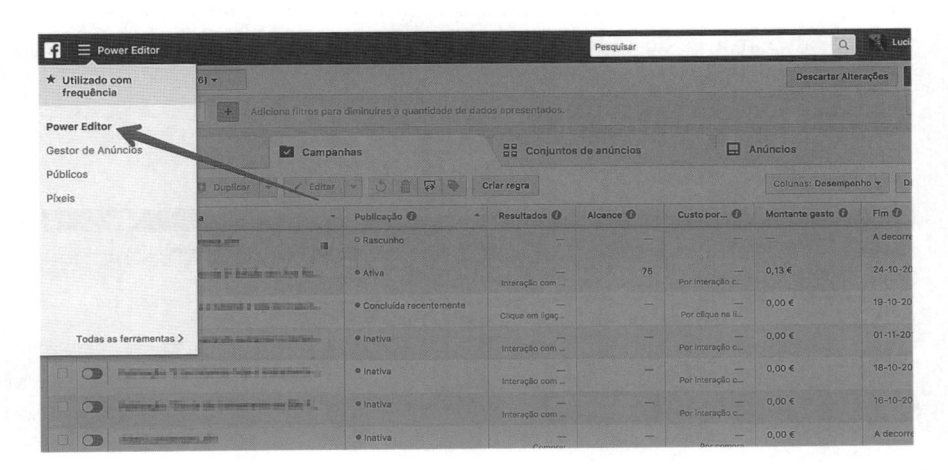

Este menu será muito importante daqui para a frente, por isso é importante que preste atenção a ele. Vamos explorar algumas funcionalidades que ele oferece:

*Nota: Pode ser que nem todos os pontos que vou referir abaixo estejam na sua conta de anúncios. Alguns só vão sendo fornecidos conforme você vai criando os seus anúncios e gastando algum dinheiro. Se faltar algum na sua conta de anúncios, não se desespere. É normal.*

## Informações do público

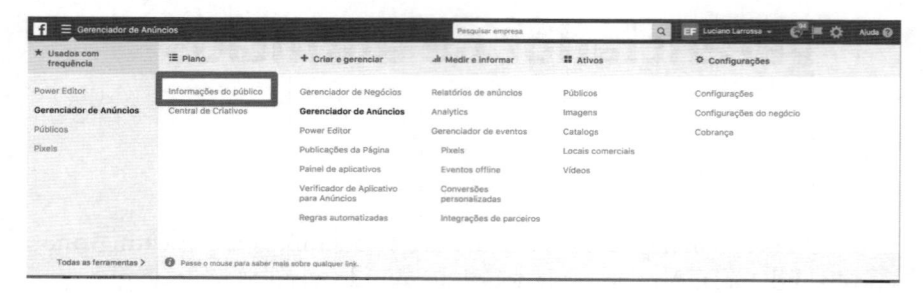

Também conhecida como *Audience Insights*, nesta opção o Facebook fornece várias informações sobre o seu público-alvo. Basta definir qual a segmentação que pretende analisar e o *Audience Insights* mostra vários detalhes desse mesmo público. Alguns exemplos: se eles usam mais computador ou celular, quais as páginas que eles mais gostam, se são casados ou solteiros, etc.

Ele não é muito intuitivo à primeira vista, mas vale a pena investir alguns minutos analisando-o. Com alguns clientes analiso bastante o público-alvo através desta ferramenta antes de iniciar qualquer campanha.

## Regras automatizadas

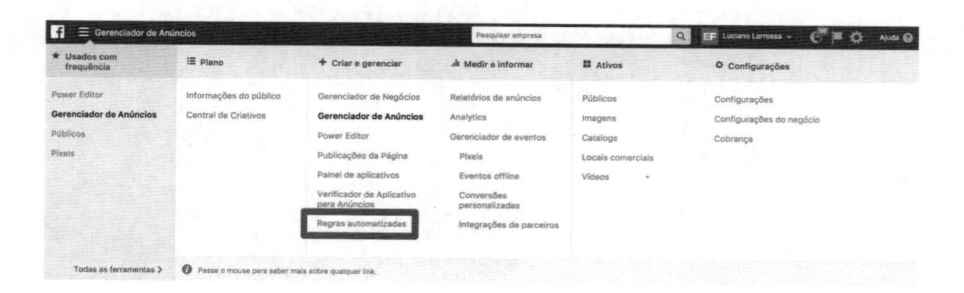

Esta é uma opção nova do Facebook e permite que você defina regras automáticas para os seus anúncios. Exemplo:

*Vamos imaginar que você tem uma campanha decorrendo e sabe que o preço máximo que quer pagar por contato é 1 real. E imaginemos que vai lançar essa campanha numa sexta-feira e que durante o fim de semana vai estar fora do computador. Como garantir que durante sábado e domingo não vai estar pagando um preço absurdo por* lead *e desperdiçando dinheiro? Para isso surgiram as regras automáticas.*

Com elas, você pode definir que, caso o seu objetivo ultrapasse ou não atinja um determinado valor, a campanha é pausada, é diminuído o orçamento ou recebe apenas um aviso. Tudo isto de forma automática.

E essas regras podem ser definidas segundo vários fatores, como Frequência, Custo por *Lead*, Custo por Venda, Horas desde que o anúncio foi criado, etc.

*Exemplo de regra: Se o custo por venda for maior do que 10 reais durante o dia de hoje, reduzir o orçamento diário em 50%.*

Ao criar esta regra, o Facebook automaticamente iria reduzir o seu investimento diário em 50% caso o seu custo por aquisição por cliente ultrapassasse os 10 reais. Se isso não acontecesse, tudo continuaria a funcionar normalmente.

Esta opção é bastante útil, pois permite que o Facebook trabalhe por nós em alguns momentos. Recomendo vivamente que experimente criar a sua primeira regra e faça alguns testes.

## Conversões personalizadas

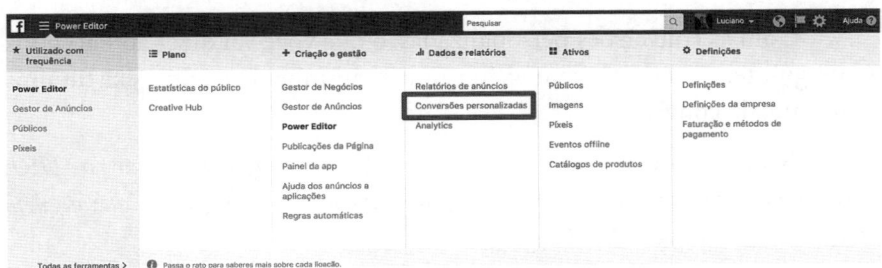

Mais à frente neste livro, vamos falar mais a fundo sobre uma das coisas mais importantes para quem tem um *site*: o Pixel do Facebook. Com ele, você vai poder medir quantas vendas está realizando no seu *site* através dos anúncios ou quantos contatos está capturando.

Quando o Facebook começou a permitir que medíssemos as vendas em *sites*, tudo era um pouco complexo para quem não entendia sobre programação. Configurar o Pixel exigia que fossem inseridas linhas de código no *site* e cada conversão obrigava a adicionar uma linha de código diferente. Uma completa confusão para quem não entendia de programação nem tinha um programador para recorrer!

Percebendo isso, o Facebook criou aquilo que chamamos de *Conversões personalizadas* e que vieram facilitar bastante o nosso trabalho.

Mas afinal, o que é uma conversão? Uma conversão é quando um objetivo no seu *site* é atingido. Se alguém compra o seu produto, temos uma conversão. Se você captura um contato, também existiu uma conversão. E por aí vai.

Vejamos um exemplo prático de conversão. Peguemos o exemplo do meu curso Ads360.

Para poder comprar o curso, você tem que visitar a página de vendas. No caso, esta: https://cursos.lucianolarrossa.com/cursoads360/.

Se comprar o curso, será direcionado para a página de confirmação de compra. Que, no caso, é esta: https://cursos.lucianolarrossa.com/obrigado-cursoads360/.

Quando alguém visita a página de obrigado, significa que existiu uma conversão no *site*, correto? Neste caso, a conversão é uma venda.

Recapitulando, o percurso é este: Página de Vendas > Compra > Página de Confirmação de compra.

Com as conversões personalizadas, o que você vai dizer ao Facebook é o seguinte: quando alguém visitar uma determinada página, existiu uma determinada conversão.

No meu caso, eu digo ao Facebook: *Quando alguém visitar este URL https://cursos.lucianolarrossa.com/obrigado-cursoads360/, significa que alguém comprou o meu curso Ads360.*

E com isto consigo medir os resultados dos meus anúncios de maneira bem simples.

# Eventos *offline*

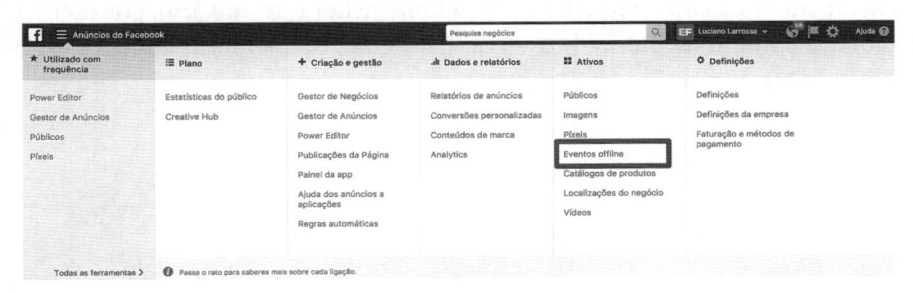

Um dos grandes problemas dos negócios físicos na internet é conseguirem medir se as suas campanhas de Facebook estão gerando conversões. Como já vimos, num *site* conseguimos saber se alguém comprou algo ou se inscreveu numa página. Mas numa loja física, por exemplo, como saber se aquela pessoa que visitou a loja veio de um anúncio de Facebook? Para conseguir medir isso existem os Eventos *offline*.

Para detectar se existiu uma conversão, o Facebook pede que insira alguns dados nesta parte da sua conta de anúncios. Os dados mais usados neste tipo de situações são o telefone e o *email*.

Para que você entenda mais facilmente, vou dar um exemplo prático. Imagine que é dono de um restaurante e que no próximo fim de semana você vai oferecer uma sobremesa nova a quem preencher um formulário. E, numa parte desse formulário, pede o *email*.

Agora, para divulgar a sua oferta e levar mais pessoas ao seu restaurante, você faz um anúncio no Facebook. A grande pergunta é: como saber que quem foi ao seu restaurante veio desse anúncio que criou? Aí é que entra esta opção dos Eventos *offline*.

Depois de fazer o anúncio e receber os seus clientes, você coletou vários *emails*. Agora vai inserir esses *emails* no Facebook e ele vai perceber se esses *emails* correspondem a usuários que visualizaram o anúncio. O que o Facebook faz é analisar se existe uma relação entre os *emails* que você inseriu na plataforma e os *emails* dos usuários que viram o seu anúncio.

*Exemplo: se eu faço login no Facebook com o email luciano@hotmail.com e vi o seu anúncio. E depois um dos emails que você inseriu no Facebook for o luciano@hotmail.com, significa que eu vi o seu anúncio e visitei o seu restaurante. Nesse caso, existiu uma conversão offline.*

Obviamente os valores nunca vão bater 100% certo. Eu posso fazer *login* com um *email* e ter dado outro ao preencher o formulário, por exemplo. No entanto, já é uma boa ajuda para entender se o seu anúncio está gerando resultados.

# 14. Pixel do Facebook

O Pixel do Facebook é, talvez, das coisas mais complicadas que você vai aprender neste livro. Ele é, também, a principal fonte de dúvidas e questões nas minhas formações e cursos de Facebook.

Este Pixel nada mais é do que uma linha de código que é introduzida no seu *site* e que vai ajudar a entender quem são os usuários que estão visitando o seu *site* e permitir que você faça anúncios para eles.

Mais uma vez, vamos a um exemplo prático. Imagine que você está visitando o meu *site* e eu tenho o Pixel do Facebook instalado nele. Ao visitá-lo, o Pixel do Facebook vai depositar no seu *browser* (Google Chrome, Firefox ou outro que esteja usando) um *cookie*. Esse *cookie* vai permitir identificar que o usuário *x* visitou o *site* que tem o *pixel x*.

Desta forma, você passa a fazer parte do público de pessoas que visitaram o meu *site* e assim posso apresentar anúncios a você.

O mesmo serve para medir conversões. Como é que o Facebook sabe que um determinado usuário visitou uma página de confirmação de compra? Ele só vai saber isso se no seu *site* estiver instalado o Pixel.

# ONDE POSSO BUSCAR O PIXEL E ONDE DEVO INSTALAR?

Pegar o código do Pixel é algo simples. Basta voltar ao Menu de que falamos no capítulo anterior e selecionar a opção *Pixels*.

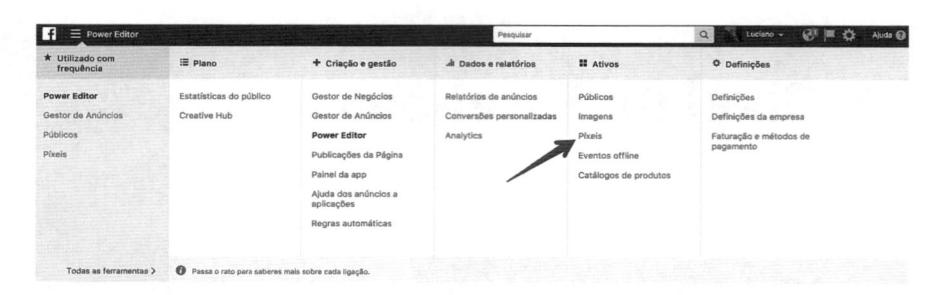

Depois, basta inseri-lo no seu *site* por cima da tag </head>. Se você não souber como fazer, recomendo que fale com um programador que ele saberá fazer isso em 2 minutos.

Depois de inserido o Pixel, o Facebook já começará a pegar dados de todas as pessoas que visitaram o seu *site*. Desta forma, você poderá criar anúncios com base nos seus visitantes (explicaremos como fazer isso mais à frente). Além disso, também passará a conseguir medir as conversões que acontecem no seu *site* quando fizer anúncios.

Outro detalhe importante: recomendo que peça ao programador – ou a quem for inserir – que deixe o Pixel em todas as páginas do seu *site*. Caso não faça isso, algumas pessoas que visitarem o seu *site* não receberão os seus anúncios.

Ter uma pessoa no seu *site* e desperdiçar a oportunidade de segmentá--la no Facebook é claramente um desperdício de dinheiro. É o mesmo que capturar contatos e depois eliminá-los. Quem visitou o seu *site* é mais propenso a ter interesse nos produtos e serviços que você vai oferecer.

Além disso, o Pixel do Facebook vai entendendo quem são as pessoas que cumprem o objetivo do seu anúncio (compra, *lead* ou qualquer outro) e começa a entregar o seu anúncio para pessoas parecidas com aquelas que já estão realizando o seu objetivo.

Resumindo: fazer anúncios para um *site* sem ter o Pixel do Facebook inserido é o mesmo que tentar jogar tênis de olhos fechados. Estará fazendo alguma coisa, mas não terá noção se está no caminho certo.

# 15. Análise dos relatórios

Como referimos anteriormente, é importante medir tudo aquilo que é feito em termos de publicidade no Facebook. Mas para conseguir fazê-lo é necessário entender como funcionam os relatórios do Facebook. Eles parecem um pouco complexos à primeira vista devido à sua elevada quantidade de métricas. Ter relatórios de muitas métricas é positivo, pois permite ter noção dos vários parâmetros da publicidade. Contudo, em alguns casos um grande número de dados pode tornar um pouco confusa a sua análise.

O segredo para contornar essa situação é olhar para os seus objetivos enquanto anunciante, deixando de lado as restantes métricas fornecidas pelo Facebook.

Normalmente existem três tipos de dados na publicidade do Facebook:

- Os **principais**, que estão relacionados com o seu objetivo principal naquela campanha (angariar fãs, gerar *leads*, conseguir vendas, etc.).

- Os dados **secundários**, que estão relacionados com a *performance* da publicidade, tais como a taxa de cliques, o número de impressões, etc.

- E por último temos os dados **menos importantes**, que são aqueles que você pode ignorar até certo ponto e continuar a ter sucesso com a sua campanha.

Antes de começar qualquer campanha no Facebook é importante perguntar a si mesmo:

*Quais são os meus objetivos para esta campanha?*

Definir claramente o que pretende com a publicidade no Facebook vai ajudar a clarear as suas principais metas. Com uma visão mais nítida daquilo que pretende, torna-se mais fácil a criação de anúncios e a análise da *performance* desses mesmos anúncios.

Mais uma vez, para conseguir acompanhar todo o raciocínio das próximas páginas, aconselho-o a ter o seu computador ligado e a seguir todas as indicações passo a passo.

# PAINEL DE RELATÓRIOS

A análise de dados das campanhas é algo fundamental e o próprio Facebook sabe disso. Por essa razão, a maior rede social do mundo conta com um painel muito simples e bem feito no qual em poucos minutos é possível perceber como estão os dados de uma determinada campanha.

Para fazer a análise das campanhas de Facebook basta ir ao canto superior direito (na mesma seta onde você foi para criar anúncios) e selecionar a opção "Gerenciar anúncios". Depois disso aparecerá à sua frente um painel com os dados das suas últimas campanhas. Algo deste gênero:

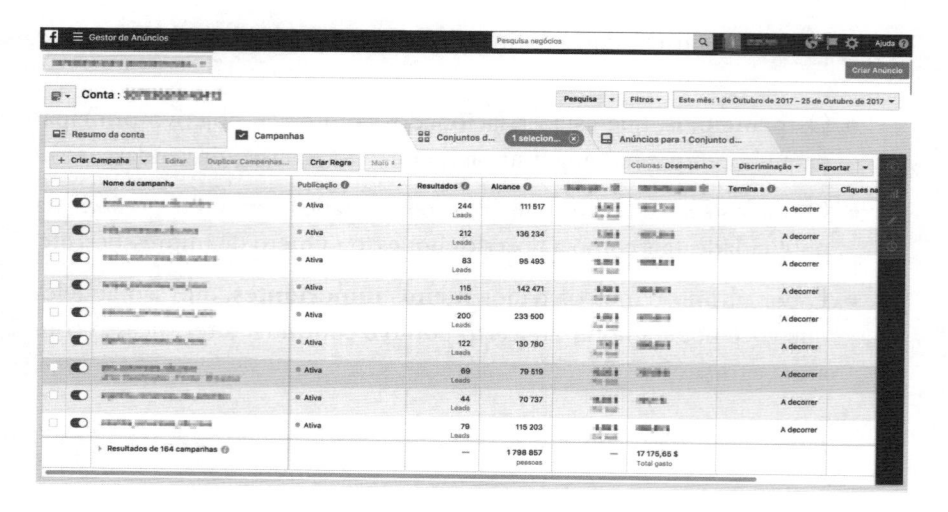

Tal como acontece na criação de anúncios, o painel de relatórios também está organizado em três níveis: *Campanhas*, *Conjuntos de anúncios* e *Anúncios*. O que você está vendo na imagem acima são as *Campanhas*. Se você clicar em cada uma delas, vai ter acesso ao *Conjunto de anúncios* e, se clicar nos *Conjuntos de anúncios*, será direcionado para os *Anúncios*.

À frente de cada campanha você tem todas as métricas fornecidas (por padrão) pelo Facebook, tais como os resultados, o alcance, o custo por resultado ou montante gasto. Estas métricas vão variar conforme o objetivo que você selecionou para a campanha.

No entanto, se você for à parte superior do painel, verá que existem três menus. Pode utilizá-los para adicionar novas métricas de análise:

Ao clicar em que cada uma dessas guias, você vai encontrar várias opções de análise, tais como a idade e o gênero das pessoas que interagiram com o seu anúncio, de que país ou estado elas são provenientes, o dispositivo que estavam usando, a taxa de cliques, o custo por cada conversão, o número de cliques para o *site*, enfim, aquilo que você quiser.

A grande questão é: Como você vai medir o sucesso das suas campanhas? Quais são as métricas mais importantes para o seu negócio?

Como referi anteriormente, uma das metas mais importantes é o seu objetivo final. Se o seu objetivo final for a venda e estiver com um bom número de vendas e as restantes métricas não estiverem boas, é um claro sinal de que está no caminho certo e que apenas precisa de otimizar as suas campanhas. Esse deve ser o seu primeiro foco.

Uma dica que costumo dar aos alunos dos meus cursos *online* é que definam um preço máximo que pretendem para cada meta. Qual será o máximo que poderá pagar por cada venda conseguida através dos anúncios do

Facebook? Ou qual o máximo que está disposto a pagar por cada *Lead*? Ao ter um teto máximo, mais facilmente vai perceber se está no caminho certo.

*Exemplo: Uma vez um potencial cliente entrou em contato comigo porque queria angariar mil Leads para o seu negócio. E a primeira pergunta que ele me fez foi: "Quanto vão me custar esses mil leads?". A minha resposta foi muito simples: "Depende". Depende, essencialmente, de quanto ele estaria disposto a pagar por cada Lead. As contas devem ser feitas sempre ao contrário. Quanto estamos dispostos a pagar por cada objetivo, multiplicando pelo número de objetivos que queremos alcançar.*

Mas se o objetivo final não estiver bom, então é este o momento de olhar para outras métricas para entender onde você está errando. Por norma, o baixo CTR (que significa, em inglês, *Click-through rate* ou taxa de cliques, em português) é a principal razão para grande parte das campanhas não serem bem-sucedidas. Sem uma boa taxa de cliques, o preço por clique torna-se mais caro e, consequentemente, as suas conversões também vão ser mais caras. Fatores como uma má segmentação, imagem pouco apelativa ou um texto do anúncio mal feito são algumas das razões mais comuns.

Lembra-se que falamos anteriormente sobre como funcionam os Leilões do Facebook, certo? Pois é, os cliques são uma demonstração de interesse muito forte.

Outra métrica que você deve ter em conta é o preço por clique. Por norma, quando o CTR é baixo, o preço por clique aumenta. Para fazer descer o preço por clique você terá, obrigatoriamente, que melhorar o seu CTR.

A Frequência com que o seu anúncio aparece ao público também tem um fator importante nas suas conversões. A Frequência é o número de vezes que o seu anúncio aparece, em média, a cada usuário. Esse valor vai depender diretamente do valor que você vai investir e do tamanho do seu público. Se investir um valor elevado, é normal que o seu anúncio apareça várias vezes ao mesmo usuário. O mesmo acontece se tiver um público pequeno.

Mas um pormenor pode dar como certo: conforme a Frequência for aumentando, o preço por conclusão do seu objetivo também vai aumentar. Então é muito importante que fique atento à frequência.

Por último, existe a Classificação de Relevância. Esta métrica foi introduzida pelo Facebook no início de 2015 e é uma forma de analisar se o seu anúncio está sendo entregue ao público certo.

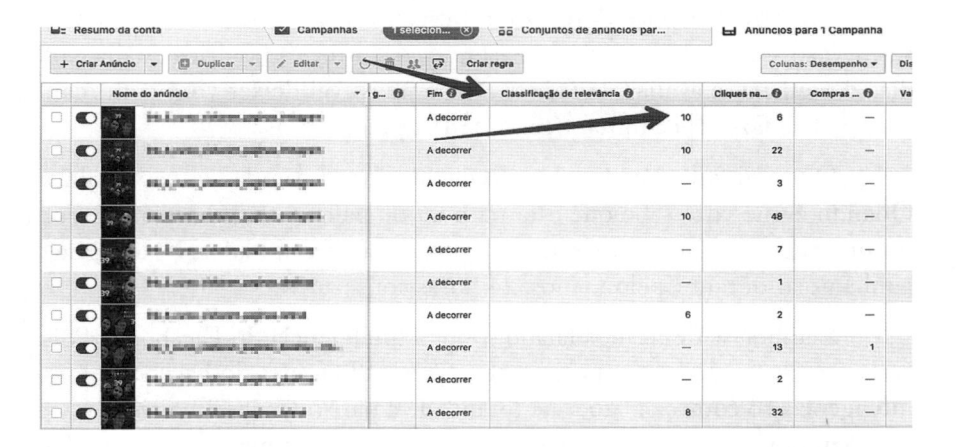

A pontuação de relevância vai de 1 a 10, sendo que 1 é a pontuação mínima e 10 é a máxima. Quanto mais baixo estiver este valor, mais caros estarão todos os processos dos seus anúncios, tais como o custo por clique ou o custo por conversão.

Obviamente que poderíamos falar aqui de outras centenas de métricas disponíveis. Porém, as que eu falei acima são algumas das mais importantes. Se estiver fazendo as suas primeiras campanhas e ficar atento a estas métricas que mencionei acima já estará num bom caminho.

## VERIFICAÇÃO DAS CAMPANHAS: DE QUANTO EM QUANTO TEMPO?

Uma das dúvidas mais comuns que os alunos do curso Facebook para Negócios me apresentam está relacionada com a verificação das campanhas. De quanto em quanto tempo uma pessoa que faça a gestão de anúncios deve verificar a *performance* das suas campanhas?

Com os meus clientes, tenho o hábito de verificar a *performance* das campanhas pelo menos uma vez por dia. Normalmente é logo pela manhã, quando começo a trabalhar.

Mas se, no seu caso, está dando os primeiros passos, aconselho que verifique a *performance* duas vezes por dia. Com o tempo, pode ir diminuindo para apenas uma vez por dia.

Um erro que você deve evitar é estar constantemente fazendo essa verificação. Os resultados variam bastante conforme os horários do dia e os dias da semana e avaliar de forma constante só vai deixar você com mais ansiedade e fazer você tomar decisões mais precipitadas.

Outra grande dúvida está relacionada com a parada das campanhas. Quando é que você sabe que está na hora de pausar uma campanha? Por norma, menos de 24 horas é sempre uma decisão precipitada. Deixe a campanha no ar durante, pelo menos, 24 horas consecutivas.

Lembra-se de termos falado sobre a inteligência do Facebook? Pois é, ela precisa de algum tempo para atuar. Segundo fontes do Facebook, essa inteligência só começa a atuar na totalidade a partir da vigésima conversão. Se o seu objetivo for gerar *leads*, o Facebook só tem uma noção exata das características do seu público ideal a partir das 20 conversões. Se a sua meta forem vendas, só a partir da vigésima venda é que a inteligência atua no máximo das suas possibilidades e daí por diante.

Outro sinal claro de que está na hora de parar as campanhas é quando a *performance* começar a cair. Quando o custo por conversão começar a ficar mais caro, quando o CTR começar a descer ou quando o custo por clique começar a subir, são claros sinais de que está no momento de pausar a campanha e de começar outra.

# 16. Power editor

E finalmente chegamos à principal plataforma de anúncios do Facebook: o Power Editor! O Power Editor é uma ferramenta criada pelo próprio Facebook que permite a criação de campanhas.

Ele tem algumas vantagens relativamente ao painel principal de criação de campanhas do Facebook. Vejamos algumas:

- As novas funcionalidades disponíveis nos anúncios são sempre testadas primeiro no Power Editor e só depois no Gerenciador de Anúncios. Se utilizar o Power Editor estará sempre na frente da sua concorrência. Antigamente, ele estava sempre alguns meses na frente do Gerenciador. Hoje, as novidades já não são lançadas com tanta antecedência, mas ainda acontece.

- Para quem faz muitas campanhas, o Power Editor é mais rápido do que o Gerenciador. Por esse motivo ele é mais usado por agências ou profissionais liberais que tenham muitos clientes.

Eu uso o Power Editor em todas as minhas campanhas e não dispenso esta ferramenta. De início ela até pode parecer um pouco complexa. No entanto, com o passar do tempo, você vai ver como ela é extremamente simples e como o seu processo de trabalho flui com muita facilidade.

No caso de você fazer os anúncios da sua própria empresa ou vender um único produto, o Power Editor não é tão necessário, pois a principal vantagem dele está na escala e no ganho de tempo.

## COMO COMEÇAR A USAR?

Atualmente existem duas formas de acessar o Power Editor.

A primeira é indo diretamente através deste URL: www.Facebook.com/ads/manage/powereditor.

Outra forma de acessar o Power Editor é através do próprio Painel de Anúncios do Facebook. No menu superior existe um atalho para o próprio Power Editor.

Repare:

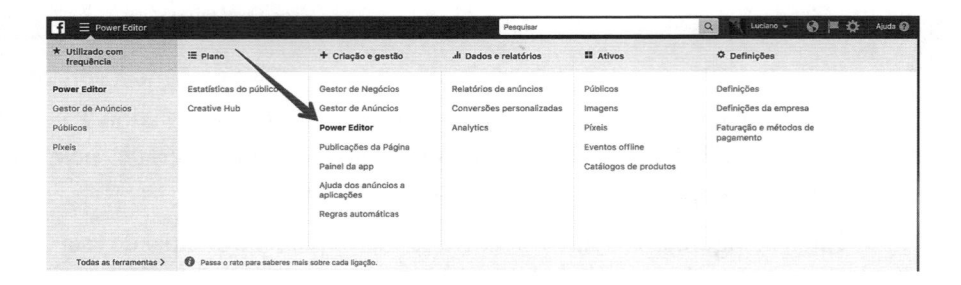

Após selecionar uma destas opções, você vai ter acesso ao painel do Power Editor. A primeira grande diferença que vai reparar é que ele tem um botão no topo. Sempre que terminar de criar as suas campanhas, tem de pressionar o botão que diz "Analisar itens de rascunho", como mostro na imagem:

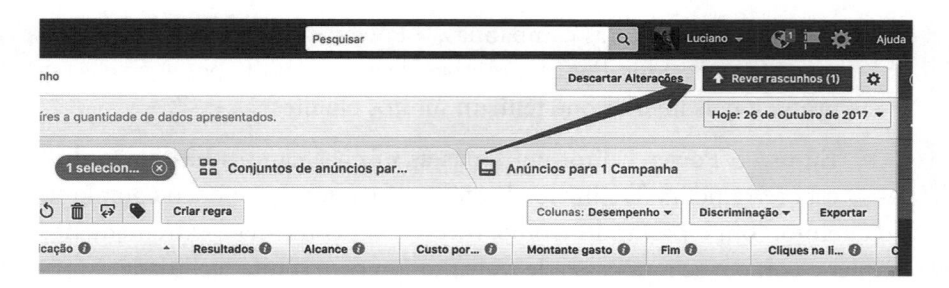

Para começar a usá-lo você tem que selecionar uma conta de anúncios, caso tenha mais do que uma. De resto, todo o processo acontece da mesma forma que no Painel de Anúncios do Facebook. Primeiro precisa criar a sua campanha, depois o conjunto de anúncios e, por fim, os seus anúncios.

Aconselho a que preste muita atenção aos botões que estão acima das suas campanhas. Estou falando destes aqui:

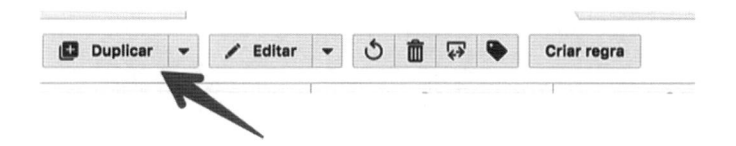

Aquele para o qual a seta está apontando é talvez o que eu mais utilize. Ele permite duplicar tudo aquilo que quiser no Power Editor. Vamos imaginar que você criou um anúncio ontem e quer replicá-lo para usar noutra campanha. Em vez de fazer o processo todo outra vez – o que aconteceria se utilizasse o Ads Manager – basta pressionar esse botão e faz-se a magia: o seu anúncio está duplicado. E com um clique vocêpode multiplicar quantas vezes quiser. Está vendo como isto pode ser útil para quem cria dezenas de campanhas todos os dias?

O Power Editor é uma ferramenta tão poderosa que eu poderia escrever um livro apenas sobre ela. No entanto, exploro-o de um modo mais profundo nos meus cursos presenciais e *online*. Se quiser saber como utilizar aquela que é a ferramenta mais poderosa do Facebook, aconselho a que faça parte da nossa próxima turma. Garanto que você não se vai arrepender ao ver as suas vendas no Facebook dispararem.

# 17. Público personalizado e público semelhante

Como já vimos acima, é possível anunciar no Facebook baseando-se nos interesses demonstrados pelos usuários. Vimos, igualmente, que esses interesses podem ser demonstrados pelas páginas que os usuários curtem, pelas publicações que fazem ou até mesmo pelas palavras que mencionam no *chat*. Apesar dessa forma de segmentação ser extremamente interessante, a verdade é que ela ainda apresenta algumas falhas.

Vamos imaginar que você vende um produto para dentistas e quer anunciar esse mesmo produto para os profissionais que são dentistas ou para donos de clínicas. Se utilizar o interesse dentistas, por exemplo, vai acabar por segmentar para alguns dentistas, mas também para pessoas que tenham interesse em contratar um dentista. E o seu produto só pode ser vendido para o primeiro grupo, certo?

Poderia aprofundar um pouco mais a sua segmentação e anunciar apenas para pessoas que tenham no seu perfil o cargo de dentista. Poderia... só que existe um problema: grande parte das pessoas não preenchem corretamente os seus perfis no Facebook, o que faz com que os seus anúncios não apareçam para muitas pessoas que até são dentistas, mas por não terem preenchido o seu perfil corretamente, não veem o anúncio.

Então, o que fazer nesse caso?

Existem aqui algumas possibilidades que podem ser exploradas. Vamos falar sobre cada uma delas.

# PÚBLICO PERSONALIZADO

Se você tem um pequeno negócio, certamente que tem uma base de *emails* ou uma base de contatos com os números de telefone dos seus potenciais clientes ou clientes antigos, certo? Se ainda não tem, vou dar a você mais um motivo para criar uma.

É que dentro do Facebook é possível fazer anúncios para pessoas que já estejam na sua base de contatos! Como? É muito simples. Cada usuário do Facebook tem o seu próprio *login*, com *email* e número de telefone. Se inserir essa sua base de dados para o Facebook, ele faz a ligação entre os dados que carregou e a base de usuários do Facebook. Depois disso, os *emails* e os telefones que corresponderem geram um público para o qual é possível fazer anúncios.

*Exemplo: Vamos imaginar que o meu email luciano@hotmail.com está na sua base de dados. E imaginemos, também, que eu faço login com a minha conta do Facebook com o mesmo email. Quando um anunciante inserir o meu email, que está na sua base de dados, para o Facebook, ele vai fazer a ligação com o meu email de usuário e me inserir nesse público.*

E, na prática, você pode fazer isso de forma muito simples. Basta ir ao Painel de Anúncios do Facebook e selecionar a opção *Públicos*.

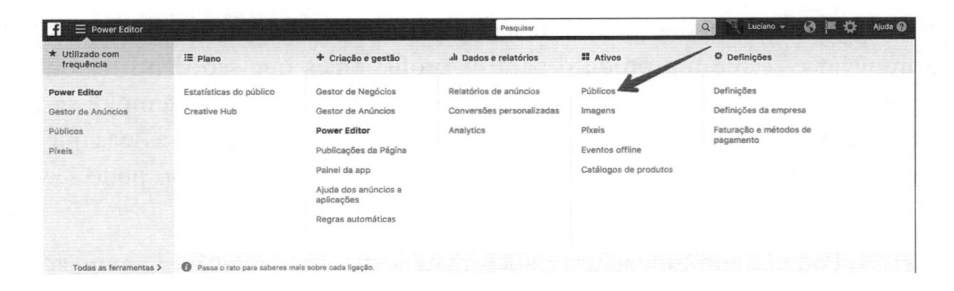

Depois, selecione a opção Criar Público. Quando você seleciona a opção Criar Público, o Facebook oferece 3 opções: *Criar um público personalizado*, *Criar Público Semelhante* e *Criar um público salvo*. Selecione a primeira opção.

# Público personalizado e público semelhante

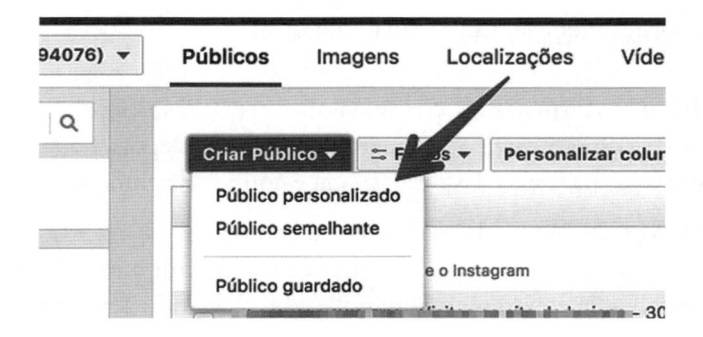

Agora o Facebook mostra as 5 possibilidades para criação de Públicos Personalizados:

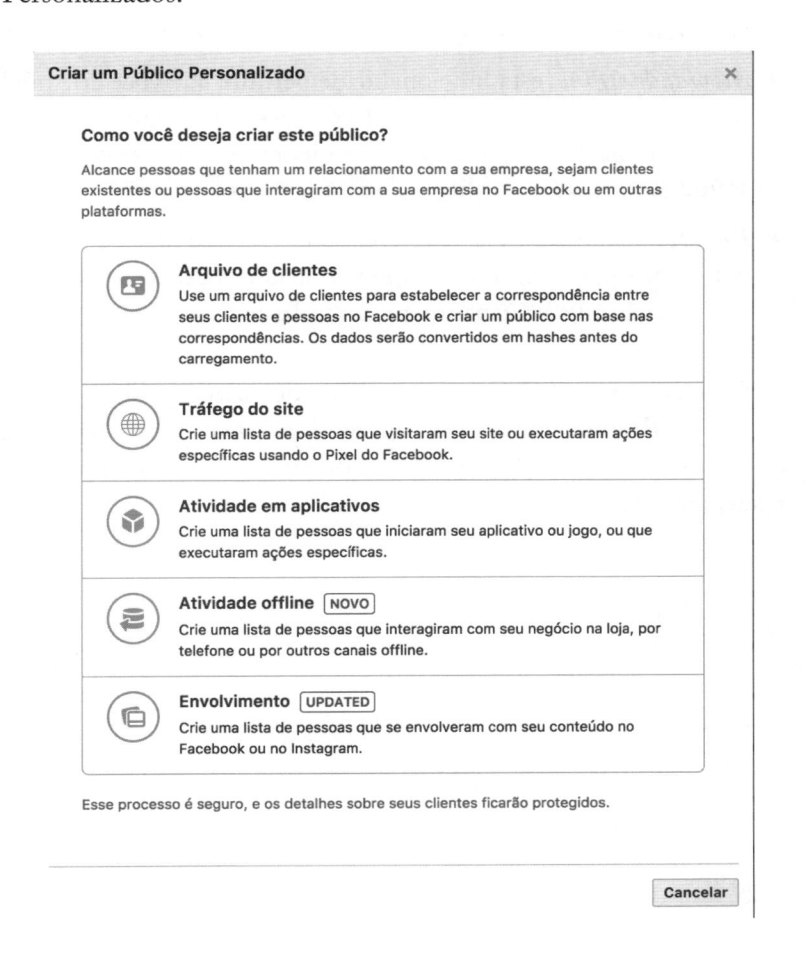

Vejamos o que significa cada uma delas:

- *Arquivo de clientes*: a partir daqui, você faz *upload* da sua base de dados como o *email* ou número de telefone. Depois, pode apresentar anúncios para eles. Esta estratégia é conhecida como *remarketing*.

- *Tráfego do site*: também conhecida como *retargeting*, esta opção permite que anuncie para as pessoas que visitaram o seu *site*. Esta funcionalidade é extremamente poderosa, chegando a gerar retornos 10 a 20 vezes superiores ao investimento.

- *Atividade em aplicativos*: esta é a possibilidade menos usada, pois está diretamente ligada a aplicativos. Com ela você pode anunciar para pessoas que estão utilizando um aplicativo seu.

- *Atividade offline*: esta funcionalidade permite que você crie públicos com base nas *Conversões offline*. Lembra-se que falamos delas anteriormente no livro? Pois é, esta segmentação permite que você crie anúncios para quem realizou alguma conversão *offline*.

- *Envolvimento*: com ela você consegue criar públicos com base no tempo que passaram visualizando os seus vídeos, no preenchimento nos anúncios de *leads*, na interação do Instagram e muito mais!

Se atualmente você já tem uma lista de *emails*, pode começar já a carregá-la no Facebook através da opção *Arquivo de clientes*. Você precisa apenas ter essa lista num documento *csv* ou em *txt* e ela estará pronta a ser carregada para o Facebook.

## Público personalizado e público semelhante

[Figura: Interface "Criar um Público Personalizado" do Facebook, etapa 1 de 4 - Adicionar lista de clientes]

Por último, basta definir um nome para esse mesmo público e pronto: terá criado o seu primeiro público e estará apto para anunciar a ele. Terá algo deste gênero no seu painel de públicos:

[Figura: Exemplo de linha do painel de públicos mostrando "Conteudos semanais - total", "Público personalizado - Lista de clientes", "17 000", "Pronto - Última atualização às 27-03-2017", "27-03-2017 22:15", "6083652213326"]

Repare como para cada público é gerado um nome (escolhido previamente por você), uma informação do tipo de público, o número de pessoas que estão nesse público e se ele está ou não pronto. Quando você sobe pela primeira vez a sua lista de contatos, é normal que o Facebook mostre, no último retângulo, uma mensagem informando que o público ainda não está pronto. Porém, essa situação normalmente fica regularizada ao fim de 30 minutos.

A opção seguinte que o Facebook fornece quando você cria o Público Personalizado é a de *Tráfego do site*.

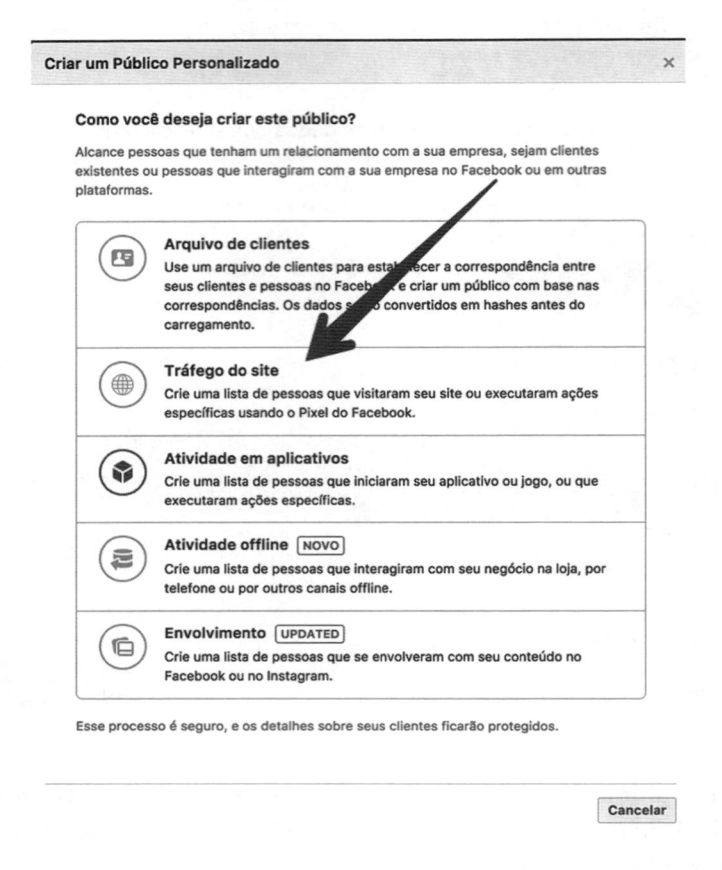

**Criar um Público Personalizado**

**Como você deseja criar este público?**

Alcance pessoas que tenham um relacionamento com a sua empresa, sejam clientes existentes ou pessoas que interagiram com a sua empresa no Facebook ou em outras plataformas.

**Arquivo de clientes**
Use um arquivo de clientes para estabelecer a correspondência entre seus clientes e pessoas no Facebook e criar um público com base nas correspondências. Os dados são convertidos em hashes antes do carregamento.

**Tráfego do site**
Crie uma lista de pessoas que visitaram seu site ou executaram ações específicas usando o Pixel do Facebook.

**Atividade em aplicativos**
Crie uma lista de pessoas que iniciaram seu aplicativo ou jogo, ou que executaram ações específicas.

**Atividade offline** [NOVO]
Crie uma lista de pessoas que interagiram com seu negócio na loja, por telefone ou por outros canais offline.

**Envolvimento** [UPDATED]
Crie uma lista de pessoas que se envolveram com seu conteúdo no Facebook ou no Instagram.

Esse processo é seguro, e os detalhes sobre seus clientes ficarão protegidos.

[Cancelar]

Esta é, na verdade, uma das formas mais eficazes de anunciar no Facebook. A explicação para isso é muito simples. Se alguém já visitou o seu *site*, significa que pesquisou pela sua empresa ou que a encontrou de alguma forma. Se essa mesma pessoa, logo em seguida, recebe um anúncio no Facebook relacionado com a sua empresa ou produto, a probabilidade de comprar alguma coisa torna-se extremamente elevada.

Mas como é que o Facebook sabe que alguém visitou o seu *site*? E como você sabe que foi exatamente aquele usuário? Como já vimos aqui: o Pixel é o responsável por esse trabalho.

A imagem a seguir representa muito bem como funciona todo o processo na prática:

## Público personalizado e público semelhante

| O USUÁRIO | VISITA O SEU SITE | MAS SAI SEM COMPRAR NADA | VOCÊ APRESENTA UM ANÚNCIO PARA ELE NO FACEBOOK |

ELE REGRESSA AO SEU SITE

Um bom teste que você pode fazer para verificar como é a experiência do usuário é visitar *sites* de viagens ou de reserva de hotéis. Verá que, poucos minutos depois, na sua conta do Facebook vai ter vários anúncios relacionados com esses temas.

Antes de terminar este ponto, gostaria de alertar para um pormenor que certamente vai aumentar as suas vendas com o *retargeting*. Não se esqueça que um usuário que recebe um anúncio de *retargeting* do seu *site* está numa fase de compra diferente. Por esse motivo, a comunicação com ele deve ser mais personalizada e diferente da comunicação que é realizada para aqueles que não conhecem a sua empresa. Repare nas duas imagens usadas em anúncios que estão logo a seguir:

**Luciano Larrossa**
Escrito por Diego Rangel [?] · 3/10 às 19:28

Se você é Coach, dá aulas online ou produz eventos, chegou a sua hora de fazer transmitir seu conteúdo AO MESMO TEMPO na sua Fan page e Youtube através do Computador! Este treinamento te ensina, ainda, a transmitir vídeos gravados como se fosse ao vivo, colocar 2 câmeras ou mais, fazer entrevistas com quantas pessoas quiser ao vivo, apresentar de slides, conversar ao vivo com sua audiência pelo WhatsApp, gravação de tela e muito mais! 😊 Aprenda tudo isso e muito mais clicando aqui: https://goo.gl/SRDybb

TRANSMITA AO VIVO DO SEU COMPUTADOR PARA SUA FANPAGE
AUMENTE A SUA INTERAÇÃO E AS VENDAS DO SEU NEGÓCIO!

Faça Transmissões Ao Vivo 100% Profissionais!
● AUMENTE A SUA VISIBILIDADE E VENDAS NA FANPAGE E YOUTUBE
CURSOS.LUCIANOLARROSSA.COM — Saber Mais

Reparou nas diferenças? Na primeira imagem anunciamos as vantagens do nosso curso. Na outra, já personalizamos a mensagem com a frase "Vimos que visitou a nossa página..." e "Vai mesmo ficar de fora?". Clientes em fases diferentes de compra exigem abordagens diferentes. Obviamente que a primeira imagem tinha como objetivo angariar pessoas interessadas, mas que não conheciam o curso, enquanto a segunda pretendia converter em clientes as pessoas que já tinham demonstrado interesse.

Lembre-se: para momentos de compra diferentes, comunicações diferentes.

Outra opção que costumo usar é a de anunciar com base no envolvimento que aconteceu nos meus conteúdos. Ele é a última das 5 opções mas não é por isso que deixa de ser interessante.

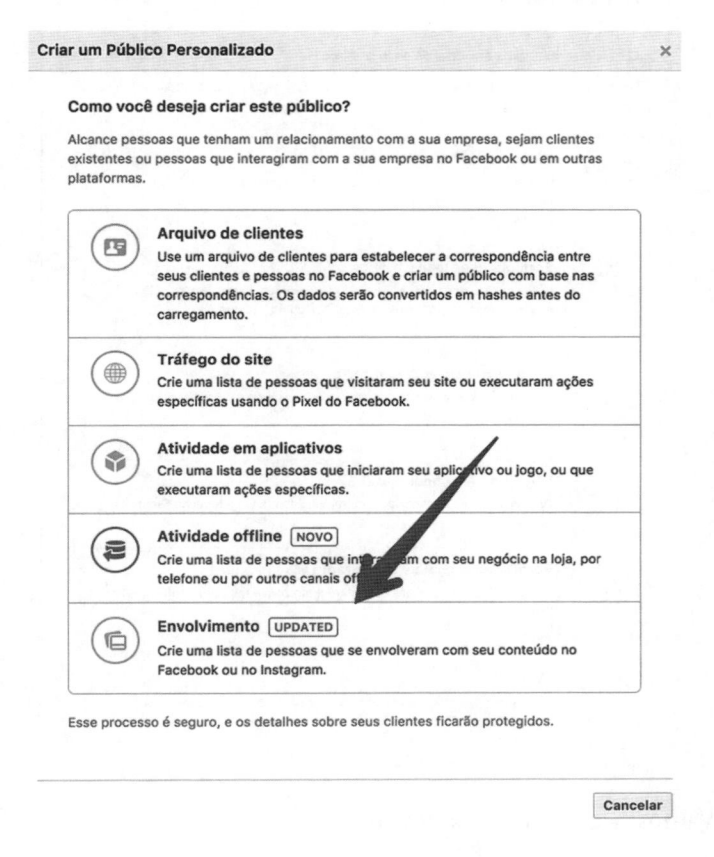

**Criar um Público Personalizado**

**Como você deseja criar este público?**

Alcance pessoas que tenham um relacionamento com a sua empresa, sejam clientes existentes ou pessoas que interagiram com a sua empresa no Facebook ou em outras plataformas.

**Arquivo de clientes**
Use um arquivo de clientes para estabelecer a correspondência entre seus clientes e pessoas no Facebook e criar um público com base nas correspondências. Os dados serão convertidos em hashes antes do carregamento.

**Tráfego do site**
Crie uma lista de pessoas que visitaram seu site ou executaram ações específicas usando o Pixel do Facebook.

**Atividade em aplicativos**
Crie uma lista de pessoas que iniciaram seu aplicativo ou jogo, ou que executaram ações específicas.

**Atividade offline** [NOVO]
Crie uma lista de pessoas que interagiram com seu negócio na loja, por telefone ou por outros canais offline.

**Envolvimento** [UPDATED]
Crie uma lista de pessoas que se envolveram com seu conteúdo no Facebook ou no Instagram.

Esse processo é seguro, e os detalhes sobre seus clientes ficarão protegidos.

[Cancelar]

Ao clicar nela, vai ver que ela abre outras 6 opções. São 6 opções de públicos que é possível criar com base em envolvimentos diferentes:

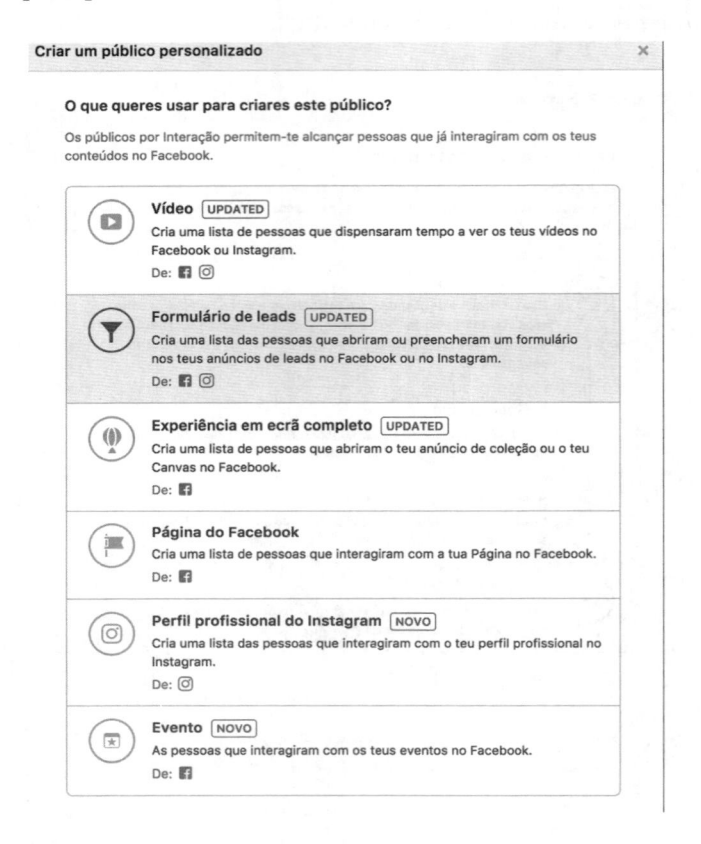

**Criar um público personalizado**

**O que queres usar para criares este público?**
Os públicos por Interação permitem-te alcançar pessoas que já interagiram com os teus conteúdos no Facebook.

- **Vídeo** [UPDATED]
  Cria uma lista de pessoas que dispensaram tempo a ver os teus vídeos no Facebook ou Instagram.
  De: 🇫 📷

- **Formulário de leads** [UPDATED]
  Cria uma lista das pessoas que abriram ou preencheram um formulário nos teus anúncios de leads no Facebook ou no Instagram.
  De: 🇫 📷

- **Experiência em ecrã completo** [UPDATED]
  Cria uma lista de pessoas que abriram o teu anúncio de coleção ou o teu Canvas no Facebook.
  De: 🇫

- **Página do Facebook**
  Cria uma lista de pessoas que interagiram com a tua Página no Facebook.
  De: 🇫

- **Perfil profissional do Instagram** [NOVO]
  Cria uma lista das pessoas que interagiram com o teu perfil profissional no Instagram.
  De: 📷

- **Evento** [NOVO]
  As pessoas que interagiram com os teus eventos no Facebook.
  De: 🇫

Vamos falar sobre cada uma delas:

- **Vídeo:** com esta opção, você vai poder criar públicos com base nas visualizações dos seus vídeos e no tempo que as pessoas passaram consumindo o seu conteúdo em vídeo. Você pode, por exemplo, criar um público com todos os usuários que visualizaram pelo menos 50% dos seus últimos 3 vídeos. Ou criar públicos com base naqueles que viram pelo menos 95% do seu último vídeo.

- **Formulário de cadastro:** lembra-se que falamos anteriormente no objetivo de anúncio de Geração de *Leads*, no qual, em vez do usuário ir para um *site*, ele abria um formulário e podia se inscrever? Pois é, o Facebook permite que você crie públicos baseado nas ações dos usuários nesses formulários (se só abriram e não se inscreveram; se realizaram a inscrição, etc.).

- **Experiência em tela cheia:** lá atrás no livro falamos de alguns formatos de anúncios, entre os quais o Canvas e os anúncios de Coleção. Eles não são muito usados, mas mesmo assim o Facebook permite que você crie públicos com base nos usuários que abriram por completo esses formatos de anúncios.
- **Página do Facebook:** esta é, para mim, das melhores opções. Ela permite que você crie público com base nas interações que aconteceram na sua página. Se você cria muito conteúdo não pago e gera muita interação, depois poderá apresentar anúncios para quem gostou, comentou ou compartilhou os seus conteúdos.
- **Perfil comercial do Instagram:** este ponto é igual ao anterior, apenas com a diferença que em vez de criar públicos com base nas interações do Facebook, você cria com base nas interações do Instagram.
- **Evento:** se você faz eventos no Facebook, vai adorar esta opção. Ela permite que você anuncie para quem confirmou que vai ao evento, que demonstrou interesse ou ambos.

Depois de criar os seus públicos – não existe um limite de quantos pode criar – você pode começar a usá-los nos seus anúncios de Facebook. Para isso, na parte da segmentação, você precisa selecionar a opção *Públicos Personalizados*. Veja:

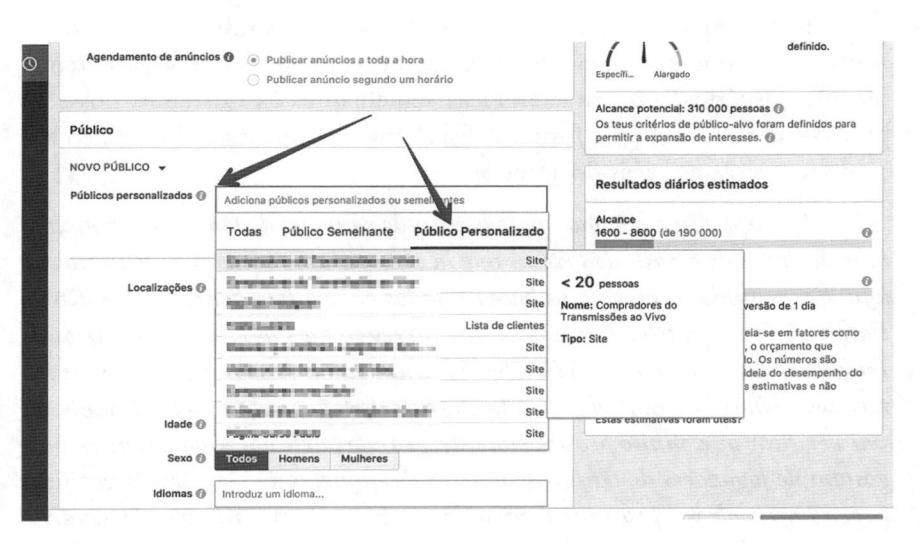

Quando fizer isso, tenha atenção a um detalhe importante. Se usar o seu Público Personalizado e uma segmentação de interesses, esses interesses vão estar dentro desse público. Vamos a um exemplo:

*Imagine que pretende anunciar para as pessoas que interagiram com você no Facebook, selecionando o público personalizado correspondente. E, na parte dos interesses, você insere o interesse* marketing, *por exemplo. O que você está pedindo ao Facebook é que segmente para as pessoas que fazem parte daquele público personalizado E QUE têm interesse em* Marketing.

Desta forma, se você tiver um Público Personalizado muito pequeno e ainda for segmentá-lo por interesses, ele vai se tornar muito reduzido. Tenha cuidado com isso. Por vezes, é melhor criar um Conjunto de Anúncios específico para Públicos Personalizados e outro para segmentações de interesses.

## PÚBLICOS SEMELHANTES

O Público Personalizado é uma opção interessante. No entanto, tem uma limitação: o número de pessoas que ele consegue alcançar. Se a sua base de dados for de 10 mil *emails*, os seus anúncios só vão atingir esses 10 mil contatos. E depois disso? Terá que voltar a anunciar baseado em interesses? Não, ainda não.

Isto porque o Facebook tem uma opção denominada *Públicos Semelhantes*. O que esta opção faz é expandir os públicos que você já tem e procurar usuários com características semelhantes às existentes nos seus públicos já criados. Desta forma, o Facebook cria um segundo público baseado nas características do anterior.

*Exemplo: Imaginemos que você vende raquetes de tênis e que tem uma base de dados de emails de pessoas que já compraram raquetes de tênis na sua loja. Em seguida, carrega essa base de dados para o Facebook. Depois disso o Facebook faz o match entre a base que carregou da sua loja e os usuários do Facebook. Após esse match, o Facebook faz uma análise sobre os principais interesses da base de emails da sua loja. No caso da loja para raquetes de tênis, ele vai verificar que, muito provavelmente, grande parte dos usuários dessa base gostam de jogadores de tênis e de marcas de raquetes de tênis. Após verificar isso, o Facebook vai procurar dentro da sua base outros milhares de usuários que tenham interesses semelhantes. A partir disso, cria o seu segundo público.*

Vamos ver como funciona na prática.

Você terá que ir novamente à opção dos públicos, mas desta vez selecionar a opção *Públicos Semelhantes*.

Em seguida o Facebook vai perguntar qual será a origem e qual o país de origem desse Público Semelhante.

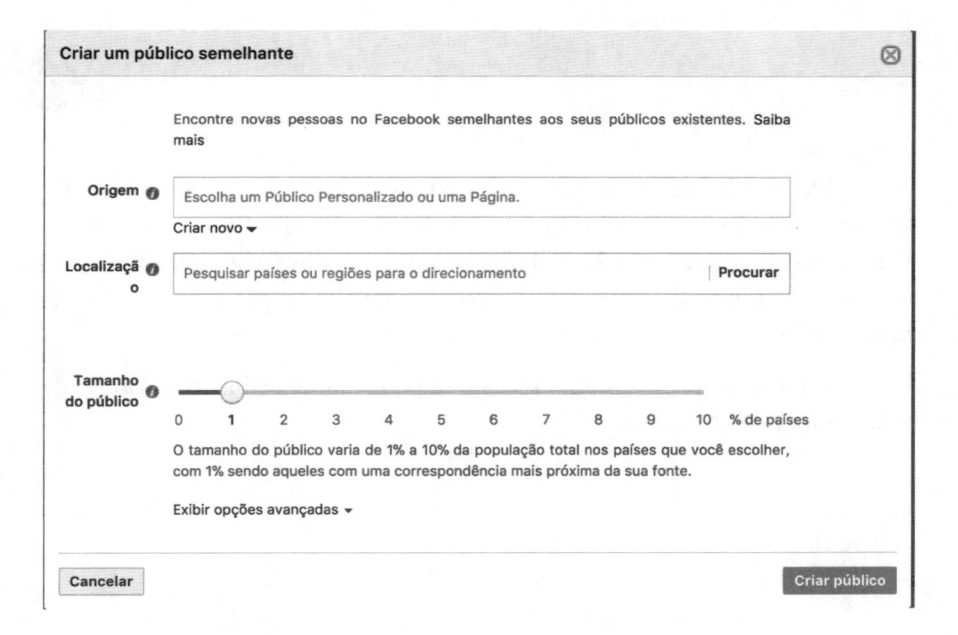

A origem pode ser um Público Personalizado ou até mesmo uma página, como mostro abaixo:

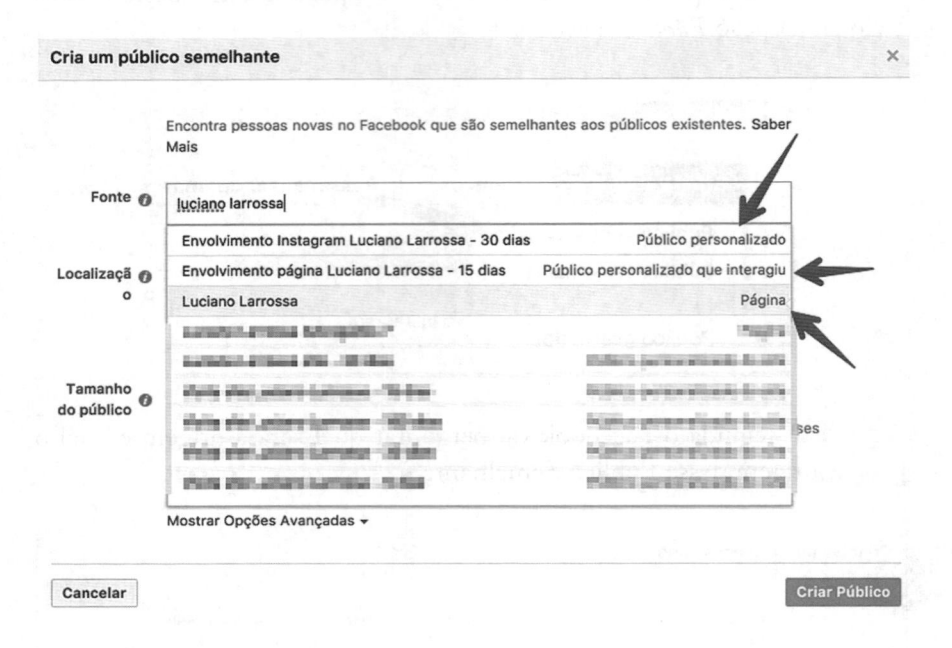

**Cria um público semelhante**

Encontra pessoas novas no Facebook que são semelhantes aos públicos existentes. Saber Mais

Fonte: luciano larrossa

| | |
|---|---|
| Envolvimento Instagram Luciano Larrossa - 30 dias | Público personalizado |
| Envolvimento página Luciano Larrossa - 15 dias | Público personalizado que interagiu |
| Luciano Larrossa | Página |

Mostrar Opções Avançadas

[Cancelar] [Criar Público]

Depois de escolhida a fonte e o país, o Facebook sugere sempre um tamanho possível para esse seu segundo público. Normalmente esse valor varia entre 1 milhão e os 10 milhões se falarmos em países grandes como o Brasil. Se falarmos em países menores, como Portugal, esse valor pode variar entre os 60 mil e 600 mil.

Em baixo, repare como o Facebook pede que selecione uma opção de escolha que vai de 1% até 10%:

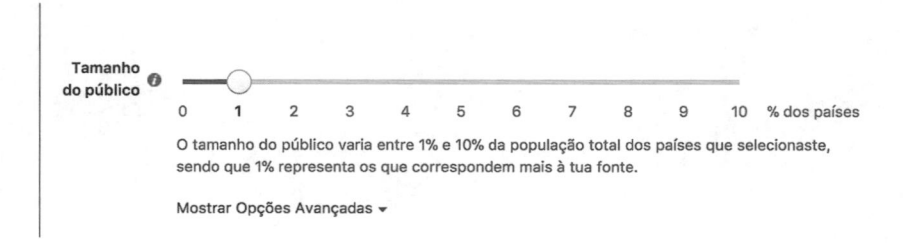

Tamanho do público

0  1  2  3  4  5  6  7  8  9  10  % dos países

O tamanho do público varia entre 1% e 10% da população total dos países que selecionaste, sendo que 1% representa os que correspondem mais à tua fonte.

Mostrar Opções Avançadas

O que o Público Semelhante faz é buscar pessoas parecidas com aquelas que você selecionou como fonte inicial. Se eu criar um Público Semelhante das pessoas que gostaram da minha página, o Facebook vai procurar pessoas parecidas com os meus fãs. No entanto, a opção acima, do tamanho do público, tem um papel importante aqui. Quanto mais próximo do 1% estiver, mais parecido com a fonte original este público vai ser. Quanto mais próximo dos 10%, menos parecido ele vai ser.

Um exemplo: Em Portugal, se selecionar 1% vai ter um público com 62 mil pessoas e bastante parecido com o original. Se selecionar 10%, vai ter um público de 620 mil pessoas, mas elas serão muito diferentes do público original. É uma questão de fazer testes e entender qual a opção que funciona melhor para o seu negócio. Geralmente não passo dos 3%.

Agora basta clicar em *Criar público* e o Facebook começa a criar um novo público. Por norma, a criação deste público demora sempre algumas horas. Se entrar no seu painel de anúncios, vai ver algo deste gênero:

| | Lookalike (BR, 1%) - Visitas ao site do luciano - 30 dias | Público semelhante Visitas ao site do luciano - 30... | 1 200 000 | ● Pronto | 17-10-2017 19:41 |

Repare em alguns pormenores interessantes. Em primeiro lugar que, por padrão, o Facebook dá o nome ao seu público de *lookalike*, seguido do nome do país do público e a percentagem de proximidade. Outro pormenor é que ele informa se o seu público está pronto ou não. Por norma, o público ficará com um círculo vermelho durante algumas horas. Quando esse círculo ficar verde, é sinal que o público está pronto a ser usado, tal como mostramos na imagem.

# COMO ANUNCIAR PARA O PÚBLICO SEMELHANTE E PARA O PÚBLICO PERSONALIZADO?

O processo para anunciar para o Público Semelhante é o mesmo que mostramos para o público personalizado. Basta selecionar o público e a partir daí apresentar anúncios para ele. Lembrando que se usar os interesses, ele vai afunilar o seu público que está presente no Público Semelhante.

## 18. Regras para aumentar o sucesso dos seus anúncios

Até aqui temos falado muito em segmentação e utilização das suas bases de dados para criar anúncios. É essencial entregar os seus anúncios às pessoas certas e tenho a certeza de que você está preparado para isso. Porém, agora vem o passo seguinte: a criação de anúncios atraentes. Porque não adianta entregar o seu anúncio à pessoa certa se o anúncio não gerar vontade de ser clicado.

Durante os últimos anos tenho seguido alguns princípios que têm garantido bons resultados com a criação de anúncios. Muitos deles eu explico nas minhas formações presenciais ou cursos *online* e já têm sido utilizados com os meus alunos com bastante sucesso. Mas como também quero que você seja bem-sucedido com os anúncios do Facebook – e tenho a certeza que vai conseguí-lo – vou partilhar com você algumas dessas dicas.

### 1. Se usar *links* coloque um *call to action*

Uma das coisas que não podemos esquecer quando fazemos anúncios é que o usuário que vai receber os nossos anúncios não tem a mesma sensibilidade para a plataforma do que nós. Muitos usuários do Facebook não sabem onde clicar para ler um texto, não sabem como marcar uma pessoa para responder a um comentário ou até mesmo como pesquisar pela pessoa que querem encontrar.

E essa mesma discrepância deve ser levada em conta nos anúncios. Algumas pessoas que vão receber os seus anúncios simplesmente não sabem onde clicar para ter acesso ao produto que você está oferecendo! É muito comum fazer anúncios para os meus livros e alguns usuários me perguntarem: "Onde posso comprar o livro?". Acredite: isso acontece!

Uma das formas de diminuir esse tipo de situações é inserindo na imagem um *Call to Action*. O *Call to Action* é uma chamada que tem como objetivo levar o usuário a ter uma ação, tal como clicar num anúncio, deixar um comentário, compartilhar, etc.

Veja abaixo como ficou nesta imagem:

O botão "Crie o seu aqui" deixa bem claro onde o utilizador deve clicar para conseguir utilizar o produto.

## 2. Realce o benefício

Outro pormenor que qualquer pessoa que faz anúncios não deve esquecer é que as vendas acontecem, principalmente, através da emoção e não da razão. Infelizmente, vejo muitos anúncios do Facebook que realçam as características dos produtos (as razões), em vez dos benefícios que o produto traz aos clientes (emoções). Repare no texto que está no topo e no título da mesma imagem:

Este é um exemplo de como as emoções dos potenciais clientes são exploradas em detrimento da razão. "Transforme visitantes em clientes" e "Aumente as vendas do seu *site*" são benefícios claros que a ferramenta apresenta aos seus clientes. O anúncio poderia enumerar que o *site* tem um **design** agradável ou que o *chat* é uma forma de comunicar com os potenciais clientes, mas não é isso que o seu público-alvo quer, pelo menos de forma direta. Neste caso, o público-alvo só quer uma coisa: aumentar as vendas do seu *site* utilizando um *chat*.

Vejamos outro exemplo.

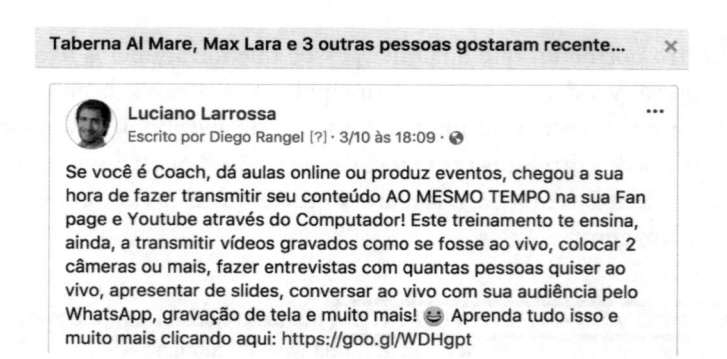

> **Taberna Al Mare, Max Lara e 3 outras pessoas gostaram recente...**
>
> **Luciano Larrossa**
> Escrito por Diego Rangel [?] · 3/10 às 18:09
>
> Se você é Coach, dá aulas online ou produz eventos, chegou a sua hora de fazer transmitir seu conteúdo AO MESMO TEMPO na sua Fan page e Youtube através do Computador! Este treinamento te ensina, ainda, a transmitir vídeos gravados como se fosse ao vivo, colocar 2 câmeras ou mais, fazer entrevistas com quantas pessoas quiser ao vivo, apresentar de slides, conversar ao vivo com sua audiência pelo WhatsApp, gravação de tela e muito mais! 😄 Aprenda tudo isso e muito mais clicando aqui: https://goo.gl/WDHgpt

Este anúncio acima é referente a um curso de Transmissões ao Vivo que vendo através de anúncio no Facebook. Repare como realço algumas transformações e benefícios que o usuário vai receber ao fazer parte do curso:

- *Chegou a sua hora de fazer transmitir seu conteúdo AO MESMO TEMPO na sua Fan Page e YouTube através do Computador!*
- *Este treinamento te ensina, ainda, a transmitir vídeos gravados como se fossem ao vivo*
- *Colocar 2 câmeras ou mais*
- *Fazer entrevistas com quantas pessoas quiser ao vivo*
- *Fazer apresentação com slides*
- *Conversar ao vivo com sua audiência pelo WhatsApp*
- *Gravação de tela*

Eu podia falar que o curso tem um determinado número de horas, o meu currículo ou que os alunos vão poder deixar dúvidas. Mas não é isso que, à primeira vista, as pessoas querem. Elas querem saber como aquele curso vai transformar a vida delas e é isso que eu tenho que comunicar.

## 3. Elimine objeções

O seu anúncio no Facebook também pode aproveitar para matar algumas objeções que os potenciais clientes tenham sobre os seus produtos. Enumere algumas delas e utilize-as para complementar o texto. Veja na imagem abaixo um exemplo disso mesmo:

O anunciante deixou logo claro que a sua ferramenta de *chat* não obriga à utilização de cartão de crédito nem irá demorar muito tempo a ser instalada.

## 4. Simplifique o seu texto

A atenção do usuário do Facebook é o bem mais precioso que você pode ter. Quando ele visualizar o seu anúncio, é importante que saiba captar a atenção dele e que consiga transmitir a sua mensagem da forma mais direta possível.

Para conseguir ser direto, é necessário transmitir a mesma quantidade de informação no menor número de palavras possível. Confira um exemplo que poderia ser utilizado na descrição de um anúncio de *link*:

"*Clique aqui e saiba como os nossos alunos estão aumentando o seu faturamento em até **duzentos por cento**! E tudo isso usando apenas os **três passos** do nosso curso.*"

vs

"*Clique aqui e saiba como os nossos alunos estão aumentando o seu faturamento em até **200%**! E tudo isso usando apenas os **3** passos do nosso curso.*"

Trocar palavras por números, sempre que possível, simplifica a mensagem e torna-a mais fácil de ler. Você tem poucos segundos para chamar a atenção do seu potencial cliente. Aproveite!

## 5. O mais importante vem primeiro

E quando o objetivo é captar a atenção do usuário, é determinante que você transmita o mais rapidamente possível a sua ideia principal. Ao fim de 2 ou 3 segundos, é importante que o usuário já saiba aquilo que a sua empresa está oferecendo. Veja mais um exemplo de como ficaria na prática:

"*Aprenda a melhorar os seus resultados no Facebook através do nosso ebook. Clique aqui e faça o download gratuito.*"

vs

"***Baixe grátis agora mesmo*** *o ebook Facebook Marketing e comece a melhorar os resultados da sua Fan Page **ainda HOJE**! Clique na imagem para fazer o download.*"

## 6. Cores complementares

Grande parte dos pequenos anunciantes tem que enfrentar um problema comum: eles próprios têm que criar as imagens para os seus anúncios. Apesar de aconselhar sempre os meus alunos a contratar um *designer* para fazer as imagens dos seus anúncios, também sei que muitas vezes, na prática, isso não é possível. Se você é um desses casos, não se preocupe. Vou dar uma dica que vai ajudar a, pelo menos, criar imagens um pouco mais atraentes: utilize cores complementares. As cores complementares tornam a combinação de cores no seu anúncio mais atraente e você não corre o risco de fazer combinações de cores que atrapalhem a *performance* do seu anúncio. Uma rápida busca no Google por cores complementares é o suficiente para saber quais deve utilizar.

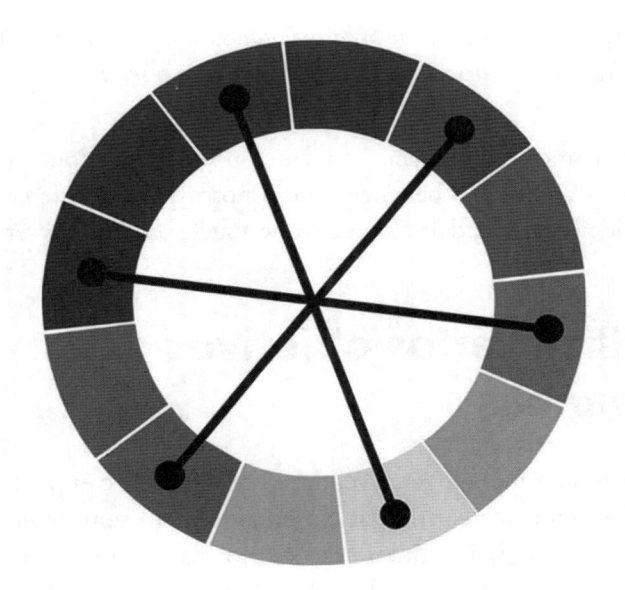

## 7. Pouco texto ajuda

Desde que o Facebook trocou a regra da quantidade de texto, ter menos texto tem ajudado a melhorar a *performance* dos anúncios. O Facebook parece entregar a mais pessoas imagens com menos texto. Por isso, se puder transmitir a sua mensagem e ter pouco texto na imagem, provavelmente o seu anúncio vai chegar a mais pessoas.

## 8. Seja específico

Outro dos segredos para uma boa *copy* no seu anúncio é ser o mais específico possível no valor que entrega ao seu potencial cliente. Vejamos um exemplo:

*"Adquira o nosso curso de produtividade e saiba como ganhar mais tempo no seu dia a dia."*

vs

*"Adquira o nosso curso de produtividade e trabalhe menos **1 hora por dia**!"* ou *"Adquira o nosso curso de produtividade e faça o seu trabalho **5 vezes mais rápido**!"*

Viu como uma pequena mudança no texto mudou a percepção do cliente relativamente ao benefício que o nosso produto oferece? Ele agora tem uma ideia do verdadeiro impacto que aquele produto vai ter na vida dele.

## 9. Utilize vários objetivos de campanhas

Quando a meta é gerar vendas, o objetivo de campanha mais utilizado são os anúncios com *links*. No entanto, nem sempre levar o usuário para o *site* através de um link direto é o formato mais certo. Em algumas situações, utilizar o vídeo pode ser uma excelente opção. Em outras situações, as imagens geram melhores conversões. Então cabe a você testar as várias possibilidades existentes no Facebook. Tenho alunos que vendem muito bem através do vídeo, por exemplo. Outros vendem muito usando só imagens. Tudo depende do seu negócio. Testar é sempre a melhor forma.

## 10. Fique atento aos comentários

Quando investimos dinheiro nos anúncios do Facebook, eles acabam por chegar a todo o tipo de usuários. Alguns clicam, outros dizem que adoraram o produto, enquanto outros veem os anúncios e só querem criticar produtos. E é com este último grupo que temos de ter cuidado. Se visualizar algum comentário negativo no seu anúncio, exclua-o, oculte ou responda, mas jamais deixe um comentário desses por responder. Isto porque os outros usuários acabam por visualizar o comentário e podem não clicar no seu anúncio devido a isso. E com menos cliques, o seu anúncio acaba por tornar-se mais caro. Resolva os problemas com os *haters* o quanto antes, pelo bem da sua carteira.

## 11. Você não tem *site* ou o seu *site* não converte? Encaminhe para Messenger, WhatsApp ou telefone

Muitas pessoas ficam à espera que os usuários vejam o seu anúncio, visitem a página e entrem em contato. Mas isso não funciona dessa forma. Se você quer que as pessoas entrem em contato para comprar os seus produtos, tem que deixar claro para onde elas devem ir nesse momento. Exemplo:

*Aprenda a fazer anúncios no Facebook de forma eficaz com este livro! Preço de pré-lançamento. Para garantir o seu entre em contato para o número XXXX ou fale comigo pelo Messenger aqui na página! Clique aqui >> m.me/lucianovlarrossa Últimas unidades!*

Não existe o local perfeito para encaminhar os clientes após eles visualizarem o seu anúncio. Encaminhe para onde quiser, desde que isso traga resultados para o seu negócio.

## 12. Atenção a vídeos sem legendas

Como já vimos anteriormente, a maioria dos usuários consomem vídeos sem som no Facebook e no Instagram. Se for fazer um anúncio em vídeo, tente inserir legendas ou criar um vídeo que possa ser entendido sem necessidade do som ser ativado. *Softwares* como o Adobe Premiere podem ajudar na criação de legendas. Se tiver um iPhone, o aplicativo Clips cria legendas automáticas nos seus vídeos.

## 13. Os públicos mais próximos rendem sempre melhores resultados

Já falamos aqui de Públicos Personalizados e Públicos Semelhantes e vimos como eles podem ser poderosos. Se você já tem possibilidade de criar esses públicos, recomendo que comece a anunciar para eles em vez de explorar os interesses. Devido à proximidade, este tipo de público torna-se mais propício a comprar os seus produtos.

# 19. Como fazer vendas com os fãs que você já tem na sua página

Ter fãs no Facebook é relevante, mas, como eu sempre digo, "os fãs não pagam contas". Ter muitos fãs é importante porque a página atinge mais pessoas, tem maiores probabilidades de venda, entre outros fatores. Contudo, é necessário transformar esses fãs em vendas ou em possíveis clientes, caso contrário, você só estará perdendo tempo e dinheiro (que possivelmente poderiam ser canalizados para algo mais rentável).

Para ajudar neste desafio tão empolgante e ao mesmo tempo tão desafiador, criei um capítulo em que compartilho com você algumas técnicas que utilizo para levar os fãs da página até ao meu negócio e aos negócios dos meus clientes.

## 1. Fazer descontos

As pessoas adoram descontos e no Facebook não é diferente. De tempos em tempos, faça alguns anúncios falando sobre descontos temporários nos seus produtos. Quando o fizer, tenha cuidado para:

- Fazer anúncios com descontos elevados. Normalmente aconselho que faça descontos acima dos 25%.

- Faça descontos com prazos curtos. Dois dias é o suficiente. Se tiver um prazo muito longo os fãs tendem a não realizar a compra.
- Deixe bem claro ao seu potencial cliente quanto ele vai poupar com a promoção.
- Deixe bem claro ao seu potencial cliente até quando vai estar disponível a sua promoção.

## 2. Faça anúncios específicos para os seus fãs

Como já vimos neste livro, é possível fazer anúncios para os seus fãs. Anunciar para fãs é muito interessante porque:

- O custo do seu anúncio tende a ser mais barato.
- Eles compram mais facilmente os seus produtos, pois – a princípio – já conhecem o seu trabalho.
- Anunciar para fãs aumenta a probabilidade de eles recomendarem os seus produtos para amigos.
- Se a sua base de fãs foi bem criada, eles já serão o seu público-alvo. Não precisará se preocupar com segmentações.

Obviamente, você estará sempre limitado ao número de fãs que tem. Se investir muito dinheiro só para os seus fãs, facilmente já todos terão visto o seu anúncio e ele tende a perder *performance*. Mas, mesmo assim, vale a pena fazer anúncios pagos para eles de vez em quando.

## 3. Ofereça produtos

Oferecer um produto na compra de outro é algo muito comum nos negócios *offline* e essa estratégia pode ser transferida para o *online*.

**Exemplo: Compre o livro Facebook para Negócios e receba uma palestra grátis sobre Facebook Marketing.**

Obviamente que em produtos físicos essa estratégia não é tão interessante como em produtos digitais, por exemplo. É uma questão de analisar as suas margens e verificar se é possível fazê-lo. Se puder, entregue bônus digitais, pois eles não aumentam o seu custo de produção e mesmo assim beneficiam quem compra.

## 4. Faça vendas adicionais

Na proposta anterior falamos em oferecer algo na compra de um produto. Contudo, você pode tentar uma estratégia um pouco mais arriscada: a de conseguir uma venda adicional. Isso é bastante simples de ser feito: promova um produto e, na compra do mesmo, ofereça 50% de desconto em outro.

**Exemplo: Compre o ebook Facebook para Negócios e receba 50% na compra do meu curso de Facebook.**

Desta forma você consegue aumentar o *ticket* médio de cada venda.

## 5. Compartilhe depoimentos

No mercado existem vários tipos de consumidores. Aqueles que querem mesmo comprar o produto, aqueles que não querem porque pensam que não terão benefícios e aqueles que estão indecisos. Uma das formas de convencer este terceiro grupo é compartilhando testemunhos de antigos compradores. Esse testemunho pode ser feito em vídeo ou em formato de texto.

O vídeo acaba por ter um poder maior, pois depoimentos em texto muitas vezes podem dar a sensação de que são falsos. Grave vídeos rápidos dos seus clientes nos quais eles contam a transformação que o seu produto proporcionou. Depois, ponha esses vídeos no Facebook e YouTube.

## 6. Descontos em lançamentos

Muitos empresários são bastante céticos sobre descontos em lançamentos de produtos porque acreditam que podem estar perdendo lucro com esta estratégia. Contudo, se você é daquelas pessoas que gosta de fazer descontos em lançamentos, o Facebook pode ser uma excelente opção.

Fiz isso, por exemplo, no pré-lançamento do meu livro. A quem comprasse, eu oferecia frete grátis e ainda ganhava um autógrafo meu. Obviamente, fiz vários anúncios para os meus fãs e tive taxas de conversão altíssimas.

## 7. Dar descontos a quem der o *email*

Em vez de fazer uma venda direta, você também pode optar por dar um desconto em troca de um *email*. Assim, além de incentivar a compra, também gera uma forma de contato futura com o seu potencial cliente. Para fazer isso necessitará de uma página de destino na qual o utilizador deixa o *email* para, posteriormente, receber o desconto.

## 8. Dê para depois vender

Certamente que você já viu por aí algumas páginas que oferecem *ebooks* ou aulas *online* em troca do seu *email*. Aliás, é muito provável que esteja lendo este livro porque, algum dia, inscreveu-se em uma das minhas páginas em que ofereço um material desse gênero. Esta estratégia é muito eficaz porque capta o contato de um potencial cliente oferecendo algo grátis para, ao fim de algum tempo, tentar vender algum produto pago. Confesso que esta estratégia já deu melhores resultados no passado, mas, mesmo assim, continua a ser extremamente interessante.

## 20. Business manager: o que é?

Há alguns anos, o Facebook decidiu introduzir uma forma muito mais simples de profissionais gerirem as várias contas de anúncios e páginas. Ele chamou a isso o Business Manager. Esta é uma plataforma na qual você pode gerir todo o seu negócio do Facebook sem precisar acessar sequer a sua conta pessoal do Facebook. Através dela, você pode criar anúncios, gerir páginas e dar acessos a outras pessoas. Antes de explicar como ele funciona, é necessário alertar que o Business Manager não é algo obrigatório. Você pode continuar a criar anúncios e fazer a gestão de tudo através do método mais comum. No entanto, se você gerencia várias páginas ou até mesmo negócios de clientes, o Business pode ser uma excelente ajuda.

Ele tem algumas vantagens. A primeira é a produtividade. Ao entrar para trabalhar no Facebook através do Business, você vai direto a uma plataforma de negócios e evita visitar *feeds* e mensagens que podem distrair. Além disso, com o Business você pode criar mais do que uma conta de anúncios e com isso separar negócios, por exemplo. Muitos dos meus alunos usavam a mesma conta de anúncios para gerir dois negócios. Isso acaba por criar muita confusão por causa de *pixels* e, acima de tudo, pagamentos. E se queriam usar um cartão para cada empresa? E ter relatórios separados? Com o Business, isso se tornou possível.

O primeiro passo para ter acesso ao seu Business é ir até business. Facebook.com. Depois de criar a sua conta, é importante perceber que você pode dar acesso ao seu Business a outras pessoas, caso pretenda. Existem dois tipos de permissões que você pode dar. Pode dar acesso ao Business com permissões limitadas, no qual o usuário verá todas as páginas ou contas de anúncios presentes no Business, ou dar acesso como administrador, no qual, além de gerir páginas e contas de anúncios, o usuário pode modificar métodos de pagamentos ou excluir e adicionar pessoas. Veja o seu Business como o centro do seu negócio no Facebook, no qual você pode gerir sozinho ou adicionar pessoas.

Mas se não quiser dar acesso a todas as páginas ou contas de anúncios, ele também permite que dê acessos individuais a páginas ou contas específicas. Imagine que você tem um Business, mas duas contas de anúncios. E que só quer dar acesso a uma dessas contas para a sua equipe de *marketing*. Com esta plataforma, pode fazê-lo.

Outra coisa interessante é que você pode criar mais do que uma conta de anúncios no mesmo Business. No momento em que escrevo este livro, você pode criar até 5 contas de anúncios em cada Business.

Nos *pixels* essa multiplicação também é possível. Com o Business, você pode criar até 10 *pixels*. Isso pode ser importante caso tenha vários negócios, pois como o *pixel* aprende com o comportamento dos visitantes, se tiver públicos diferentes, também é importante que insira *pixels* diferentes para esses públicos.

Além disso, no Business você também pode ligar as suas contas do Instagram para apresentar anúncios para essas mesmas contas.

# Aplicativos e softwares para o Facebook

Parte 3

# 21. Aplicativos para utilizar na sua fan page

Trabalhar com a gestão de uma página de Facebook é uma tarefa cada vez mais desafiante. Antigamente qualquer pessoa era capaz de gerir uma página de Facebook. Hoje em dia, essa tarefa exige um trabalho muito mais profissional.

É necessário um maior conhecimento, um maior estudo e um maior empenho para se conseguir bons resultados com uma *Fan Page*. Já não adianta publicar algumas imagens de vez em quando e esperar que ela seja compartilhada por centenas de usuários. É necessário muito, mas muito mais do que isso.

Você vai precisar estudar e trocar ideias com profissionais. Vai precisar, igualmente, fazer testes e conhecer cada vez mais o seu público. E uma das formas de fazer tudo isso de forma mais eficaz é utilizando as ferramentas certas.

Durante os últimos anos tenho trabalhado com inúmeras ferramentas que têm auxiliado a melhorar o meu trabalho, conseguindo, assim, analisar melhor as principais métricas dos meus clientes e, acima de tudo, poupar tempo.

Os alunos dos meus cursos já conhecem todas essas ferramentas e aqui vou compartilhar com você um pouco do que ensino lá. São ferramentas com funcionalidades bastante distintas que vão desde o agendar da publicação, passando pela análise de estatísticas e indo até ferramentas para ajudar você a editar imagens para a sua *Fan Page*.

Analise todas as ferramentas e, no final do livro, utilize apenas aquelas que vão realmente fazer a diferença no seu negócio. Lembre-se: não precisa de muitas ferramentas, precisa é das ferramentas certas!

## 6 *APPS* PARA AGENDAR/PROGRAMAR PUBLICAÇÕES NO FACEBOOK

Se você gerencia uma página de Facebook, sabe que o tempo é um dos fatores que mais influencia as suas publicações. Se você tem tempo, publica conteúdo. Se não tem, dificilmente vai manter a sua *Fan Page* atualizada.

Felizmente para nós, criadores de conteúdo para *social media*, existem opções que permitem agendar publicações no Facebook. Ou seja, é possível definir que uma publicação vai ser feita dentro de um dia, uma semana ou até mesmo um mês!

Existem, atualmente, várias ferramentas que permitem que você faça isso facilmente. Nas próximas linhas vou partilhar alguns dos melhores *apps* para agendar/programar publicações no Facebook. Confira!

### 1. Agendamento normal do Facebook

Apesar de ser uma opção nativa do Facebook, a ferramenta de agendamento criada pela equipe de Mark Zuckerberg é uma das mais eficazes do mercado. Agendar pelo próprio Facebook é bem simples de ser feito. Basta que você comece a escrever um *post*, que vai aparecer, logo abaixo da publicação, uma seta. Clique nela e selecione a opção *Programar*:

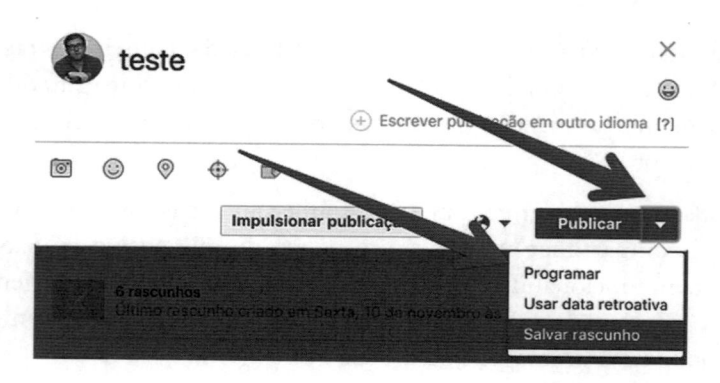

Depois é só escolher o mês, o dia e a hora e pronto, o seu *post* fica agendado.

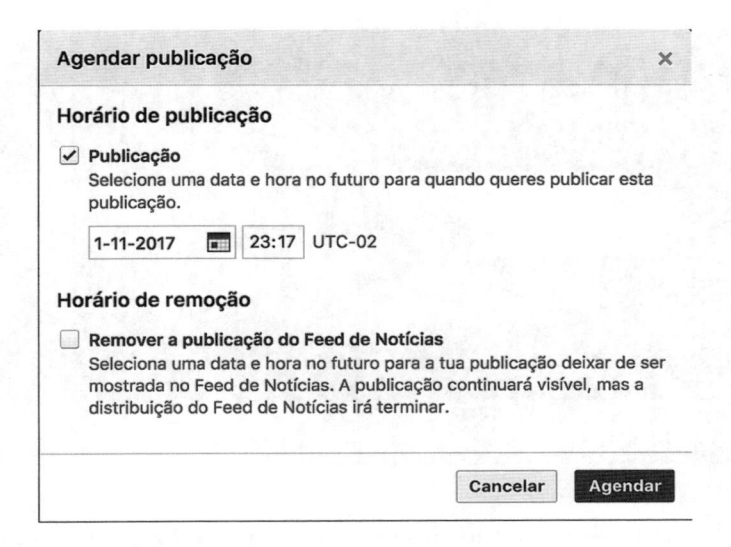

Para verificar se ficou tudo *OK*, vá até a aba *Ferramentas de publicação* e depois selecione a opção *Publicações programadas*.

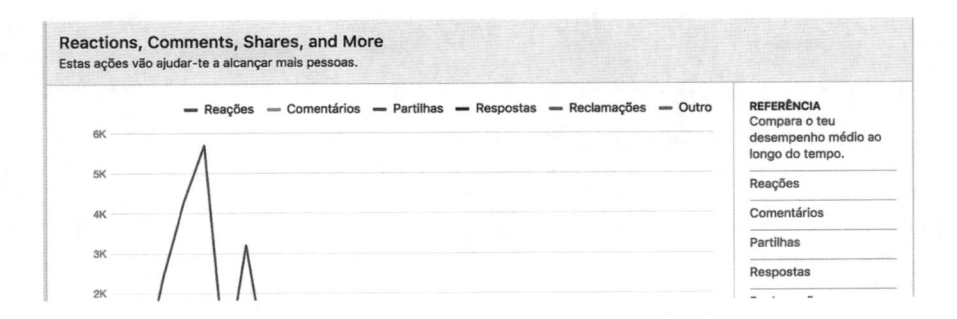

Agora, à sua direita, aparecem todos os *posts* que estão agendados.

## 2. Postcron

Talvez a ferramenta mais conhecida do mercado quando o assunto é agendamento de publicações no Facebook. O Postcron é externo ao Facebook e permite que você agende rapidamente conteúdo para várias páginas de Facebook. Ele também tem essa funcionalidade para outras redes sociais, tais como o Twitter ou o Google Plus. Outra grande vantagem é a sua extensão para Chrome que facilita muito o hábito de agendar publicações.

Uma funcionalidade interessante e exclusiva do Postcron é a sua possibilidade de subir programações em lote a partir do Excel ou do Google Docs.

## 3. Buffer

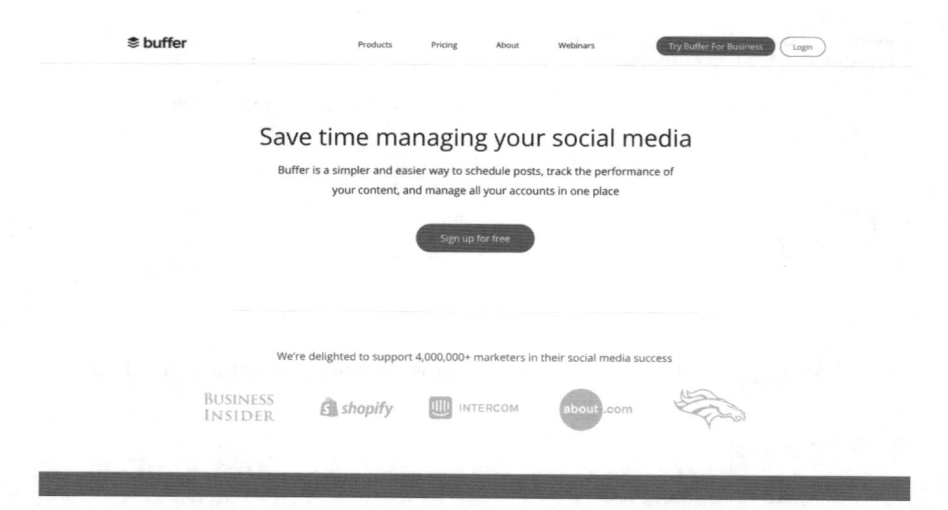

O meu *app* favorito, não apenas para o Facebook, mas também para outras redes sociais. Além de ser completamente gratuito (porém, tem a limitação para 10 *posts* no máximo), este *app* é bem simples e permite que você o use para outras redes sociais, como o Twitter ou o Google Plus.

Com o Buffer você apenas precisa clicar na sua extensão para Chrome, Firefox ou Safari e a partir daí agendar o seu *post*. Obviamente que pode fazê-lo através do *site*, mas aí já terá que investir mais tempo. Além disso, o Buffer tem um *app* para iOS e outro para Android. Assim, você pode agendar os *posts* que vê no celular a partir do Buffer.

Este *app* também tem outra funcionalidade interessante: a de indicar os *posts* que estão tendo melhores interações naquele dia. Isso ajuda o produtor a encontrar os conteúdos que estão sendo virais nas redes sociais.

## 4. Post Planner

Apesar de usar o Buffer, a verdade é que o Post Planner é outra das opções que admiro bastante. Além de fazer o básico (agendamento de *posts* no Facebook), este *app* promete poupar várias horas do seu dia! Em primeiro lugar, porque o *app* aconselha outros tipos de conteúdo que estão tendo sucesso no Facebook e que você deve acompanhar, dividindo-os em quatro categorias:

- **Imagens virais:** as imagens que estão tendo um maior número de compartilhamentos no Facebook.

- **Links de maior sucesso:** defina palavras-chave e o Post Planner vai enviar a você uma notificação alertando que um artigo sobre esse tema está conseguindo bons resultados.

- **Status geniais:** atualizações de texto que estão tendo muito sucesso no Facebook.

- **Fan Pages recomendadas:** tal como o próprio nome indica, o Post Planner sugere *Fan Pages* para seguir e aumentar a sua inspiração para produzir conteúdo.

Com estas sugestões do Post Planner, ter ideias para publicações na sua *Fan Page* será mais fácil!

Obviamente que todas estas funcionalidades têm um custo e esse valor começa nos 3 dólares mensais. Mas se isso permitir poupar várias horas por mês, é um valor que vale muito a pena!

## 5. Hootsuite

Saiba como a Hootsuite pode se conectar com os clientes de maneira mais rápida, prática e segura

O Hootsuite é mais um daqueles *apps* que começou focado no Facebook, mas que, hoje em dia, já abrange uma grande quantidade de ferramentas. Ele tem uma versão *free* que tem um limite quanto ao número de redes sociais que você pode gerir (no máximo três). Pena é que esta versão deixa algumas das funcionalidades mais interessantes de fora.

Na versão paga, por exemplo, você tem acesso ao *analytics* das suas publicações, aos URLs customizados ou até ao *Geo-targeting*. Se você trabalha com redes sociais de forma mais profissional, aconselho a opção paga. Os planos começam nos 19 dólares mensais.

## 6. Sprout Social

Esta é a ferramenta mais cara da lista, mas também aquela que traz mais recursos. O objetivo do Sprout Social não é apenas o de agendar *posts* (bem longe disso).

A primeira funcionalidade interessante é a de gerar relatórios sobre todas as redes sociais, dando indicativos de quantas mensagens dos seus clientes foram respondidas, o tempo médio de resposta e a possibilidade de transformar mensagens em *tickets* de resposta.

Para quem trabalha em equipe, o Sprout Social também é bastante interessante. Ele conta com um calendário para agendar *posts* e também dá a possibilidade da criação de *drafts*, para posteriormente serem aprovados pelo revisor.

O CRM é outro ponto interessante do Sprout Social. Cada cliente que "entra" na plataforma pode entrar num funil de CRM, gerando um *ticket* dentro do próprio aplicativo.

O preço mínimo para este aplicativo é de 99 dólares mensais, sendo que o *app* tem um período de teste de 30 dias.

# 9 APPS PARA FAZER CONCURSOS E PROMOÇÕES NO FACEBOOK

Já pensou em realizar um concurso ou uma promoção no Facebook e não sabe como fazer isso? Então você está no local certo. Promoções e concursos são uma forma extremamente fácil e rápida de aumentar a interação e conquistar mais fãs para a sua página, tal como já explicamos neste livro. Porém, muitos são os gestores de *Fan Pages* que deixam de realizar este tipo de iniciativas apenas por não saberem quais os aplicativos que devem utilizar.

Para que você não deixe de fazer promoções por falta de *apps*, nas próximas linhas trago uma lista com os melhores *apps* desta área.

## 1. ShortStack

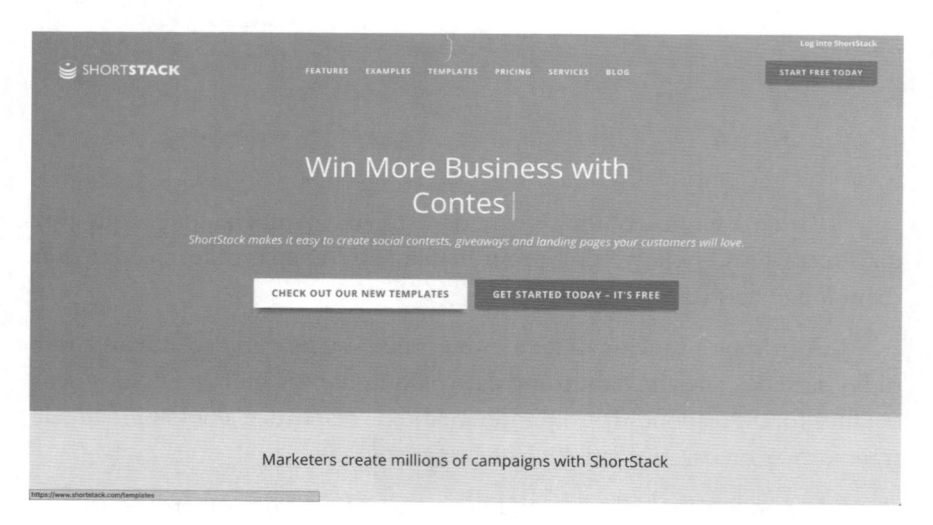

O ShortStack foi das primeiras ferramentas que surgiram no mercado com o objetivo de facilitar a realização de concursos no Facebook. Com ela você conseguirá fazer concursos utilizando a opção de votos em fotografias, descontos, melhores fãs, mais compartilhamentos, entre outros. O próprio ShortStack tem *templates* disponíveis que facilitam o seu trabalho. Você só tem que pensar no que quer fazer, pegar o seu *template* e editar o texto. A partir daí, é só começar a sua promoção no Facebook!

O ShortStack é ideal para quem quer começar a fazer concursos e promoções mas tem poucos conhecimentos técnicos. Com este *app* você pode ainda integrar a sua conta de *email marketing*, fazer descontos nos seus produtos ou até mesmo integrar com as outras redes sociais como o Instagram ou o Twitter.

**Preço:** tem um período de teste grátis e o plano mais básico começa nos 29 dólares.

## 2. Heyo

Apesar de ter menos funcionalidades que o ShortStack, a verdade é que o Heyo consegue ser uma ferramenta extremamente útil. Como o seu principal foco é a realização de concursos e promoções, o seu *design* acaba por ser bem mais simplificado. O Heyo conta com um sistema de *drag and drop* no qual você apenas precisa escolher o *template*, adicionar *widgets* e modificar toda a estrutura e cores conforme as suas necessidades.

O Heyo conta com quatro tipos de *templates*: concursos, geração de *leads*, venda de produtos e divulgação de outras redes sociais. Todos os seus *templates* são responsivos, ou seja, adaptam-se aos vários tipos de dispositivos.

**Preço:** 7 dias de teste e o plano pago começa nos 25 dólares mensais.

## 3. Rafflecopter

O Rafflecopter é um dos maiores *sites* para criar brindes sociais e competições. Neste *app* você pode definir uma data de início e de fim do concurso, fazer um concurso de fotos com *slideshow* ou fazer questionários para os seus fãs. Outra opção interessante é o *Real Time Analytics*, em que você pode ver quantas pessoas estão *online* e participando no seu concurso naquele exato momento.

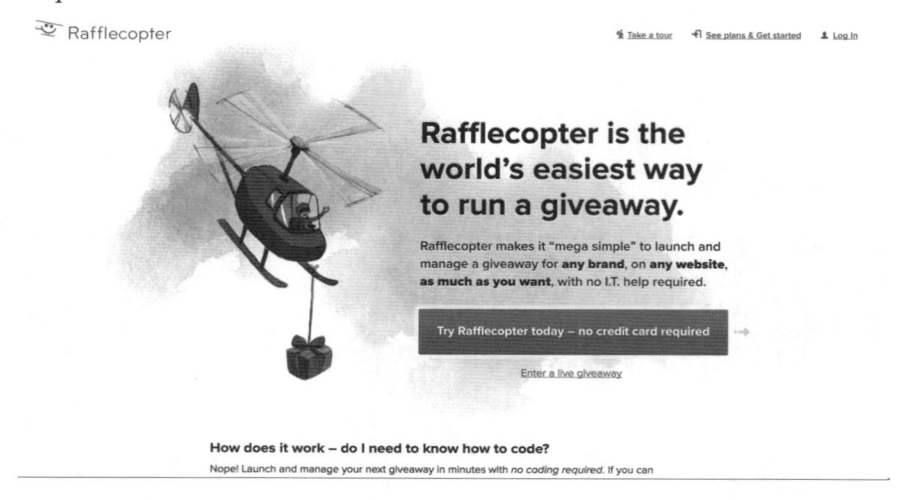

Também interage com várias plataformas de *email* como o MailChimp ou o AWeber. O seu suporte 24 horas por dia é outro pormenor bastante interessante.

**Preço:** conta com 30 dias de teste e o plano mais baixo começa nos 13 dólares.

## 4. AgoraPulse

É um dos *apps* mais conhecidos neste setor. Com ele você pode realizar *quizzes* para os seus fãs, concursos de fotografias, ver quem são os seus fãs que têm interagido mais, gerar cupons ou fazer petições. Outro pormenor interessante é que você pode realizar sorteios com os seus fãs, sendo esta uma forma bem interessante de gerar *leads* para o seu negócio.

Mas o Agorapulse é muito mais do que apenas um *app* de promoções. Com ele você pode medir várias estatísticas na sua *Fan Page*, comparar a sua *Fan Page* com os seus concorrentes e ainda aplicar regras de moderação à sua *Fan Page*. É um *app* que recomendo bastante!

**Preço:** 30 dias de teste seguido de um plano mínimo de 49 dólares por mês.

## 5. Woobox

O Woobox é um *app* extremamente simples e permite fazer praticamente tudo relacionado a concursos e promoções. Confira algumas das suas funcionalidades:

- Gerar cupons
- Concursos de fotos
- Concurso de vídeos
- *Quizzes*

- *Tab* de votações
- *Tab* para descontos

Depois é só escolher os seus vencedores de forma aleatória ou então definir o vencedor por quem tiver o maior número de *likes* ou de comentários.

**Preço:** completamente grátis, mas com limitações. As opções pagas começam com 30 dólares mensais.

## 6. Fan Page Karma

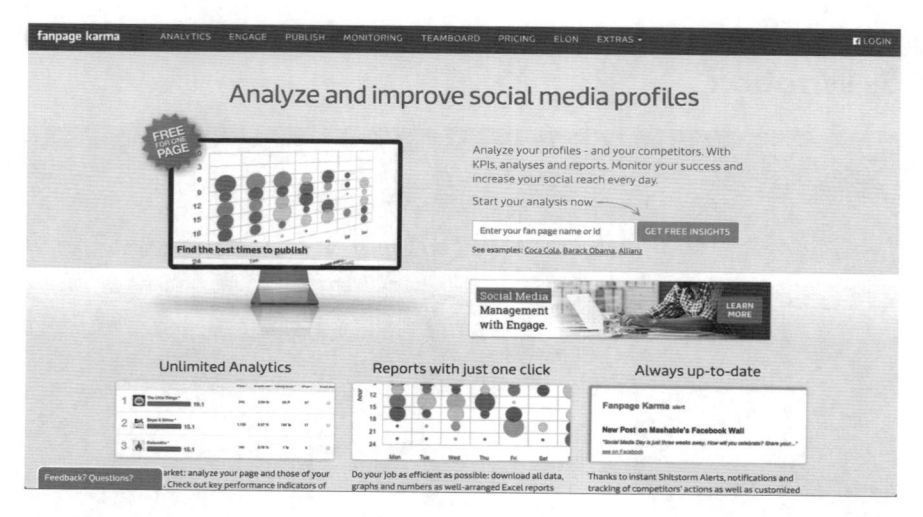

O *app* Fan Page Karma introduziu, há poucos meses, uma opção que pode ser muito útil na hora de fazer concursos na sua *Fan Page*. Para isso basta que você vá até este URL: http://www.fanpagekarma.com/Facebook-promotion.

Agora vai aparecer uma janela na qual você precisa de inserir o *link* da publicação que quer sortear. Depois de introduzido, clique em "Identify Winners". Aleatoriamente, o Fan Page Karma vai fornecer os vencedores do seu sorteio. Pode escolher o seu vencedor tendo como base várias ações:

- Curtir a publicação
- Ser um fã e comentar

- Ser fã, clicar em curtir e compartilhar
- Escolher o fã que teve o comentário com mais *likes*

Agora é só clicar nesse fã e ver o perfil dele. A seguir poderá avisá-lo da vitória através do perfil pessoal dele no Facebook ou marcá-lo num comentário.

**Preço:** grátis.

## 7. Strutta

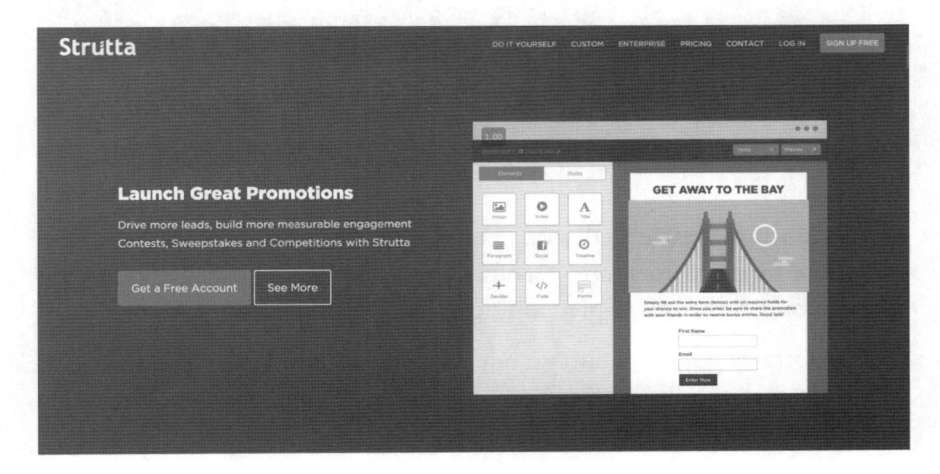

O Strutta não é muito usado em países de língua portuguesa, mas mesmo assim não deixa de ser uma excelente opção. Esta plataforma permite que você faça concursos e promoções no Facebook e no Instagram, permitindo que esses mesmos concursos sejam feitos através de fotos e de vídeos em ambas as redes sociais. Outra opção interessante é a criação de *microsites* para promoções. Ele permite a customização do CSS e ainda integra com o *analytics* para que você tenha acesso a mais dados do seu concurso.

**Preço:** tem um período de teste e a opção mais barata começa nos 250 dólares por promoção.

## 8. Pagemodo

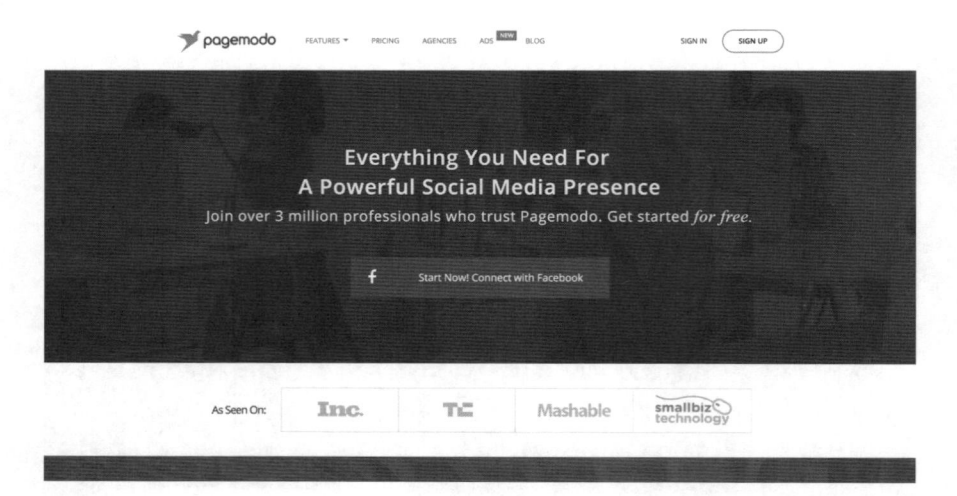

Com uma parte dedicada apenas a concursos e promoções, o Pagemodo é uma das melhores escolhas desta lista. Com o Pagemodo você conseguirá gerir *templates* predefinidos, enviar cupons, etc.

Outra vantagem muito grande é que as opções do Pagemodo já vêm de acordo com as políticas do Facebook, ou seja, você não poderá fazer nada que o Facebook não permita.

Você só precisa criar a sua conta, selecionar o *template*, customizá-lo e publicar o seu concurso! Além destas opções, o Pagemodo também permite que você programe *posts* no Facebook ou personalize a sua foto de capa com muita facilidade. Não é por acaso que o Pagemodo conta com um milhão de usuários.

**Preço:** conta com uma versão de teste e os planos pagam começam com 6.25 dólares por mês.

## 9. Easypromos

Tal como o próprio nome indica, o Easypromos tem como objetivo principal facilitar as promoções no Facebook e digamos que cumpre muito bem o que promete. Permite praticamente tudo aquilo que as opções anteriores permitem: concursos de fotos e vídeos, *friend gate*, cupons, votações, integração com outras redes sociais, etc. Um pormenor interessante que eu particularmente gosto no Easypromos é a possibilidade de inserir um *widget* do seu concurso no seu *site*. Desta forma, você também poderá transformar os visitantes do seu *site* em participantes.

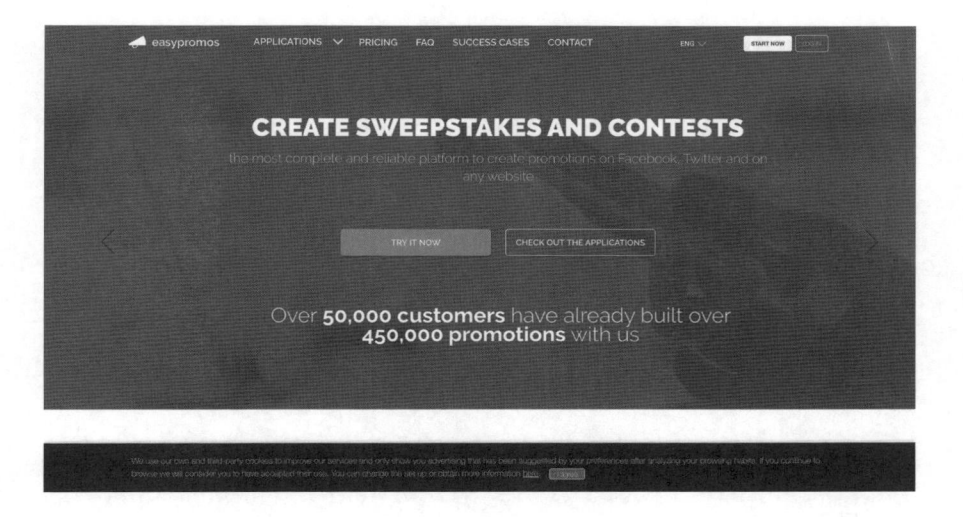

O *app* também interage com o MailChimp e permite que você analise as suas estatísticas e exporte os seus dados para um arquivo em CSV.

**Preço:** tem alguns dias de teste e depois o valor mínimo por promoção é de 29 dólares.

## 10 *SITES* E *APPS* PARA CRIAR IMAGENS PARA A SUA PÁGINA DO FACEBOOK E INSTAGRAM

Todos sabemos que as imagens têm um peso determinante no Facebook. As imagens são visualmente mais atrativas e acabam por gerar uma interação maior com fãs e seguidores. Porém, para uma imagem ser bem-sucedida, ela precisa ser bem trabalhada.

E como nós também sabemos, nem sempre é possível contratar um *designer* para criar todas as publicações da nossa *Fan Page*, não é verdade? Se isso acontece com você, as próximas linhas vão ser uma excelente ajuda! Separamos aqueles que são os 10 melhores *sites* que vão auxiliar na criação de imagens para a sua página de Facebook. Todos eles têm objetivos diferentes e características distintas. Resta a você escolher aquele(s) que mais satisfaz(em) as suas necessidades.

## 1. PicMonkey

Se você ainda não usa este aplicativo, então leia com atenção as próximas linhas. O PicMonkey é um *site* que permite a edição de imagens e funciona 100% através do seu *browser*, o que significa que não é necessário qualquer *download* para o seu computador.

Com ele você pode editar uma simples imagem, fazer montagens e pode até editar a sua próxima capa do Facebook. Um dos pontos fortes do PicMonkey é a sua simplicidade. É extremamente fácil de usar o *site*, não só devido ao seu *design*, mas também porque ele não obriga a fazer qualquer *login*.

Durante a edição você poderá usar as suas próprias imagens ou algumas que são fornecidas pelo PicMonkey. Obviamente que algumas *features* são grátis e outras são pagas.

## 2. Canva

O Canva é outra ferramenta bem interessante. Ela permite que você crie imagens, capas para o Facebook, imagens para anúncios ou imagens para usar nos seus *blogs*. Este *site* tem imensos *layouts* predefinidos, sendo que ele permite a edição do tamanho, do tipo de letra ou até mesmo do *background* da imagem.

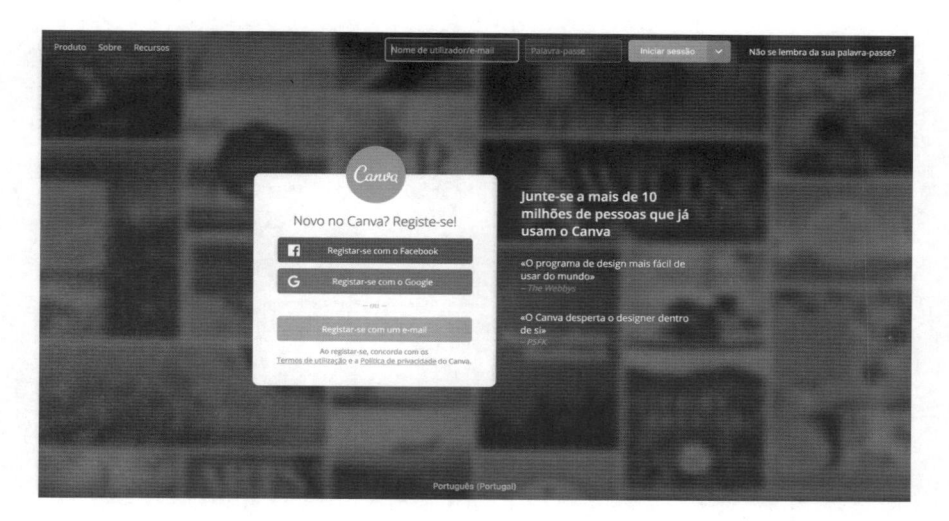

Quando você faz o seu *login* no Canva, ele dá várias possibilidades de imagens predefinidas conforme o seu objetivo. Facebook *Ads*, Facebook *Cover*, Social *Media*, apresentações ou Twitter *Header* são apenas algumas opções de imagens predefinidas que você tem.

Uma vantagem do Canva é que você pode fazer *login* com a sua conta do Facebook e depois ver as suas imagens que ficaram gravadas.

## 3. Social Image Resizer Tool

Confesso que fiquei fascinado quando conheci esta ferramenta! Não espere que o Social Image Resizer Tool seja aquele aplicativo repleto de filtros e efeitos especiais. Porém, ele faz algo essencial para qualquer gestor de *social media:* corta as imagens no tamanho certo! Você só necessita fazer o *upload* da imagem do seu computador e depois tem duas opções: fazer o corte manual (com as medidas que quer) ou fazer o corte tendo em conta o seu objetivo. Você pode, por exemplo, carregar uma imagem e "dizer" ao Social Imagem Redizer Tool que quer usar essa imagem para a sua *cover* do Facebook. Ele define previamente os tamanhos e pronto! A sua imagem será cortada com as dimensões exigidas pelo Facebook.

Você pode usar este *site* para editar as suas imagens para o Facebook, Twitter, LinkedIn, Pinterest, Instagram, YouTube ou criar para um simples *favicon*.

## 4. Recite This

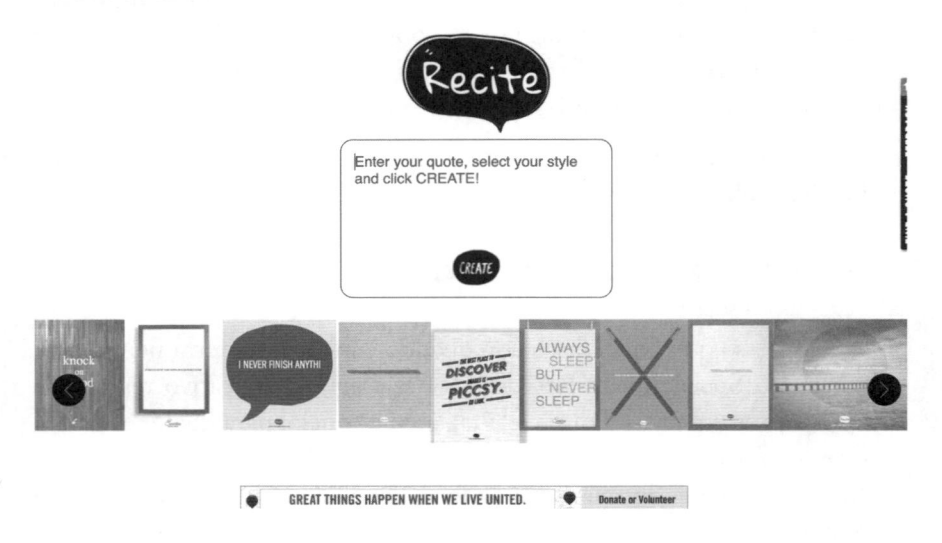

Foi o primeiro *site* que usei para criar imagens para o Facebook e recomendo-o vivamente. O objetivo do Recite This é que você crie imagens com frases de uma forma bem rápida e apelativa. Basta que defina a frase, escolha qual das imagens vai usar e depois carregar essa mesma imagem com a frase. Bem simples e, acima de tudo, rápido! Conforme a sua frase for se tornando mais longa, menos opções o Recite This vai oferecendo, por isso seja sucinto. Um dos pontos negativos desta ferramenta é que o usuário não tem qualquer poder de edição, não podendo modificar tipo de letra, fundo, etc. Mas mesmo assim vale muito a pena!

## 5. Stencil

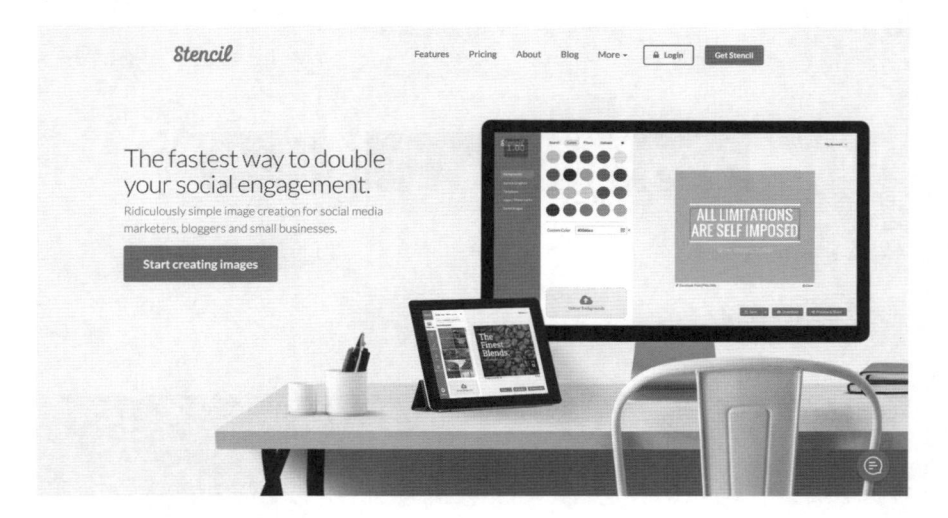

Crie imagens de forma rápida e com várias opções com o Stencil. Ele faz o que algumas ferramentas aqui também já fazem: fornece *background*, vários tipos de letra e com tamanhos já predefinidos para publicar em várias redes sociais. A sua versão grátis permite que crie até 10 imagens por mês. Já a versão paga começa nos 9 dólares mensais.

## 6. Photovisi

Mais um excelente *site* para fazer montagens para a sua *Fan Page*. O primeiro passo para começar no Photovisi é escolher as suas imagens. Depois, você terá de adicionar fotos e salvar. Simples! O *site* conta com vários tipos de montagens. Tal como acontece com o PicMonkey, não precisa fazer qualquer *login* para realizar a sua primeira montagem. Apesar do grande número de ofertas, apenas algumas são realmente interessantes.

## 7. BeFunky

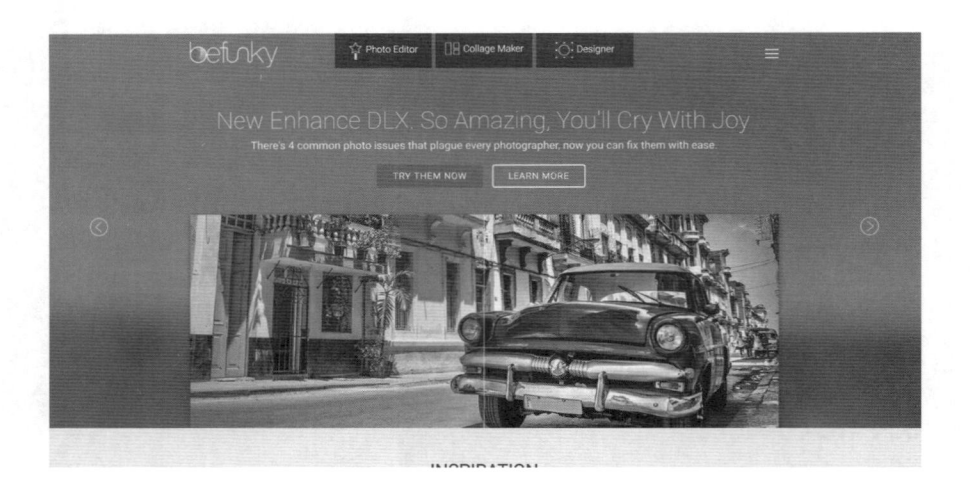

Se você, tal como eu, entende muito pouco de Photoshop, aqui está um editor de imagens que vai adorar! O BeFunky intitula-se como o "Melhor editor de imagens do mundo" e nas próximas linhas você vai entender o motivo. Ele permite que você corte imagens, remova olhos vermelhos, insira textos e bordas, entre muitas outras funcionalidades. Amei esta ferramenta logo nos primeiros minutos e acredito que o mesmo vai acontecer com você.

Outro pormenor interessante é que você pode subir as suas imagens de onde quiser: computador, Facebook, Picasa, Flickr, entre outros. Quando já tiver editado, basta salvar ou imprimir.

## 8. Pixlr

É talvez um dos mais conhecidos e também um dos mais práticos de usar. O Pixlr é completamente gratuito e nem sequer necessita fazer qualquer *download*. Basta entrar e começar a editar a sua imagem. Ele é muito semelhante ao Photoshop e até os seus atalhos são iguais ao *software* da Adobe. Conta com três opções diferentes: Pixlr Editor, Pixlr Express e Pixlr O-Matic. Enquanto as duas últimas opções são um pouco mais simples, o Pixlr Editor deve ser usado por quem já tem alguns conhecimentos de Photoshop.

Apesar de parecer bastante completo, ele costuma dar alguns problemas não só na edição da imagem, mas também na exportação da mesma. Permite que você faça o *upload* de imagens do seu computador, de URL ou que abra imagens do seu Facebook. Apesar das suas falhas, é uma ferramenta que deve ser testada.

## 9. Spark Post

Criado pela Adobe, o Spark Post pode ser utilizado tanto através do computador como do celular. No meu caso, uso principalmente pelo celular e muitas imagens criadas no meu Instagram são feitas através deste *app*. Com ele você consegue usar *backgrounds* já definidos, criar a sua própria imagem, acrescentar texto e trocar o tamanho da fonte com muita facilidade. Infelizmente, só está disponível para iOS.

## 10. Facetune

Quer tirar aquele *selfie* perfeito para publicar na sua página e quer esconder rugas e olheiras? O Facetune vai ajudar. Este *app* é perfeito para tirar qualquer tipo de imperfeição do rosto em poucos segundos. Funciona tanto para iOS como para Android.

## 6 APPS PARA CRIAR VÍDEOS PARA A SUA PÁGINA DO FACEBOOK E INSTAGRAM

### 1. Clips

Este aplicativo vai ajudar muito na hora de você inserir legendas nos seus vídeos. O Clips permite que você grave o vídeo e automaticamente ele vai adicionando legendas ao seu vídeo. O impressionante é que ele entende facilmente tudo aquilo que você diz. E mesmo que ele identifique errado algo que você falou, poderá editar a legenda facilmente. Depois basta salvar no seu celular ou compartilhar nas redes sociais. Infelizmente, ele só está disponível para iPhone.

## 2. Clippy

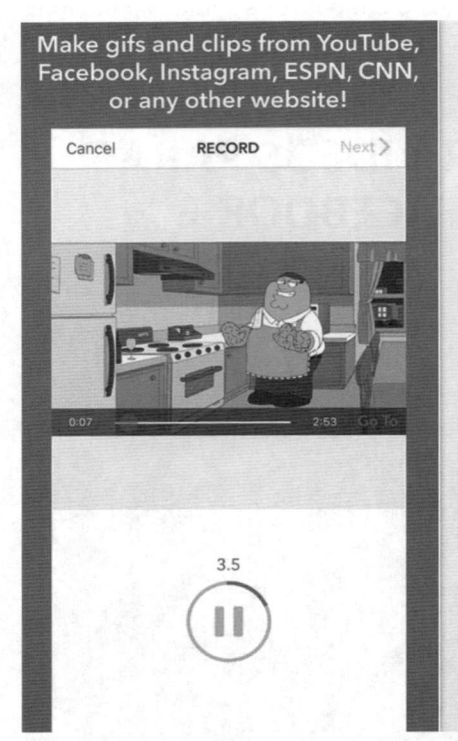

Gosta de GIFs? O Clippy vai facilitar muito a sua vida! Com este *app* você consegue fazer o *download* de vídeos que estejam na internet e transformar o conteúdo do vídeo em GIF. Além disso, você pode adicionar texto, *emojis* ou *stickers*. Também só está disponível para iOS.

## 3. ClippyCam

Dos mesmos criadores do *app* anterior, o ClippyCam permite que você crie vídeos e fotos num só. Ou seja, você consegue inserir uma imagem como fundo e ainda assim colocar um vídeo seu no canto comentando essa mesma foto. Este novo formato de conteúdo tem crescido muito e certamente vai ser bastante usado no futuro.

Aplicativos para utilizar na sua fan page

## 4. Kamcord

Outro aplicativo que faz o mesmo que o ClippyCam, mas em formato de rede social. Ou seja, você cria seus vídeos em cima de imagens e depois compartilha com seus amigos. A boa notícia é que ele, ao contrário do anterior, está disponível para Android!

## 5. Adobe Spark Video

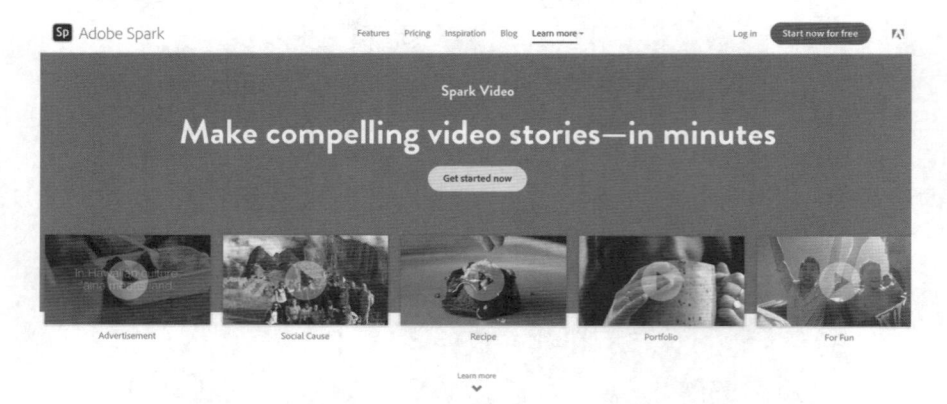

O Spark Video é uma forma rápida de criar vídeos animados de forma rápida através do seu celular. Você seleciona o tema, adiciona imagens, põe a sua voz como fundo e pronto! Ideal para quem quer criar vídeos sem ter que aparecer neles. Você pode utilizá-lo através do celular ou computador.

## 6. InShot

Com ele você pode editar vídeos e fotos, mas uso mais para vídeos. Use um vídeo gravado no seu celular e depois adicione filtros, altere a velocidade do vídeo, adicione *stickers* ou músicas. Outra coisa muito boa é que ele corta o vídeo no tamanho adequado para cada redes social.

## OUTROS TIPOS DE FERRAMENTAS PARA A SUA *FAN PAGE*

Além das ferramentas que enumerei ao longo deste livro, existem outras que não se encaixam em nenhuma destas categorias, mas que também são extremamente úteis. Decidi incluí-las neste livro, pois tenho a certeza que vai adorar utilizar algumas delas. Vamos lá?

### 1. Mention

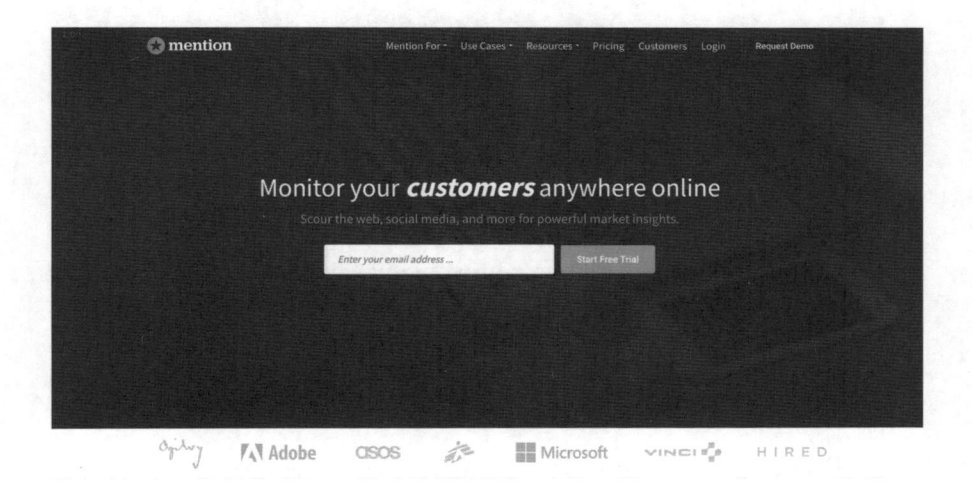

Para ter uma boa *Fan Page* é necessário acompanhar tudo o que acontece na sua área de negócios, correto? Todos sabemos o quanto pode ser difícil um pequeno empreendedor todos os dias visitar *site* por *site* ou *Fan Page* por *Fan Page* para se manter informado de tudo o que acontece ao seu redor. Para resolver esse problema, surgiu o Mention.

Neste *site*, o usuário define algumas palavras-chave que quer monitorar e ele depois dispara um *email* sempre que essa palavra aparecer na *web*.

Outro ponto positivo é que você pode escolher os meios de comunicação que vai monitorar. Você pode monitorar uma determinada palavra apenas no Facebook e deixar de lado o Twitter ou os *blogs*, por exemplo. Desta forma conseguirá acompanhar os seus concorrentes ou até mesmo saber quando alguém escreve sobre a sua marca.

## 2. Tagboard

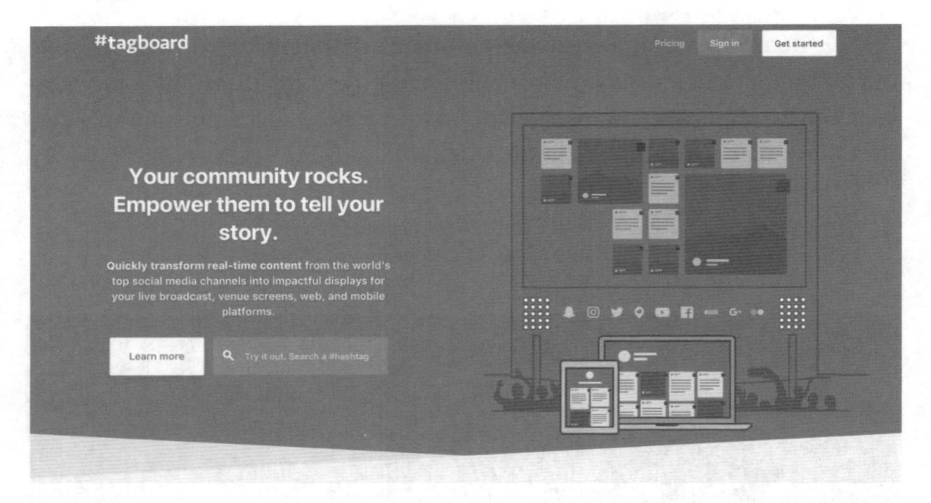

O aplicativo Tagboard tem como objetivo ajudar você a acompanhar as principais *hashtags* de todo o mundo. Desde que o Facebook introduziu as *hashtags*, elas têm sido utilizadas por inúmeras *Fan Pages*. Se você é dono de uma dessas páginas que não dispensa a escrita de *hashtags*, então este é o *app* certo para você.

Para usar o Tagboard é muito simples. Basta que você entre na *homepage* do *site* e digite a *hashtag* pela qual quer pesquisar. Depois o *app* apresenta várias opções de conteúdos com essa mesma *hashtag* nas mais variadas redes sociais, como Twitter, Facebook ou Instagram.

## 3. Curata

O Curata, como o próprio nome indica, serve para fazer curadoria de conteúdo. Ou seja, através dele você pesquisa pelos melhores conteúdos que estão na internet, organiza tudo dentro da ferramenta e depois compartilha nas redes sociais. Ideal para quem trabalha com equipes de *marketing*.

## 4. AdEspresso

O AdEspresso é uma excelente ferramenta que vai ajudá-lo a otimizar ainda mais os seus anúncios no Facebook. Com ele você vai criar anúncios de forma mais rápida, fazer testes de anúncios mais facilmente e até analisar de forma bem mais simples os resultados obtidos com as campanhas.

Apesar de ser extremamente interessante, o AdEspresso não está disponível para todos os bolsos. Para começar a utilizá-lo você necessita de um investimento mínimo de 3 mil dólares mensais e um pagamento mensal à plataforma de, no mínimo, 49 dólares mensais.

## 5. Quintly

As estatísticas fornecidas pelo Facebook são interessantes, mas muitas vezes é necessária uma análise mais aprofundada da sua *Fan Page*. Com o Quintly, você resolve esse problema. Além de apresentar os dados de forma mais simples, o aplicativo também permite que você compare os resultados entre várias páginas, que analise os resultados de outras redes sociais (YouTube, LinkedIn, etc.), e ainda que automatize relatórios da sua *Fan Page*.

Extremamente útil e a sua versão *free* permite usar a maioria das funcionalidades. Se quiser algo mais complexo, a versão paga começa nos 69 dólares por mês.

## 6. Likealyser

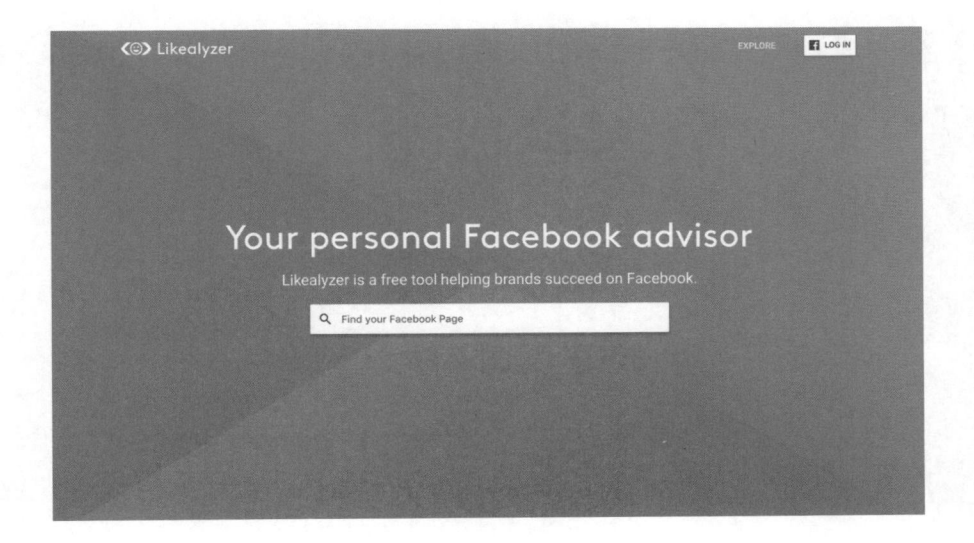

Sou fã desta ferramenta e confesso que a uso cada vez que começo a trabalhar com um novo cliente, de forma a analisar o atual "estado" da página. Com o Likealyser você vai saber vários pormenores da sua *Fan Page*, tais como o seu lugar numa espécie de *ranking* mundial, a taxa de interação, a média de publicações por dia, o horário que gera maior interação, etc.

## 22. Os 12 erros mais comuns na criação de fan pages

Depois de darmos a conhecer aquilo que você deve fazer, chegou o momento de realçarmos alguns dos erros mais comuns na dinamização e gestão das páginas de fãs. Alguns deles até podem parecer óbvios, mas é certo que continuam a ser cometidos e a minha meta é que todos os leitores deste livro tenham capacidade para, pelo menos, identificar aquilo que não está a ser bem feito e alterar de uma vez por todas essa situação.

Foi por esse motivo que decidi juntar aqueles que são, para mim, os principais erros que os gestores de *Fan Pages* cometem. São erros que prejudicam a imagem da empresa, que afastam clientes, mas que, acima de tudo, comprometem o possível sucesso no Facebook. Enumerei aqueles que são, na minha opinião, os 12 mais comuns e também os mais graves. Conheça a lista logo abaixo.

### 1. Pouco cuidado com a imagem

Tipo de letra pouco adequado, imagens completamente desfocadas ou mesmo má utilização de cores são apenas alguns exemplos do pouco cuidado que existe com as publicações em inúmeras *Fan Pages*. A falta de profissionalismo impera em muitas situações e é necessário ter muito cuidado com este ponto.

Se você é daquelas pessoas que não têm muita preocupação com a imagem e nem sequer tem conhecimentos para fazer modificações, entre em contato com um profissional da área e contrate os seus serviços. Certamente que ele saberá identificar os erros e irá ajudar você a encontrar um caminho para melhorar a imagem da sua página de fãs. A qualidade das imagens compartilhadas e dos seus anúncios diz muito sobre o seu profissionalismo.

Se você não tiver possibilidades de contratar um profissional para cuidar da imagem da sua *Fan Page*, tente, pelo menos, encomendar uma boa imagem de capa e uma boa imagem de perfil. É nestas imagens que acontece o primeiro contato com o futuro fã e uma boa imagem aqui pode ser um bom impulso. Faça o mesmo para os anúncios. O dinheiro que está "poupando" por não contratar um *designer* vai ser gasto nos seus anúncios se a sua imagem não for apelativa.

## 2. Falta de definição do público-alvo

Saber o que pretende para a sua página de fãs no Facebook é fundamental. Só assim poderá progredir no caminho certo. Já vi páginas com milhares de fãs que chegaram ao sucesso por explorarem um nicho que nem sequer estava relacionado com aquilo que pretendiam vender. Isso é o que eu chamo uma página sem utilidade. Foi tempo perdido e que não vai gerar qualquer aumento nas vendas. Além disso, quando aquela página começar a tentar vender os seus produtos, ninguém vai querer comprar! Um simples erro estratégico (má definição do público-alvo) pode tornar inúteis vários meses de trabalho.

*Exemplo: Imagine que tem uma página de bicicletas e que o seu objetivo, obviamente, é vender bicicletas através da Fan Page. Contudo, faz publicações humorísticas com animais, publica atualidade política, entre outras publicações que não estão sequer relacionadas com a sua área de negócio. Porém, a sua página continua a crescer e os seus números são animadores. O problema surge quando você publica conteúdo relacionado com a sua marca. Ninguém interage!*

Erros como que mencionei acima são bem mais comuns do que possa imaginar. Evite-os a todo o custo.

## 3. Falta de consistência

As páginas de fãs raramente são o centro de um negócio. Ou seja, uma marca deve ter vários canais de comunicação, sendo que a *Fan Page* é um deles. Apesar disso, uma página exige consistência e persistência. Se há alguns anos criar uma *Fan Page* era sinónimo de milhares *likes* e comentários, hoje em dia não é assim. É necessário trabalhar muito, ter as imagens certas, mas acima de tudo ser consistente. Os seus fãs querem conteúdo diário e esperam sempre algo original da sua marca. Caso contrário, acabará por ser ultrapassado pelos seus concorrentes.

Se sair de férias ou de fim de semana, utilize o agendamento do Facebook para deixar pelo menos alguns *posts* para publicar. Isso fará com que não desça o seu *Ranking* e que ainda ganhe mais alguns fãs. Consistência é, sem dúvida, um dos segredos para o sucesso no Facebook quando falamos de conteúdo orgânico.

## 4. Falta de investimento em anúncios

Como já expliquei aqui, a sua página de Facebook vai obrigar a um investimento mensal em anúncios. Com o tempo, você vai ver como esse investimento vai facilmente retornar quatro ou cinco vezes mais. O que você não pode fazer é ficar à espera do crescimento do seu negócio através do Facebook utilizando apenas publicações orgânicas. Além das suas possibilidades de sucesso serem extremamente baixas, o não investimento vai tornar o seu crescimento extremamente lento. O investimento em anúncios acelera todo o processo, fazendo com que as vendas no Facebook surjam, em muitos casos, numa questão de horas.

## 5. Não acompanhar a performance dos anúncios

O investimento em anúncios no Facebook é uma aprendizagem constante. Você verá que, com o passar do tempo, os resultados dos seus anúncios vão ser cada vez melhores. Isso acontece porque você começa a investir mais horas nos seus anúncios e vai adquirindo experiência. Porém, essa experiência só aparece se estiver sempre atento aos seus anúncios. Jamais – mas jamais mesmo – cometa o erro de deixar os seus anúncios durante vários dias sem que analise a sua *performance*. Você pode estar, literalmente, jogando dinheiro no lixo.

## 6. Deixar os fãs sem resposta

Vamos ser sinceros: quando uma página tem milhares e milhares de fãs, torna-se complicado conseguir responder a todos. Especialmente quando os comentários são apenas risos ou frases que nem sequer permitem formular uma resposta. Nessas situações o melhor é deixar apenas um *like* no comentário do autor.

Contudo, quando os fãs fizerem perguntas ou mesmo elogios/críticas, o administrador da página deve ter algo a dizer. Afinal de contas, de que serve uma página de fãs se ela não cria interação com os seus próprios fãs?

Além disso, isso aumenta o *Ranking* entre a sua página e o usuário. Um fã que veja o seu comentário respondido tem maiores possibilidades de ver a próxima publicação da sua página.

## 7. Não levar pessoas da sua *Fan Page* para o *site*

Ter uma página de fãs e não levar pessoas para o *site* ou para a sua empresa é outro dos grandes erros cometidos. Uma *Fan Page* é um excelente veículo para aumentar o tráfego do *site* ou para aumentar a sua lista de *emails*! Na própria Escola Freelancer, o Facebook é a segunda maior fonte de tráfego, só perdendo para o Google.

Por isso, é necessário utilizar a tal regra dos 70/20/10: 70% das publicações devem ser conteúdo educacional ou informativo; 20% das publicações devem focar na venda ou angariação de contatos; 10% deve ser focado em publicações de outras páginas ou outro tipo de *posts*.

Tendo em conta estes valores, aproveite a parte dos 70% para ir enviando pessoas para o *site* ou *blog* através do conteúdo.

## 8. Fazer o que todos já fazem

Confesso que fico bastante decepcionado quando vejo páginas de Facebook cujo único conteúdo compartilhado são imagens motivacionais. Será que não existe nada mais interessante do que isso para partilhar com os potenciais clientes da sua marca? Será que a sua empresa se resume a frases motivacionais? Seja criativo! Certamente que a sua empresa tem produtos e serviços sobre os quais pode falar, certamente que existem novidades sobre a sua área de negócios que devem ser contadas e certamente que também existem vídeos interessantes que podem ser gravados! Não faça mais do mesmo, caso contrário, a sua publicação vai ser apenas mais uma na *timeline* do Facebook.

## 9. Não incentivar ao *call to action*

Além de uma boa descrição nas publicações, é igualmente importante que exista, em alguns casos, um *call to action*, incentivando o fã a ter alguma ação naquela publicação. Já falamos sobre elas em páginas anteriores deste livro, mas volto a frisar este ponto: de tempos em tempos pergunte, interaja ou exija do seu leitor uma ação. Mostre o caminho aos seus fãs para que eles depois acabem por seguir essa ação.

Eu aconselho sempre que insira um *call to action* por um motivo muito simples: o usuário comum não tem a tendência para clicar em nada! Ele visualiza a informação e o instinto natural dele é de ficar quieto. Por outro lado, se a página disse "clique aqui para saber mais" ou "encontre o resto da informação aqui", o usuário já faz a ligação entre aquilo que foi publicado e o resto da informação. Muitas vezes nós, usuários profissionais da internet, não temos essa noção, pois passamos várias horas por dia no computador e sabemos que praticamente tudo é clicável. No entanto, o usuário comum, que vem ao Facebook apenas 30 minutos por dia, muitas vezes não tem essa noção.

## 10. Falta de informação no Sobre

Parece básico, mas muitas empresas ainda deixam o *Sobre* por preencher. Informações sobre a empresa podem parecer óbvias para o seu criador, mas o público necessita saber exatamente em que consiste aquela página. Caso contrário, não irá clicar em curtir. Perder futuros fãs por um mau preenchimento das informações é, no mínimo, uma atitude irresponsável.

Aplique-se na descrição e preencha todas as informações tais como o *site*, Twitter ou endereço (caso seja uma empresa física). Você está no Facebook para ganhar clientes. Até quando vai deixar de transformar usuários em fãs?

## 11. Não compreender os interesses do público

Com o passar do tempo, o público vai acabar por "dizer" aquilo que ele prefere. Uma simples visita às estatísticas do Facebook permite perceber isso mesmo. No entanto, muitos são os gestores de páginas que não estão minimamente preocupados em perceber aquilo que o público quer receber. Continuam a publicar, confiantes de que aquilo que eles consideram mais interessante é aquilo que o público quer receber. Isso acaba por gerar péssimos resultados, principalmente a longo prazo...

A propósito: se quiser perceber que tipo de conteúdo está gerando melhores resultados, basta ir ao painel das estatísticas e clicar em *Publicações*:

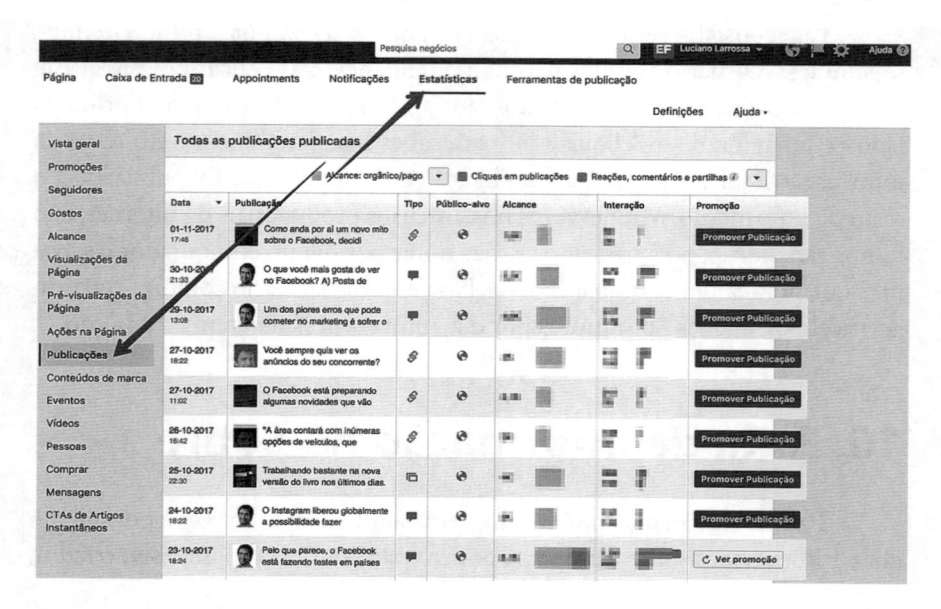

Desta forma você fica sabendo que conteúdo gerou maior interação. No entanto, é necessário alertar para um pormenor importante. Muitas vezes aqueles conteúdos com melhor interação são aqueles conteúdos que não têm qualquer relação com o seu negócio. Eu poderia publicar imagens de gatinhos na minha *Fan Page*. Certamente iria gerar uma boa quantidade de interação, mas não estaria indo ao encontro daquilo que pretendo com a página. Muitas vezes, a taxa de envolvimento pode ser enganadora. Faça uma boa análise antes de replicar conteúdo que já teve sucesso.

## 12. Não apostar em vídeos e lives

Existem várias formas de se comunicar no Facebook. A maioria das pessoas prefere textos, imagens e *links*. Nada de errado nisso, mas é importante usar outros formatos de publicações, tais como vídeos e transmissões ao vivo. Grande parte do consumo de conteúdo no Facebook atualmente acontece no formato de vídeo e ele traz vários benefícios. Além de deixar a sua comunicação mais dinâmica, ele também cria uma relação mais próxima com o seu público, especialmente se estivermos falando de uma marca pessoal.

# 23. Como fazer sucesso com a sua página em 20 passos

Depois de explicarmos de forma bastante detalhada o que você deve fazer para ter uma página de fãs que faça sucesso, vamos para um dos últimos capítulos deste livro, no qual partilho com você uma resumida *check list* de tudo o que deve fazer para ter sucesso com a sua *Fan Page*. Aconselho que passe estes pontos para um papel e que vá verificando se já seguiu todos estes passos. Este deve ser o seu guia prático de trabalho:

1. Crie a sua página de fãs.
2. Defina o seu público-alvo.
3. Escolha o tipo de conteúdo que vai publicar.
4. Defina a frequência de publicação de conteúdo, sendo que ela pode ser modificada conforme os resultados conseguidos.
5. Escolha quem vai publicar esse conteúdo (você, algum membro da sua empresa, um *freelancer* externo, etc.).
6. Insira o seu logotipo na imagem de perfil. Tenha cuidado com a qualidade da imagem, pois a apresentação é importante.
7. Defina uma imagem ou vídeo para a capa da sua página. Deve ser uma imagem que dê uma ideia do que é a sua página e que tipo de conteúdo nela compartilha. As restantes informações devem estar no *Sobre*. Se quiser ter mesmo sucesso, contrate um profissional para

fazer a sua *cover*. *Sites* de concorrência criativa podem ser uma boa ajuda nesse momento.

8. Preencha o seu *Sobre* e todas as restantes informações de forma profissional. Não se esqueça de todos os contatos e, caso sinta necessidade, peça a alguns amigos seus para verificarem se o seu português está claro e sucinto.

9. Convide os seus amigos para curtir a sua página. Utilize as técnicas que explicamos anteriormente neste livro.

10. Assine para receber as notificações das suas páginas concorrentes ou que estejam no mesmo ramo de negócio e veja o que eles estão fazendo. Acompanhe-os de perto, mas mantenha a sua originalidade.

11. Defina os seus objetivos para a *Fan Page*. Isso inclui quantos *likes* quer ganhar por dia, semana ou mês (se essa for uma das metas). Escolha também quantas publicações vai fazer diariamente e seja disciplinado (é neste ponto que muitos falham).

12. Comece a publicar.

13. Comece a investir em Facebook Ads com um orçamento reduzido e faça testes. Utilize as dicas que transmitimos ao longo do livro.

14. Continue a publicar, mas agora com mais fãs, pois já poderá testar os vários tipos de imagens, *links* ou textos. Tente perceber que tipo de atualizações estão criando maior interação com os seus fãs.

15. Foque-se mais na qualidade das publicações, mas também não exagere. Um número muito reduzido de publicações pode levar a um crescimento muito lento.

16. Nos dias em que não puder publicar, deixe as publicações agendadas.

17. Continue a investir em Facebook Ads todos os meses até ter um número considerável de fãs. Além disso, tente fazer vendas diretas através das estratégias que explicamos neste livro.

18. Teste, teste e teste.

19. Continue a compartilhar conteúdo que eduque ou entretenha a sua audiência.

20. Quando tiver um número considerável de fãs, comece a anunciar para eles.

# 24. Conselhos para trabalhar no Facebook e economizar tempo

O Facebook é uma excelente forma de tornar a sua empresa conhecida e de aumentar as suas vendas. No entanto, ele também obriga a um investimento de tempo muito grande. Todos os dias invisto em torno de uma hora apenas com a minha *Fan Page*! Mas é um investimento de tempo que vale a pena, se tivermos em conta o retorno que isso traz.

Acredito que, por mais retorno que o Facebook traga, é determinante saber poupar o tempo que passamos nesta rede social. Eu mesmo já senti isso no meu dia a dia, tendo necessitado adaptar a minha estratégia ao tempo que investia diariamente no Facebook.

A chave para conseguir vencer esta dificuldade está na organização, mas acima de tudo na criação de um método. Como seria de esperar, cada gestor de páginas tem o seu próprio método para utilizar o Facebook. No entanto, é sempre possível poupar um pouco mais de tempo, tornando mais eficazes as horas investidas nesta rede social. Por isso decidi partilhar com você algumas estratégias que têm me ajudado a manter a produtividade, mesmo tendo de gerir várias páginas do Facebook ao mesmo tempo. São conselhos simples, mas que muitas vezes ficam esquecidos.

Seguem-se algumas das dicas que eu sigo:

- **Notificações:** o primeiro passo para perder menos tempo e mesmo assim garantir que as suas páginas continuem atualizadas é desligar as notificações pouco relevantes. Retire as notificações daqueles eventos em que nem sequer vai participar, saia das conversas em grupo ou pare de acompanhar tudo aquilo que publicam os seus melhores amigos.

  Depois, retire todos os avisos que vão para o seu *email*. Atualmente não recebo um único *email* do Facebook. Posso dizer que, para a minha produtividade, esta mudança foi uma excelente ajuda.

- **Receba notificações apenas das páginas que acompanha:** vamos ser sinceros: todos gostamos de acompanhar as páginas dos nossos concorrentes e de todos os negócios que são semelhantes aos nossos. Porém, um elevado número de notificações atrapalha. Acompanhe de forma constante apenas 5 ou 6 páginas do seu interesse.

- **Desligue o *chat*:** outro grande motivo que leva as pessoas a perder tempo na gestão das suas páginas é o *chat* do Facebook. O *chat* é atualmente um excelente meio de comunicação, quer seja para se comunicar com a equipe de trabalho, quer com os seus amigos. O problema é que grande parte das pessoas não conseguem controlar a sua utilização e acabam por perder muitas horas em conversas pouco produtivas.

  Uma dica muito simples é deixar o *chat offline* e responder apenas àquelas mensagens mais urgentes.

- **Escolha um dia para deixar tudo programado:** outro dos hábitos que tenho com grande parte das *Fan Pages* é o de escolher um dia para programar, no mínimo, toda a semana. Tiro uma ou duas horas e programo no Facebook todas as publicações da próxima semana. Dá mais trabalho, mas esta também é outra forma de manter a página atualizada mesmo realizando outras tarefas. Além disso, esta opção evita as desculpas habituais da falta de tempo. Apesar de aconselhar que deixe grande parte do conteúdo programado, deixe também algum espaço para publicações que possam acontecer sem grande aviso prévio (por exemplo, uma notícia de algo que aconteceu na sua área de negócios).

- **Faça modelos predefinidos:** você é daquele tipo de pessoa que, de vez em quando, compartilha imagens com o fundo igual e muda apenas a frase e o autor? Então aconselho que tenha o seu modelo predefinido e deixe-o num formato editável (em PSD, se utilizar o Photoshop, por exemplo). Depois basta mudar o texto ou a cor de fundo e publicar a sua nova imagem.

- **Defina quanto tempo vai gastar:** como forma de criar mais pressão sobre o meu trabalho, um dos hábitos que adquiri foi o de ter horas definidas para programar as minhas publicações. Defino, em princípio, que vou investir uma ou duas horas com aquela página, deixo tudo programado para aquela semana e depois volto para verificar os comentários dos fãs ao longo dessa mesma semana. Obviamente que nem sempre é possível fazê-lo e muitas vezes o prazo estipulado prolonga-se, mas ter um objetivo já é um bom princípio para sermos mais produtivos na utilização do Facebook.

- **Logo que encontrar a imagem, deixe-a programada:** encontrou uma imagem e quer compartilhá-la na sua *Fan Page*? Faça isso no momento ou então deixe-a programada para ser publicada num determinado dia. Faça isso no momento em que se decidir por ela. Gravar no computador para publicar depois geralmente não gera bons resultados.

- **Utilize *softwares* para publicações em várias redes sociais:** Os *softwares* que indiquei nesta lista vão fazê-lo poupar tempo, pois, em poucos cliques, você pode ter a mesma publicação compartilhada em várias redes sociais. Escolha um e utilize-o. Mas tenha cuidado para adaptar a sua mensagem e os formatos das publicações a cada rede social.

# 25. Atualizar pelo *smartphone*: uma boa forma de economizar tempo

E por falar em gestão de tempo, que tal começar a atualizar as suas páginas do Facebook através do seu *smartphone*? Isso mesmo! Você pode aproveitar os momentos em que está na rua ou à espera de ser atendido para uma consulta para publicar na sua *Fan Page*!

Mas para conseguir fazê-lo de forma efetiva é necessário usar os aplicativos certos. Confira alguns dos que utilizo no meu dia a dia. Todos eles funcionam tanto em dispositivos iOS como Android.

## Buffer

Utilizo este aplicativo para gerir a página através da *web* e também no *smartphone*. Através do aplicativo para celular você pode publicar ou agendar os conteúdos para a sua página e até para outras redes sociais.

## Feedly

O Feedly é um agregador de conteúdo que permite que você organize todos os *sites* que pretende acompanhar num único local. Desta forma, poderá visualizar os textos de vários *sites* numa única aplicação. Ideal para conseguir ideias para publicações.

## Pocket

O Pocket permite guardar artigos para ler mais tarde. Encontrou conteúdo interessante num *site*, mas não consegue lê-lo naquele momento? Guarde-o no Pocket e pode continuar a sua leitura mais tarde.

## Gerenciador de páginas

Um aplicativo obrigatório para quem possui páginas no Facebook. É o aplicativo oficial do Facebook e funciona de maneira bastante simples. No *app* estão todas as suas páginas e a partir dele você pode publicar conteúdo, responder a comentários e mensagens ou visualizar todas as suas publicações.

## Anúncios

É o aplicativo oficial do Facebook para criar e analisar anúncios. Recomendo que você utilize apenas para ter uma ideia geral de como estão os seus anúncios, mas que não tome decisões com base neste *app*. Apesar de ele passar alguns dados interessantes, considero que decisões importantes como continuar ou pausar anúncios devem ser feitas através do computador, pois lá você tem uma visão mais abrangente de como está a *performance* dos seus anúncios.

## 26. *Site* ou página de Facebook: qual a melhor opção para usar no seu negócio?

Ainda há pouco falei sobre os principais erros que os gestores das páginas cometem. Lembra-se deles? Nessa mesma lista, deixei um erro por mencionar. Fiz isso porque ele merece uma atenção especial. Estou a falar da **indecisão entre ter um *website* ou uma página de fãs no Facebook** para divulgar o próprio negócio. Fiz isso porque tenho visto inúmeros casos de empresários que estão desistindo do seu *website* ou fazendo um redirecionamento para as suas *Fan Pages*, apostando claramente no Facebook como o único meio de comunicação para os seus clientes.

É verdade que o Facebook cresceu muito nos últimos anos e que a sua utilização aproximou empresas e clientes, tornando mais fácil a comunicação entre ambas as partes. Além disso, é uma ferramenta gratuita (pelo menos à primeira vista) e tem uma capacidade enorme de conseguir gerar novos interessados no seu trabalho. Tudo isso parece tornar as *Fan Pages* em autênticas "máquinas" de vendas e numa oportunidade única para divulgar o seu negócio. Mas será isso suficiente para abandonar a utilização de um *website*? Para esta pergunta a resposta é claramente um *não*. No máximo, você poderá utilizar as duas de forma complementar, sendo que o Facebook continuará a ser uma excelente forma de direcionar tráfego para o seu *site*.

## O Facebook não é seu!

Em 2013, o Facebook terminou com muitas páginas de fãs de um dia para o outro, sem dar qualquer aviso prévio. Segundo a marca, essa eliminação em massa aconteceu porque algumas *Fan Pages* teriam violado as regras de utilização e por isso teriam de ser eliminadas. Foram páginas com milhões e milhões de fãs que certamente gerariam um bom retorno aos seus administradores. Além disso, foram várias horas de trabalho investidas naquelas páginas. Mas este acontecimento deixou uma lição a todos nós, que jamais devemos esquecer: as *Fan Pages* não são nossas! Elas pertencem ao Facebook e pouco poderá ser feito para alterar essa situação. Teremos sempre de nos adaptar às regras impostas pelo Facebook. Por isso, o seu *website* deve ser o centro de todas as suas atividades. Você é dono e senhor da sua página na internet e jamais alguém poderá mudar isso. Já com as *Fan Pages* isso não acontece...

## Comunicar um negócio pelo Facebook é eficaz?

O Facebook é um excelente veículo de vendas, porém essas mesmas vendas têm que ser finalizadas no seu próprio *site* ou, na pior das hipóteses, em algum aplicativo de mensagens como o Messenger ou o WhatsApp. Além disso, sem uma página na internet, você não poderá utilizar estratégias de *retargeting* ou fazer anúncios para conversões.

## A melhor solução? Usar ambos!

Atenção que não pretendi, durante os parágrafos anteriores, dizer que o Facebook é uma má escolha. Bem pelo contrário. O Facebook é uma excelente forma de divulgar o seu trabalho, desde que consiga fazer os anúncios certos. No entanto, ele deve ser visto como uma opção complementar ao seu *website* e nunca como a sua única forma de divulgação. O Facebook deve ser visto com a mesma seriedade que o Instagram ou o LinkedIn, mas jamais deve ser considerado mais importante do que um *website*.

O *site* é a sua forma de comunicação principal, enquanto que o Facebook é apenas um meio para chegar a essa comunicação final. Por isso mesmo, jamais caia no erro de deixar de lado o seu *site* para apostar apenas no Facebook.

# Só falta mais um passo

Fazer sucesso com uma página de fãs é um processo demorado, que exige muita disciplina e um investimento reduzido. No entanto, se bem utilizado, o Facebook podem ser uma excelente ferramenta para alavancar as suas vendas.

Ao longo destas páginas partilhei conteúdo que acredito ser de grande utilidade para o leitor. O objetivo deste livro não passa apenas por ensinar você a criar a sua página, a dinamizá-la e utilizar estratégias de anúncios poderosas. O meu objetivo foi também o de demonstrar todo o poder que um anúncio de Facebook pode ter.

Mas por mais conselhos que transmita, o sucesso será sempre resultado da sua persistência e da capacidade de realizar testes. Cada público reage de uma forma diferenciada às publicações e é necessário saber o que leva os seus fãs a comprarem ou demonstrarem interesse no seu produto/serviço.

Além disso, o Facebook exige um estudo constante. Principalmente depois da sua entrada na bolsa, o Facebook tem promovido alterações constantes no sentido de melhorar a experiência dos anunciantes. Todas as semanas surgem novidades dentro da plataforma de anúncios no Facebook. Fique atento a essa constante mutação do Facebook.

Abraço!

Luciano Larrossa

**DVS EDITORA**

www.dvseditora.com.br

**GRÁFICA PAYM**
Tel. [11] 4392-3344
paym@graficapaym.com.br